CHRISTINE DE SUÈDE

DU MÊME AUTEUR

CHEZ LE MÊME ÉDITEUR

Madame Roland ou la passion révolutionnaire, préface d'André Castelot, 1976. Prix du Premier Livre Réalités, 1977.

Marie de Médicis, reine, régente et rebelle, 1979.

Saint-Just, la Révolution aux mains d'un jeune homme, 1982, Prix Simon Henri-Martin décerné par l'Académie française.

Hans-Axel de Fersen « le plus aimé, le plus aimant des hommes », 1985

Les Dernières Charrettes de la Terreur, 1988. Prix Yvan-Loiseau décerné par l'Académie française.

Bernadotte et Désirée Clary, le Béarnais et la Marseillaise souverains de Suède, 1991. Prix de l'Académie des Lettres pyrénéennes.

Monsieur de Charette, 1993.

AUX ÉDITIONS CHRONIQUES

Les Acteurs et les Témoins de la Révolution, participation à l'ouvrage collectif publié sous la direction de Jean Favier.

Chronique de la Révolution, 1988.

AUX PRESSES DE LA CITÉ

On a volé les joyaux de la Couronne, 1991, *Les énigmes policières de l'Histoire*, collection dirigée par Claude Pasteur.

FRANÇOISE KERMINA

CHRISTINE DE SUÈDE

PERRIN
76, rue Bonaparte
PARIS

ISBN 2.262.01033-1

A Victor Péry.

« Vous savez, quoi qu'en puisse dire la médisance, que je suis innocente de toutes les impostures dont elle a voulu noircir ma vie. »

Christine de Suède,
Ma vie dédiée à Dieu.

1

LA FILLE DU GRAND GUSTAVE

On l'a appelée la Reine des Scythes, des Amazones, de Saba ou de la Paix, la Minerve, la Sirène ou la Pallas du Nord, la Sibylle du Septentrion, la Sémiramis des Neiges, l'Etoile Polaire, le Nouveau Soleil, l'Héroïne Céleste, la Divine Princesse, le Prodige de la Nature, la Dixième Muse, la Musagète, la Gothique et, à la fin de sa vie, la Padrona di Roma, mais, ce qui lui va le mieux, c'est la Fille du Grand Gustave.

Le Grand Gustave, pourquoi ? Christine nous l'explique dans son autobiographie fragmentaire intitulée *Ma vie dédiée à Dieu* :

> Ce prince était grand en tout, sa naissance était grande, son habileté l'était aussi, son ambition était plus grande que ses forces, mais pas plus grande que sa fortune. Il était sage, il était brave, il était grand capitaine, grand roi, enfin, c'était le plus grand homme de son siècle, aussi bien que ceux qui ont vécu trois ou quatre siècles avant lui.

La dernière image qu'elle en avait gardée, c'était celle d'un géant aux cheveux et à la barbe d'or, aux yeux gris étincelants, « un peu trop replet » cependant. On était alors le 19 mai 1630. Gustave II Adolphe avait trente-six ans, il était au faîte de sa gloire. Conquérant dès son adolescence, il avait vaincu tour à tour les Danois, les Polonais, les Moscovites, prolongeant la Suède au-delà de la Baltique, en Ingrie, en Livonie, en Carélie [1], et il allait s'enfoncer en Allemagne, au-devant des troupes de

1. Actuellement Saint-Pétersbourg et ses environs, la Lettonie et l'Estonie.

Tilly, en champion du protestantisme et de l'impérialisme scandinave. Son départ était grandiose, funèbre aussi. Il forçait le destin et le savait. Son dernier discours, au Riksdag [1], avait profondément troublé les députés :

> Tant va la cruche à l'eau qu'à la fin elle se brise, et cela peut m'arriver à moi également. Je me suis trouvé, pour le bien de notre patrie, en plusieurs occasions dangereuses où je n'ai pas épargné mon sang, par l'assistance de Dieu j'en suis sorti la vie sauve, que peut-être à la fin, je perdrai.

Après s'être adressé à chacune des classes composant l'assemblée, il se tourna vers ceux dont, plus qu'aucun de ses prédécesseurs, il avait favorisé la prospérité :

> A vous, état des bourgeois, je souhaite que vos petites maisons deviennent des immeubles de pierre, vos bateaux de grands navires, et que l'huile ne vienne jamais à manquer à vos cruches, telle est ma bénédiction. Je vous fais à tous mes adieux, peut-être nous voyons-nous pour la dernière fois.

Et les députés, debout, lui avaient répondu en chantant le psaume : *Dirige, ô Eternel, l'œuvre de nos mains !* Escorté par tout un peuple vers le quai d'embarquement, il avait un peu oublié Christine qui, au moment où il s'apprêtait à monter sur le pont, le tira par le bas de son buffle. Il se pencha alors vers elle pour qu'elle lui récite son petit compliment. En la soulevant ensuite dans ses bras, il ne put retenir ses larmes. Quant à elle, lorsque les deux cents vaisseaux eurent disparu à l'horizon, elle se mit à sangloter si fort qu'elle faillit, raconte-t-elle, en perdre la vue.

Elle ne ressentit pas un tel déchirement au départ de sa mère qui ne tarda pas à rejoindre le roi. Pourtant, Marie-Eléonore de Brandebourg avait toute l'apparence d'une mère à adorer. Très jolie, blonde, douce et féminine au possible, c'était une princesse de conte, jusque dans les circonstances de son mariage.

Gustave-Adolphe, grand en amour comme en tout, avait eu une jeunesse ardente. Pourvu à douze ans d'une maîtresse et

1. Le Parlement suédois.

d'un bâtard, il s'était ensuite épris d'une jeune aristocrate suédoise, Ebba Brahe, à laquelle il avait dû renoncer pour une alliance d'Etat. Cependant, comme il était encore bien jeune, il voulait, avant de s'engager, savoir si la princesse qu'on lui destinait lui plairait. Il se présenta donc à la cour de Brandebourg sous l'incognito d'un simple capitaine finlandais, du nom de Gars, pseudonyme assez transparent composé des initiales de *Gustavus-Adolphus Rex Sueciae.* La belle Marie-Eléonore, fille aînée de l'électeur, ne s'y trompa pas et tomba immédiatement amoureuse du beau M. Gars. Le mariage eut lieu le 25 novembre 1619. Gustave-Adolphe se montra convenablement attaché à sa jeune épouse, tout en la trouvant futile ; quant à elle elle l'aimait furieusement et le suivait partout, même à la guerre. C'est pourquoi Christine fut conçue à Reval [1], en Estonie, au cours d'une campagne.

Elle venait après deux échecs, une fausse couche et une première Christine, morte en bas âge. Aussi l'attendit-on avec une impatience anxieuse, entretenue par les astrologues de la Cour qui prédisaient un fils, mais dont la naissance pourrait être accompagnée d'une mort, celle du roi, celle de la reine, ou la sienne. S'il surmontait ce dernier danger, il connaîtrait assurément la gloire.

De cette mise en scène dramatique, le résultat fut plutôt comique. On comptait sur un garçon sensationnel, et voilà que vint au jour, le 8 décembre 1626, un être bizarre, tout noir, tout velu, tout criant d'une voix âpre, et, en fait, une fille. C'est ce que constatèrent les matrones désolées, après un moment d'incertitude. Comme elles n'osaient l'annoncer au souverain, c'est sa sœur, la comtesse palatine Catherine, qui s'en chargea. Sans rien dire, elle se contenta de présenter le bébé à son frère de la manière la plus explicite.

Gustave se mit à rire, prit l'enfant dans ses bras et l'embrassa.

— Elle sera fort habile, dit-il, puisqu'elle nous a trompés. Remercions Dieu, ma sœur, j'espère que cette fille vaudra un garçon, je prie Dieu qu'il me la conserve puisqu'il me l'a donnée.

1. Actuellement Tallin.

Faisant contre mauvaise fortune bon cœur, il la traita comme un fils, et souvent il l'emmenait dans ses inspections. Elle avait à peine deux ans que, au fort de Kalmar, elle battait des mains en entendant pour la première fois le canon.

— Tu verras, lui disait son père ravi, je te mènerai un jour où tu auras contentement.

De ces souvenirs-là date peut-être le regret qu'elle eut toute sa vie de n'être qu'une femme et non un grand capitaine. Aussi adorait-elle son bon géant, alors que, chez sa mère, elle ne trouvait que jalousie rampante et répulsion d'une jolie femme pour la vilaine créature qu'elle avait engendrée.

*

A peine éloigné, le Grand Gustave avait remporté de nouvelles victoires. Débarqué à Straslund, il envahissait la Poméranie et occupait le Brandebourg. Quelques mois plus tard, en septembre 1631, il l'emportait sur l'Autrichien Tilly à Breitenfeld. De nombreux princes protestants se ralliaient à lui, on l'acclamait à Nuremberg, il prenait Mayence, arrivait devant Munich en mai 1632. Il allait comme un torrent, enlevant tout sur son passage : « Il semblait moins marcher en ennemi qu'en souverain qui va se faire reconnaître de ses sujets », a-t-on pu dire de cette brillante campagne. Il démentait le pronostic de l'empereur Ferdinand, selon lequel « le roi des neiges fondrait bientôt en approchant du midi ».

Pourtant, il se sentait assailli de sombres pressentiments. La divinité offensée, répétait-il, n'apprendrait-elle pas bientôt à ceux qui le révéraient comme un dieu qu'il n'était qu'un simple mortel ? Et alors qu'adviendrait-il ?

> S'il m'arrive quelque chose d'humain, écrit-il au chancelier Oxenstierna, les miens sont dignes de compassion, la mère sans conseil, la fille jeune dame en bas âge, infortunées si elles se gouvernent elles-mêmes, en péril si d'autres les gouvernent.

Christine ne l'avait pas oublié. On a d'elle quelques gentilles lettres en allemand où elle promettait à son « Très gracieux et très aimé cher Seigneur » de bien se conduire en son absence, d'apprendre à prier Dieu, et lui demandait de lui envoyer pour la peine « quelques jolies nippes ».

Cependant, Tilly était mort, remplacé par le redoutable Wallenstein qui descendait vers les Suédois à la tête de soixante-dix mille Impériaux, et la rencontre avait lieu à Lützen, près de Leipzig, le 6 novembre 1632.

Gustave-Adolphe était profondément pieux, et ses hommes devaient l'être comme lui. Ils étaient appelés chaque jour à la prière, au son du tambour, et ils assistaient à deux sermons par semaine. Comme le roi avait une voix superbe, le chant des psaumes faisait partie de l'entraînement et, avant chaque combat, on entonnait le *Ne t'épouvante pas, petite troupe*, composé à l'occasion de la bataille de Breitenfeld et devenu « le chant de Sa Majesté le roi de Suède ».

Ce matin du 6 novembre 1632, dans le brouillard d'automne, Gustave-Adolphe se jeta donc à genoux comme d'habitude tandis que retentissait son cantique, auquel faisait écho le *Jésus-Maria* des Impériaux. Une percée téméraire dans la brume fut bientôt fatale au héros que sa haute stature désignait aux coups.

— Tire sur celui-là, ce doit être un homme considérable ! cria un caporal dans les rangs ennemis.

— Le roi est blessé ! s'exclamait-on autour de lui.

— Ce n'est rien, suivez-moi !

Ce fut son dernier mot. Entouré, frappé de toutes parts, le roi magique disparut dans la mêlée. Son cheval ensanglanté, encore muni de ses étuis de pistolet, revint en galopant dans les rangs de l'armée consternée, aussitôt reprise en main par Bernard de Saxe-Weimar, tandis que l'aumônier hurlait : « Soutiens-nous, Dieu tout-puissant ! » Et, à minuit, les Suédois victorieux entraient à Leipzig.

Le corps du souverain fut retrouvé quelques jours plus tard, presque nu et maculé de boue. Cet événement eut un énorme retentissement en Europe, salué dans le monde catholique par des « Te deum » ou des pièces de théâtre, comme celle qui fut jouée à Madrid, *La Mort de Gustave-Adolphe*, à laquelle le roi d'Espagne assista en personne. Sa gloire était si grande qu'on ne pouvait le croire frappé comme un simple mortel, et l'on soupçonna quelques-uns de ses rivaux de l'avoir trahi. La nouvelle tomba comme la foudre à Stockholm, le 8 décembre, ainsi que le raconte dans son journal le comte Brahe :

> Lorsque j'arrivai, je vis tous les membres du conseil désolés, certains s'essuyaient les yeux, d'autres se tordaient les mains. Le compte palatin [1] vint vers moi, très ému. J'étais mal à l'aise, je ne savais pas ce dont il s'agissait, et bientôt je le sus.

Et tous firent aussitôt le serment de poursuivre la guerre jusqu'à la victoire complète. Au Riksdag, le porte-parole venu annoncer l'événement ne put même pas achever son discours, aussitôt interrompu par des cris et des lamentations, tandis qu'on entendait chanter dans les rues une complainte de deuil :

> Pleurez, vous, clercs et laïcs, pleurez, jeunes et vieux, pauvres et riches, grands et petits, que ce jour soit à jamais maudit, plongé dans les brouillards et les ténèbres !

Si se manifestait ainsi la désolation de tout un peuple, c'est que Gustave-Adolphe n'était pas seulement un grand chef de guerre, « le roi des capitaines et le capitaine des rois », mais aussi un souverain réformateur. Ses innovations en art militaire devaient servir de modèle bien après lui, et, sous son règne, l'infrastructure de l'économie suédoise fut définitivement dégagée de ses gangues archaïques, annonçant le développement qu'elle connaîtrait plus tard, pendant la minorité de Christine. En matière législative et sociale, il s'était également montré un précurseur. A ses dons d'homme public, éloquence et majesté, il joignait ceux de l'homme privé, la douceur et la libéralité, le goût de l'amitié fidèle, une culture étendue à tous les domaines de l'esprit, une noble bienveillance. Sa mort brutale, dans la fleur de l'âge, a certainement figé cette renommée grandiose ; il faut peut-être la retoucher pour isoler certains traits moins flatteurs, traits que nous retrouverons dans la personnalité de sa fille. Il était moqueur, défaut qu'elle jugeait elle-même particulièrement déplacé chez un monarque, et dont elle essaierait, vainement, de se corriger. Il était coléreux aussi, et en venait volontiers aux voies de fait. On a conservé le souvenir d'une

1. Jean-Casimir, comte des Deux-Ponts, beau-frère du roi.

altercation au cours de laquelle il frappa l'un de ses gentilshommes d'un coup de plat d'épée. Christine, elle, avait recours au bâton, comme nous le verrons.

Le comte Brahe, dès que fut connue la catastrophe, reçut la mission de se rendre aussitôt en Allemagne pour remettre les pleins pouvoirs au chancelier Axel Oxenstierna, qui avait accompagné le roi. Il s'agissait d'assurer sans délai la transmission de la Couronne, ce qui n'allait pas de soi. La monarchie n'était héréditaire en Suède que depuis cent ans seulement, grâce au prestige mythique du premier Vasa, Gustave Ericson. Après de rocambolesques aventures, ce jeune noble, déguisé en paysan ou en ouvrier des mines, avait réussi à soulever ses compatriotes contre la tyrannie du roi de Danemark, Christian II, alors souverain des trois royaumes de Scandinavie. Proclamé roi en 1529, il obtenait que cette dignité soit maintenue dans sa famille, à la condition toutefois qu'elle redevienne élective en l'absence d'héritiers mâles. Les membres de l'aristocratie qui tous estimaient leur maison aussi ancienne, sinon plus, que celle des Vasa, ne l'avaient accepté qu'à contrecœur, et le fils de Gustave, Charles IX, confronté à une violente opposition, l'avait brisée si férocement, en s'appuyant sur le peuple, qu'on l'avait surnommé « le roi de la canaille ». A sa mort, en 1611, on avait conseillé au jeune Gustave-Adolphe de poursuivre cette politique en éliminant définitivement une classe aussi dangereuse pour le pouvoir royal, mais il subissait l'influence d'Axel Oxenstierna, aîné très aimé, qui appartenait lui-même à cette haute noblesse ambitieuse. Il suivit donc ses avis, rappela les seigneurs bannis et leur restitua les biens confisqués. Dès le début de son règne, il publiait en outre une charte limitant ses prérogatives, véritable garantie contre le despotisme. Il y gagnait en échange qu'en 1627, un an après la naissance de Christine, les nobles acceptaient la suppression de la dévolution exclusivement masculine, « en raison des bienfaits signalés dont ils étaient redevables aux rois Gustave Ier et Gustave II ». Et ce dernier, avant de quitter la Suède en 1630, avait pris la précaution supplémentaire de faire jurer aux états que sa fille serait reconnue comme souveraine au cas où il ne reviendrait pas.

Un autre danger menaçait la toute petite qui montait sur le trône, les revendications de son cousin, le roi de Pologne, qui y avait plus de droits qu'elle. Gustave Vasa, pour s'affranchir de la tutelle romaine comme il l'avait fait de la danoise, avait instauré le luthéranisme comme religion d'Etat. Tout fut remis en question à sa mort car son premier successeur, Jean III, avait épousé une princesse polonaise catholique, Catherine Jagellon, et leur fils Sigismond, héritier des deux Couronnes, tenta, sous l'influence de sa mère et des jésuites dont elle s'entourait, de rétablir le catholicisme. Une si forte opposition se manifesta contre lui qu'il dut défendre son droit par les armes. Vaincu, il fut contraint de quitter le pays, cédant en 1604 la place à Charles IX, son oncle, et la branche polonaise fut définitivement évincée. La méfiance vis-à-vis des prétentions dynastiques des rois de Pologne était telle que toute apparence de complot pour les rétablir était punie de mort et que les ambassadeurs polonais n'avaient pas le droit d'y faire allusion, même en privé, sous peine de sanctions sévères. Il n'en restait pas moins que, pour l'ensemble du monde catholique, le roi de Suède était considéré comme un usurpateur et que, de leur côté, les Vasa polonais n'avaient jamais renoncé à leur revendication.

Il fallait donc agir rapidement. Axel Oxenstierna se souvint que le roi lui avait expressément confié sa fille, et, fidèle ami du disparu, il la reconnut aussitôt, avec cependant une forte contrepartie. Il envoya d'Allemagne une *Forme de gouvernement*, en fait une véritable Constitution, qu'il assura être l'œuvre de Gustave-Adolphe, le roi ayant négligé de la rendre publique car il ne se croyait pas aussi près de sa fin. Ce document, s'il établissait nettement les droits de la princesse héritière, instaurait tout aussi explicitement une tutelle de l'aristocratie sur le pouvoir royal. L'occasion de cette minorité était trop opportune pour ne pas être saisie. Comment aurait régné avec pleine autorité une enfant de six ans ? Elle devait donc être assistée par un sénat de vingt-cinq membres choisis exclusivement dans la haute noblesse, et, émanant du Riksdag, par un comité secret composé uniquement de nobles. On voit donc que, en dépit de leur attachement sincère à la dynastie, les grands ne tardaient pas à reprendre leur hégémonie dans l'Etat. Toute l'œuvre de Charles IX était remise en question.

De toute façon, Christine n'avait pas besoin de leur appui pour être acceptée par ce peuple guerrier, toute femme et mineure qu'elle était. Il lui suffisait d'être la fille du Grand Gustave. Une anecdote, souvent citée, le met bien en évidence. Lorsque les états furent rassemblés pour proclamer son avènement, les paysans, qui formaient la quatrième classe du Parlement, après les prêtres, les nobles et les bourgeois, se montraient méfiants. Existait-elle cette petite fille dont on leur parlait mais qu'ils n'avaient jamais vue ?

— Qu'on nous la montre ! s'écria l'un d'eux, Lars Larsson, vieillard plus rustique que nature dans sa houppelande de peaux de bêtes. Nous, les paysans du Småland, nous ne la connaissons pas !

On s'empressa d'amener dans la grande salle une petite créature toute vêtue de noir, pas le moins du monde impressionnée. Larsson prit tout son temps pour l'examiner, après quoi il dit d'une voix forte :

— Oui, c'est bien la fille du Grand Gustave, elle en a le nez, le front, les yeux, elle en a tout, qu'elle soit notre reine !

Et tous les députés souscrivirent à la déclaration solennelle selon laquelle ils reconnaissaient :

> d'un consentement unanime, et sans aucune contrainte, que la très illustre et très puissante dame Christine, fille de feu Gustave II, surnommé le Grand, est reine élue et princesse héréditaire des Suédois, des Goths et des Vandales, et promettons et nous obligeons avec ceux de notre corps, et avec tous les états, sujets et habitants du royaume, d'être fidèles à Sa Majesté et de lui rendre service et obéissance en tout ce qu'elle voudra nous ordonner.

Elle fut alors acclamée par trois fois. On voit que la monarchie suédoise, en dépit des rois remarquables qui venaient de se succéder à sa tête, n'était encore ni absolue ni transmise automatiquement par primogéniture. Il lui fallait le consentement populaire.

Quant à Christine, elle reconnaît qu'en elle l'orgueil l'emportait sur le chagrin : son Grand Gustave était parti depuis si longtemps !

> J'étais si enfant que je ne connaissais ni mon malheur ni ma fortune, mais je me souviens pourtant que j'étais ravie de voir ces gens à mes pieds me baiser les mains !

*

Le rapatriement du corps de Gustave-Adolphe, embaumé et provisoirement inhumé à Wollgast, avait été retardé jusqu'à l'avènement officiel de Christine. L'escadre funèbre n'arriva donc à Stockholm qu'en août 1633. Marie-Eléonore accompagnait le cercueil de son mari, qui fut déposé dans sa résidence personnelle, à Nyköping, en attendant les funérailles.

Le désespoir de la reine effrayait son entourage. Selon son habitude, elle avait suivi le roi dans ses campagnes. Elle avait dû cependant, lorsque Wallenstein était entré en Saxe, rester à Erfurt, et elle ne cessait ses instances auprès d'Oxenstierna pour avoir le droit de rejoindre l'armée :

> Rien ne m'est plus cher dans ce monde, aussi longtemps que je vivrai, que d'être auprès de Sa Majesté, car sans sa présence rien ne m'intéresse, pas même ma propre vie.

Elle traçait ces lignes trois jours avant le drame de Lützen, elle ne revit donc pas Gustave-Adolphe et crut en mourir de chagrin. A peine était-elle rentrée en Suède que commença entre elle et les ministres une macabre négociation. Elle voulait à tout prix conserver chez elle le corps du roi et demandait que son inhumation fût retardée jusqu'à sa propre mort, afin qu'ils fussent enterrés ensemble.

Les conseillers, effarés, lui opposaient des arguments aussi grotesques qu'inefficaces. L'un rejetait sa proposition comme contraire au cinquième commandement, « Tu ne tueras point », car on l'inciterait ainsi au suicide. Selon un autre, si on reportait les funérailles, le public penserait qu'on n'avait pas les moyens de les célébrer dignement. Et si on ne le faisait pas, objectait un troisième, le bruit n'allait-il pas se répandre que le roi n'était pas mort et un parti se former pour attendre son retour ? Admonestée par un évêque, Marie-Eléonore consentit d'abord à un délai de trois mois. On discuta de nouveau. Enfin elle se résigna et la cérémonie put avoir lieu, en juin 1634, à Riddarholmen, la cathédrale de Stockholm.

Le délire de la malheureuse reine était d'ailleurs assez dans les mœurs du temps, comme nous le dit Christine, encore rebutée, cinquante ans plus tard, par ce souvenir :

> On raffina en cette occasion sur tout ce que notre nation a inventé pour faire honneur aux morts aux dépens des vivants. Il n'y a pas de pays au monde où l'on pleure les morts si longtemps qu'en Suède. Ils sont trois ou quatre mois avant de les enterrer, et quand la cérémonie se fait, tous les parents, surtout les femmes, pleurent sur de nouveaux frais, comme s'ils venaient d'expirer.

Cependant, Marie-Eléonore n'avait pas dit son dernier mot. Elle avait abandonné le corps de son mari mais pas son cœur, et elle prétendit, deux jours après l'inhumation, qu'on rouvrît le cercueil afin de l'y déposer auprès du corps. Le Conseil fut cette fois intraitable, elle le garda donc, dans une custode d'or placée au pied de son lit, dans un épouvantable décor de tentures noires brodées de têtes de mort, de fenêtres closes et de cierges allumés en plein jour.

Christine dut subir cette ambiance car sa mère s'était avisée, tout comme Lars Larsson, qu'elle était le portrait de Gustave-Adolphe. Elle l'aima donc avec autant de tendresse hystérique qu'elle lui montrait naguère d'indifférence. Pendant de longs mois, la petite fille coucha avec la reine, révéra en sa compagnie la custode et s'affilia à sa suite à l'ordre de la Fidélité Triomphante, dont l'emblème était une médaille en forme de cœur gravée d'un cercueil et des lettres de l'amour heureux : G.A.R.S.

La conduite de la reine était d'autant plus critiquée qu'elle était impopulaire. Frivole, très dépensière, elle méprisait ouvertement les Suédois, parlait à peine leur langue et s'entourait d'Allemands, de bouffons et de nains repoussants. Christine avait ceux-ci en horreur, et elle devait plus tard blâmer les princes qui se plaisent avec de tels « oiseaux de mauvais augure ». Les ministres étaient exaspérés par les récriminations continuelles de la reine à propos du climat et des rochers de la Suède.

— Il y a les mêmes en Allemagne, lui répliqua un jour sèchement le chancelier Oxenstierna.

Quant à son frère, Gabriel Oxenstierna, il estimait la reine « une bizarre et dangereuse femme » que sa fille « déjà très mûre » considérait « d'un œil bien sévère, et même avec répugnance ».

Tout le monde n'était pas de cet avis, en particulier les diplomates français, tous plus ou moins amoureux d'elle, tel ce jeune Charles Ogier, adjoint de l'ambassadeur d'Avaux :

> Nous nous attendions à trouver une veuve désespérée, défigurée par le chagrin, mais à notre stupéfaction nous nous sommes trouvés devant la plus belle, et surtout la plus rayonnante femme qu'on pût voir. Nous étions complètement éblouis par sa beauté, rien ne peut donner une idée de la douce expression de son visage et de sa figure royale.

Entraînés par cette nébuleuse, ils passaient leur temps en sa compagnie, à jouer aux cartes ou à se promener en bateau dans les îles pour repérer des terrains à bâtir. La reine, en effet, qui avait des goûts artistiques très sûrs et pensionnait de nombreux peintres, montrait une prédilection pour l'architecture. Partout accompagnée de deux architectes à son service, elle s'amusait à dessiner des villes imaginaires, et surtout des châteaux à la mémoire de son mari, des *Gustavsburgs*.

> C'était très amusant d'entendre cette femme délicieuse parler avec beaucoup de compétence d'architecture, en prononçant des mots comme dorique, ionique, ou corinthien, et même discuter de mortier ou autres matériaux de construction, écrit encore Ogier.

Christine, plus tard, en rirait :

> Il est nouveau qu'on se ruine à ne pas bâtir, mais si la reine ma mère veut toujours faire des châteaux en l'air, moi je ne suis pas résolue à les payer.

Gustave-Adolphe lui-même, en dépit de la tendresse qu'il ressentait pour sa femme, était le premier à souffrir de son déséquilibre, ce « mal domestique », disait-il à son ami Oxenstierna, en lequel il voyait le contrepoids de son étonnante fortune. Pourtant, en l'absence du grand chancelier, les membres du Conseil n'osaient écarter absolument la reine douairière car ils craignaient, si Christine, qui paraissait de faible santé, mourait en bas âge, d'être accusés par sa famille allemande de l'avoir privée de sa mère. Ils temporisèrent donc en attendant le retour d'Oxenstierna qui était resté à l'armée.

Ces conseillers, qui étaient à la fois les tuteurs de la petite souveraine et les régents du royaume pendant sa minorité, étaient totalement dominés, en dépit de la distance, par la personnalité d'Axel Oxenstierna, seigneur de Kinito. Agé alors d'une cinquantaine d'années, il avait commencé sa carrière sous Charles IX, après de brillantes études dans les plus illustres universités d'Allemagne. Tuteur de Gustave-Adolphe pendant sa minorité, grand chancelier dès l'âge de vingt-quatre ans, il joignait à une forte culture une piété intransigeante, une considérable puissance de travail, une parfaite connaissance de l'Europe et, surtout, l'art de mener les hommes. Beau et vigoureux comme son maître, et d'allure aussi majestueuse, orgueilleux de sa maison comme tous les Suédois de lignée militaire, on le considérait, en Suède comme à l'étranger, comme l'un des plus grands hommes de son temps. Et il avait sur ses pairs l'avantage d'avoir été, pour Gustave-Adolphe, un ami intime, presque un frère aîné, qui ne lui marchandait pas les conseils de prudence.

— Vous êtes toujours froid dans toutes vos affaires et vous m'arrêtez toujours dans ma course ! lui disait un jour le jeune souverain un peu impatienté.

— Je le sais bien, sire, répondit Axel, mais si je ne jetais pas quelquefois de l'eau dans votre feu, vous seriez déjà tout brûlé.

Ce qu'en tout cas ses rivaux ne pouvaient dénier à Oxenstierna, c'était son patriotisme. Sa vie était entièrement consacrée à la plus grande gloire de la Suède, même si en retour il exigeait d'elle argent, pouvoirs et honneurs. Dès le début de la régence, c'est lui qui, d'Allemagne, dirigeait le pays. Et son premier soin avait été de placer au gouvernement deux membres de sa famille. Son frère cadet, Gabriel Gustavsson, fut nommé *grand dost*, c'est-à-dire ministre de la Justice. Ancien ambassadeur, suffisamment teinté de latin, honnête et affable, il était tout dévoué à son aîné, mais sa faible santé le desservait ; il devait d'ailleurs mourir quelque temps plus tard. Leur cousin, Gabriel Bengtsson, fut placé aux finances, évinçant le titulaire du poste, le comte Jean-Casimir des Deux-Ponts, homme intègre et compétent, mais peu considéré en Suède car allemand et calviniste. Le *grand amiral* était le baron Carl Carlsson Gyllenheim, seigneur de Bergvane, fils bâtard de Charles IX. Personnage « fait à l'antique », il avait été prisonnier des Polonais pendant dix-huit ans, fers aux pieds, refusant obstinément de se faire catholique en échange de la liberté. Il aimait en vieil oncle la petite reine, mais, âgé de soixante ans et asthmatique, il avait peu d'influence au Conseil. Le *grand connétable*, Jakob de La Gardie, comte de Läckö, gouverneur de Livonie et d'Ingrie, avait été un prestigieux chef de guerre. Fils d'un gentilhomme languedocien et d'une fille naturelle de Jean III, il tenait de son origine française la bravoure, la franchise, une conversation aisée, et aussi une imperturbable confiance en soi. Fier d'être le premier Suédois entré à Moscou, il prétendait qu'avec du courage, une saine intelligence et une bonne connaissance de l'Etat, « tout marchait avec l'aide de Dieu ». Malheureusement, il était aveugle, et pas plus jeune que les autres.

*

Entre ces vieillards cacochymes, les nains allemands et sa mère sanglotante, Christine menait une sombre petite existence. Elle s'appliquait de tout son cœur à faire la reine, non pas pour obtenir des sucreries, comme le disaient les sots, mais par majesté innée :

> J'avais sur le trône un air et une mine si grands qu'ils inspiraient le respect et la crainte à tout le monde. On me vit recevoir tous les hommages avec un air de personne âgée qui connaît qu'ils lui sont dus. Il faut si peu de chose pour faire admirer la fille du Grand Gustave !

Elle ne pleurait ni ne s'endormait pendant les trop longues cérémonies, et y montrait parfois de la malice. Lorsque, en 1633, arriva à Stockholm une ambassade de Moscovites, ses conseillers craignirent qu'ils ne l'effraient avec leurs longues barbes.

— Et pourquoi donc, répondit-elle à ces grands-pères pleins de sollicitude, ne suis-je pas habituée à vos barbes à vous ?

Et ce furent les Russes qui se montrèrent impressionnés. L'ambassadeur de France d'Avaux le fut aussi lors de sa première audience l'année suivante. La reine le reçut sous un baldaquin, entourée de ses tuteurs, et elle répondit par une digne révérence à ses trois génuflexions d'étiquette. Tout en prononçant sa harangue, en latin, il remarquait la sûreté de son attitude et la résolution de son visage qui lui rappelaient son père.

A cette enfant, déjà engoncée dans un rôle trop grand pour elle, ses éducateurs imposèrent un massacrant programme d'études. Elle travaillait douze heures par jour, suralimentée de savoir. Par chance elle aimait cela, et plus cela marchait, plus on lui en ingurgitait. A quatorze ans, elle saurait plusieurs langues, dont de très superflues, comme l'arabe ou l'hébreu, à quinze elle s'amuserait à l'astronomie et à l'alchimie, à seize elle lirait dans le texte Tite-Live et Cicéron, à dix-huit Tacite et Polybe, à vingt-trois les Pères de l'Eglise, avec un faible pour saint Grégoire de Naziance.

Il faut dire, à la décharge de ses tuteurs, qu'ils se conformaient aux instructions de Gustave-Adolphe. Il avait recommandé en particulier qu'on lui fît connaître l'*Institution des rois et des régents*, ouvrage juridique publié pour la première fois en suédois sur son initiative. Quant aux états, ils avaient réglementé dans le détail l'enseignement à dispenser à la reine. On devait lui inculquer le culte des anciens Goths et les principes du luthéranisme en lui inspirant l'horreur de ses contraires, le papisme et le calvinisme, l'entourer, jusque dans ses domestiques, de dévots avérés, lui interdire toute lecture pernicieuse, ou seulement frivole, et ne lui permettre que des livres de science et d'histoire.

L'ensemble du système était dirigé par un gouverneur, Axel Baner, sénateur et grand maître de la maison royale. Son frère le maréchal était l'un des plus illustres hommes de guerre de la Suède. Leur père avait été exécuté sous Charles IX comme partisan de Sigismond, aussi Gustave-Adolphe, dans sa politique de réconciliation avec la noblesse, avait-il eu à cœur de s'attacher les Baner. Axel avait été son ami intime, complice de ses frasques et confident de ses peines, et c'était là ses seuls titres à mériter ce haut poste. Christine l'aimait beaucoup, tout en le trouvant ignorant, coureur et buveur. Sous lui se tenait Gustave Horn, tout aussi ivrogne et paillard, mais avec une teinture plus élégante due à ses nombreux voyages en Europe. Après eux venait le solide, le précepteur, vrai maître de l'enfant et méritant amplement de l'être, Johannès Matthiae, docteur en théologie, ancien aumônier de Gustave-Adolphe. Agé d'une quarantaine d'années, il avait fait de nombreux séjours en Hollande et en Allemagne, pays alors à la pointe du savoir, et il était l'auteur d'importants ouvrages qui lui avaient valu la présidence du *Collegium Illustrus* de Stockholm. Il se ferait remarquer plus tard par ses idées sur la nécessaire modernisation de l'enseignement, encore trop scolastique et élitiste. Il devait préconiser l'emploi dans les universités de la langue nationale, et aussi l'éducation physique, grande nouveauté pour l'époque.

Excellent pédagogue, homme droit au cœur généreux, relativement jeune dans ce monde de Mathusalems, il était très aimé de Christine qui le nomme dans son autobiographie son « second père ». Lorsqu'elle était petite, elle l'appelait simplement « papa ». A condition de se conformer aux directives des tuteurs et d'envoyer des rapports fréquents et circonstanciés aux états, Matthiae avait toute latitude dans ses méthodes, mais il devait commencer par le b-a ba, c'est-à-dire le latin, la langue des chefs d'Etat et des diplomates. Christine, malgré sa précocité, y rechignait sans doute puisqu'on a retrouvé d'elle ce touchant serment, de 1636, écrit en latin évidemment :

> Nous promettons et nous astreignons par le présent engagement de vouloir à l'avenir parler latin avec notre précepteur. Auparavant nous avons déjà promis la même chose et nous n'avons pas tenu notre promesse. Désormais, avec l'aide de Dieu, nous voulons observer ce que nous venons de promettre. A partir du prochain lundi, Dieu voulant, nous commencerons cet exercice.

Dans cette éducation sévère, les arts avaient leur place. Elle apprit le dessin avec le peintre officiel, Elbfas, et la tradition veut qu'elle ait fait alors le portrait de son père. Elle dansait aussi, malgré ses allures garçonnières, sous la direction d'un chorégraphe français, Antoine de Beaulieu, peu aimé à la Cour à cause de son caractère arrogant. Un des plus beaux ballets qui dut marquer son enfance, *Plaisirs de la vie des enfants sans soucis*, fut donné en 1638, mais il y en eut beaucoup d'autres, célébrant selon l'usage tous les événements importants de l'existence royale.

Elle étudia également le français, considéré encore en Suède comme un hobby plutôt snob. Oxenstierna, tout en le connaissant parfaitement, se refusait à le parler, « pour ne pas honorer un pays plutôt que les autres », en fait parce qu'il n'aimait pas les Français, qu'il jugeait frivoles et capricieux. Christine, dès l'âge de treize ans, le maîtrisait déjà. Plus tard, elle devait l'écrire avec une rare élégance, et sous son règne il deviendra presque la seconde langue officielle.

Matthiae, en prônant le sport, rejoignait les vues du roi qui avait exigé pour sa fille l'éducation d'un homme. Elle excellait donc en escrime, et surtout en équitation. Partout elle devrait faire l'admiration des connaisseurs pour sa manière de monter à cheval. Son tempérament ardent et son goût de la démesure l'entraînaient en d'infernales chevauchées dans la forêt, en interminables courses de traîneaux sur les étangs gelés, suivie de ses pauvres dames exténuées. Elle n'avait besoin ni de repos ni de confort, dormait peu, ne sentait ni le froid, ni le chaud, ni la fatigue. Son seul tourment physique, c'était la soif, car on lui interdisait l'eau, sans doute impropre à la consommation, et elle avait horreur du vin, comme de la petite bière, boisson nationale. Et elle se souvint toujours de la correction administrée par sa mère pour avoir bu en cachette l'eau de rose de sa toilette. Quant à manger, elle ne savait même pas ce que cela voulait dire. N'importe quoi la rassasiait, sauf le porc, qu'elle détesta toute sa vie.

*

Pendant ce temps, demeuré en Allemagne, Oxenstierna travaillait à sauver l'œuvre de Gustave-Adolphe, au milieu des pires difficultés. L'armée n'était pas payée et des mutineries allaient éclater à Magdebourg, d'autant plus dangereuses que les effectifs n'étaient plus, comme au début de la guerre, en majorité suédois mais comprenaient beaucoup de mercenaires allemands. Le commandement en chef était lui-même divisé, partagé entre le duc Bernard de Saxe-Weimar et le général Horn, gendre d'Axel. Des remous se manifestaient également chez les princes alliés qui, depuis la mort du roi, regimbaient à se placer sous l'autorité de la Suède. Cependant, le grand chancelier mit en jeu toute sa force et tout son génie. Il se faisait redouter jusqu'au fond des chaumières où, pour effrayer les enfants qui ne voulaient pas réciter les psaumes du soir, on leur chantait :

Prie, petit enfant, prie !
Autrement viendra le Suédois,
Autrement viendra Oxenstierna,
Et lui trouvera le moyen de te faire prier !

Il réussit surtout à refaire l'« Union évangélique » de Gustave-Adolphe, à Heilbronn, en avril 1633. Tous les souverains de l'Allemagne du Sud-Ouest s'engageaient avec lui à poursuivre le combat contre l'empire. Malheureusement, la situation militaire n'était guère brillante. Tout allait mal pour la Suède depuis la disparition de son géant légendaire. Tandis que la trêve de six ans conclue avec la Pologne arrivait à expiration, annonçant un ennemi de plus, Bernard de Saxe-Weimar subissait une écrasante défaite à Nordlingen, en septembre 1634, perdant douze mille hommes et quatre-vingts pièces de canon. Jusqu'à Ulm, le sol était jonché de cadavres de soldats et de chevaux, débris d'armes et de bagages, et de nombreux combattants étaient faits prisonniers, dont le général Horn. Le malheureux chancelier passa alors une nuit blanche, la seconde de sa vie après celle de Lützen.

Du même coup se défaisait l'alliance protestante. En mai, la Saxe avait déjà demandé à l'empereur une paix séparée, et en octobre elle déclarait la guerre à la Suède, bientôt suivie par le Brandebourg. D'autre part, une forte opposition se dessinait au sein du gouvernement, qui regroupait tous les adversaires personnels d'Oxenstierna avec, à leur tête, Carl Gyllenheim et Jean Skytte. Si l'oncle bâtard de la reine, sans grande audience politique, était assez inoffensif, il n'en était pas de même de Jean Skytte. Fils d'un tailleur bourgmestre de Nyköping, anobli en 1603, chancelier de l'université d'Uppsala puis de celle de Tatu, fondée en 1632, il avait joué un grand rôle sous Gustave-Adolphe dont il avait été le précepteur, et il s'était trouvé de ceux qui conseillaient au jeune roi de poursuivre l'œuvre de son père en éliminant radicalement l'aristocratie. Il n'avait pas réussi à imposer ses vues et avait dû s'incliner devant Oxenstierna. Il lui en gardait rancune et surtout rêvait de prendre sa place, y travaillant « avec les mains et les pieds ».

Devant les défaites successives de l'armée, cette coalition avait beau jeu de réclamer la cessation d'un conflit inutile et coûteux. De loin, le chancelier tenait bon. Il voulait lui aussi la paix, répondait-il, mais pas « en y perdant la réputation, le respect, l'intérêt, l'amitié et le reste ». Et il ne traiterait jamais qu'« en sorte que nous puissions nous retirer en marchant et non en courant ». En réalité, il n'était nullement décidé à lâcher prise, d'autant plus qu'enfin il allait recevoir une véritable aide de la France.

Depuis l'alliance de Heilbronn, Richelieu s'était montré réticent vis-à-vis de la Suède, trop puissante à son gré en Allemagne, mais lui aussi devait compter avec un parti pacifiste et des ennemis très actifs. Il venait de déclarer la guerre à l'Espagne et les Impériaux menaçaient les frontières, ils allaient en août 1636 envahir la Picardie et prendre Corbie. Aussi, alors que quelques mois plus tôt il envisageait de faire enlever Oxenstierna, il l'invitait à présent à se rendre en France pour renouer une entente trop refroidie.

Le chancelier arriva à Paris en grand seigneur, escorté de deux cents personnes, excitant la curiosité générale : « On avait autant d'empressement à le voir que si c'eût été un homme descendu du ciel. » Il indisposa tout le monde, et d'abord Richelieu, par son insupportable hauteur qu'on traita de « manières gothiques ». Quant à lui, il trouva qu'on mangeait beaucoup trop en France, préférant aux bisques alambiquées du cardinal ses bons ragoûts de saumon séché au soleil et arrosés de sauces bien poivrées. Ces discordances ne l'empêchèrent pas de repartir avec, en poche, un magnifique diamant offert par le roi et un nouveau traité par lequel la France lui assurait son soutien et lui garantissait une trêve de longue durée avec la Pologne. Surtout, il rapportait des subsides, ces fameux subsides, toujours demandés et pas toujours payés, qui, pendant de longues années, seraient le mobile déterminant de la politique suédoise et, comme nous le verrons, celui de la vie personnelle de la reine.

*

Sa première mesure, en rentrant définitivement en Suède, fut d'éliminer la reine douairière et de la reléguer loin de Stockholm et de sa fille. Celle-ci fut confiée à sa tante Catherine, comtesse des Deux-Ponts, sœur consanguine du feu roi.

La reine avait alors dix ans. Malgré toute sa science, elle ignorait encore l'essentiel : l'art de gouverner. C'est le grand chancelier qui allait être son maître, comme il l'avait été autrefois de son père. On trouva donc dans ses horaires extravagants quelques heures de plus à consacrer à cette étude, où elle se jeta avec la même ardeur que pour les autres. Et les leçons d'Oxenstierna portèrent si bien leurs fruits qu'on n'attendit pas sa majorité légale pour l'initier aux affaires de l'Etat. Dès le mois de mai 1643, elle entrait au Conseil, émerveillant immédiatement les sénateurs.

> Dieux sait combien cela m'est cher de voir que Sa Majesté n'est pas comme une petite jeune fille, mais vaillante et de bonne intelligence, de sorte que, si rien ne la corrompt, on peut fonder de grands espoirs, s'exclamait Oxenstierna ; et son frère renchérissait : Notre jeune reine a un extraordinaire talent, elle croît de façon frappante en jugement et en intelligence, il n'y a aucun doute, pour autant que le sexe féminin le permet, elle tiendra de son père.

Elle montrait surtout une grande prudence, posant des questions habiles, ne laissant rien voir de ses opinions, et prenant seule sa décision, toujours motivée. A la fin de l'année suivante, en décembre 1644, elle était intronisée aux états, comme « roi de Suède », ce qui mettait en évidence qu'une exception avait été faite en sa faveur aux traditions constitutionnelles de la Suède. Elle s'engagea alors solennellement à faire preuve en toute occasion du respect qu'elle devait au Conseil et à ne pas gouverner sans son avis. On était encore loin de la monarchie absolue qui ne serait établie que sous Charles XI, le deuxième successeur de Christine.

Si, à l'émotion générale, elle ressuscitait ce jour-là le héros disparu, ce n'était certes pas par la taille. Elle était toute petite, mais, nous explique une de ses admiratrices : « Il semble qu'elle s'était défendu de croître davantage afin qu'il fût plus extraordinaire de lui voir dans cette taille une mine si haute et si majestueuse. » Elle avait en outre une épaule plus élevée que l'autre, devant cette disgrâce à une chute dans l'escalier pendant sa petite enfance. Une servante l'avait poussée, expliquait-elle, pour obéir aux ordres d'un souverain convoitant sa couronne, danois ou polonais. Elle tentait de le dissimuler par des artifices vestimentaires qui ne la rendaient que plus bizarre. Sa voix aussi était étrange, muant jusqu'à une tonalité masculine lorsqu'elle était en colère, ce qui lui arrivait souvent, comme à son père. Du géant doré elle tenait sa blondeur, sa peau blanche comme neige, « bien qu'elle ne se lavât le visage et les mains que de l'eau des fontaines », nous dit un témoin, et de magnifiques yeux bleux, au regard tendre ou sévère. Une grande bouche aux lèvres bien modelées et vermeilles, des dents superbes, un nez impérieux lui composaient une physionomie particulièrement expressive, et à cet ensemble elle n'ajoutait rien, ni afféteries, ni manières d'aucun genre, ni élégance. En cela encore elle ressemblait à son père qui, d'après sa légende, mettait rarement une bague à son doigt, une chaîne sur ses vêtements, une plume à son chapeau. Christine renchérissait sur cette simplicité. En dehors des cérémonies d'apparat, elle se montrait le plus souvent négligée, à la limite de la malpropreté. Elle répliquait aux observations que ceux qui n'ont rien à faire peuvent s'occuper de telles vétilles.

Ceux, ou plutôt celles. Car si elle ignorait les talons qui l'auraient grandie, les frisures qui l'auraient embellie, si elle se permettait si souvent des taches d'encre sur ses manches et des déchirures à ses ourlets, c'était peut-être pour exprimer la contradiction de sa nature qui l'avait faite femme alors que tous, les astrologues, le roi, la Cour, les nourrices et son propre tempérament l'attendaient homme. Dès son bas âge, elle avait eu, nous dit-elle, « une antipathie invincible pour tout ce que font et disent les femmes ». Lorsque sa tante Catherine était morte prématurément en 1638, on avait eu du mal à la remplacer, personne ne tenant à s'occuper d'une petite créature aussi dégoûtée de son sexe. La comtesse Béata Oxenstierna y fut finalement contrainte, mais Christine devait lui faire la vie dure en déclarant hautement qu'elle n'obéirait qu'à un homme, Axel Baner, le chancelier, ou Johannès Matthiae, et certainement pas à une femme. C'était d'ailleurs ce qu'avait prescrit Gustave-Adolphe avant de partir pour l'Allemagne :

> Il déclara positivement qu'il ne voulait pas qu'on m'inspirât aucun des sentiments de mon sexe, sinon ceux de l'honnêteté et de la modestie.

Cette aversion pour la féminité ne fera que croître avec les années, jusqu'à l'affectation. « J'aime les hommes non parce qu'ils sont hommes, mais parce qu'ils ne sont pas femmes », répliquait-elle à qui lui reprochait son entourage exclusivement masculin. Et après son abdication, elle ne craindrait pas de soutenir, en citant son propre exemple, que les femmes étaient inaptes au gouvernement des Etats. D'où lui venait une prévention qui devait dominer sa vie tout entière ? Peut-être d'une mère femme jusqu'à la caricature, peut-être d'un père qui la voulait trop homme, peut-être encore des premières minutes ambiguës de son existence ? Elle ne l'a jamais éclairci pour personne, et sans doute jamais pour elle-même.

*

Pourtant, son premier devoir, tandis qu'elle approchait de ses vingt ans, plus impérieux que de savoir toutes les langues du monde, c'était justement celui d'être une femme, de se marier et d'engendrer un Vasa.

Tel était le vœu, impatient, des Suédois, surtout dans les classes populaires, patriotes et fidèles au souvenir du Grand Gustave. Le clergé le réclamait aussi, car le célibat était « une situation incommode et périlleuse ». Les nobles en revanche se montraient plus réservés. Ils ne voulaient pas n'importe quel mari, peut-être moins encore un mari choisi parmi eux, qui deviendrait ainsi le maître de tous les autres. De l'extérieur, les prétendants ne manquaient pas — ainsi qu'à toute jeune souveraine puissante —, des rois, du Portugal, d'Espagne, de Pologne, des princes allemands, des électeurs, des ducs héréditaires. Ils étaient rejetés à tour de rôle, comme trop jeunes, trop vieux, trop veufs, trop catholiques, ou trop calvinistes, parfois avec des éclats de rire de l'intéressée.

La reine douairière, Marie-Eléonore, avait son idée, bien qu'il lui fût interdit d'en avoir ; c'était un mariage avec l'un des fils du roi de Danemark, ce qui aurait eu pour effet de recommencer, au profit de la Suède, l'Union de Kalmar qui, au XIVe siècle, avait réuni, mais sous la domination du Danemark, les trois pays scandinaves. C'était ressusciter le spectre de Christian II, le despote sanguinaire qui avait laissé un souvenir odieux en Suède et dont précisément Gustave Ier Vasa avait délivré sa patrie.

Marie-Eléonore torpilla d'ailleurs elle-même ce mauvais projet en se livrant à des tractations secrètes avec le roi Christian IV, afin de se mettre sous sa protection. Elle se trouvait en effet pratiquement en résidence surveillée au château de Gripsholm, avec un budget serré et sans contact avec la Cour. Elle passait ses journées à dessiner des palais inutiles et à lire *L'Astrée* en compagnie d'une suivante adorée, et s'ennuyait à mourir. Aussi recevait-elle fraîchement les délégations de sénateurs qui, au lieu de lui apporter de l'argent, venaient l'exhorter « à vieillir avec sagesse et dignité ».

Lasse d'une telle existence, elle choisit la fuite. Profitant de l'admiration amoureuse qu'elle inspirait au gouverneur du château, elle prétexta une retraite pieuse de quelques jours pour lui interdire sa porte, et, par une issue discrète du parc qui donnait sur le rivage, elle réussit à s'embarquer sur un navire danois. Cette évasion fit sensation. Les sénateurs crièrent à l'intelligence avec l'ennemi, la Suède étant alors sur le point de déclarer la guerre au Danemark. Christine, furieuse car elle aimait sa mère plus qu'on ne le pensait, reprocha leur dureté à ses tuteurs. Quant aux potineurs, dans toute l'Europe, ils y virent une intrigue amoureuse que la reine mère était encore assez belle pour soutenir. Le comte d'Avaux, diplomate des plus sérieux que nous retrouverons aux négociations des traités de Westphalie, en fit un véritable conte de fées :

> Un roi et une reine du Septentrion, séparés par un bras de mer qui sert de frontière à leurs royaumes, ont souhaité se rapprocher davantage, écrit-il à la duchesse de Savoie. Un beau matin, avant le jour, une belle princesse, suivie seulement d'une dame et d'un cavalier, monte à cheval par des bois et des rochers inconnus, se rend au bord de la mer, et traverse le détroit par une méchante chaloupe, plus courageusement que ne le fit Léandre.

Sans doute le comte d'Avaux lisait-il aussi des romans. Cependant, même si son histoire est exacte, elle tourna court. Le roi de Danemark ne se souciant guère sans doute d'être comparé de trop près avec le Grand Gustave, se hâta, dès le début des hostilités, de se débarrasser d'une recrue aussi sentimentale. Il l'envoya chez son neveu, l'électeur de Brandebourg, où elle devait rester jusqu'en 1648.

Le jeune électeur, qui avait continuellement à soutenir auprès du gouvernement suédois les réclamations de Marie-Eléonore, en profita pour réactiver à son profit un plan matrimonial auquel Gustave-Adolphe avait lui-même songé autrefois. La Suède et le Brandebourg réunis auraient formé, avec d'autres pays allemands conquis ensuite, une sorte d'Etat fédératif où, sous la même couronne, chacun eût conservé ses coutumes et ses lois. Ce glorieux avenir était certes envisageable au temps des conquêtes foudroyantes. Il n'en était plus de même quand la Suède avait connu des défaites cuisantes et que la France, alliée difficile, la soupçonnait d'impérialisme. Frédéric-Guillaume fut donc écarté, sous prétexte de calvinisme. Les adversaires d'Oxenstierna le soupçonnèrent alors d'avoir évincé l'électeur pour que la reine épouse l'un de ses fils, Erik. Rien ne l'établit pourtant, et on sait qu'il rejeta au contraire l'offre que lui avait fait Richelieu de soutenir cette candidature. Oxenstierna était d'une grande ambition et un tel mariage eût été l'apothéose de sa longue carrière. Sans doute pensa-t-il qu'il pouvait y avoir droit, plus que tous les autres Suédois, mais il était encore davantage prudent, et fidèle aussi à la dynastie que de tout son génie il avait soutenue. Mais ce qui est malgré tout certain, c'est qu'il s'opposa énergiquement au seul prince qui avait, et qui eut longtemps, toutes les chances d'épouser Christine, son cousin germain, Charles-Gustave, le fils de Catherine et de Jean-Casimir.

*

Charles-Gustave, né en 1622, donc de quatre ans à peine plus âgé que Christine, avait été élevé avec elle ainsi que ses frère et sœurs, Adolphe-Jean, Marie-Euphrosyne et Eléonore. Une vive tendresse liait les deux enfants qui avaient conclu dès leur bas âge des fiançailles ingénues. La perspective de cette alliance déplaisait aux régents, car si la princesse Catherine, dévote luthérienne, était unanimement appréciée, il n'en était pas de même de son mari, allemand et calviniste. Nous avons vu qu'il avait dû, à la mort du roi, se démettre de son poste de ministre des Finances où pourtant il excellait. Relégué dans son château de Stegeborg, il n'avait plus aucune part aux affaires, et on ne lui ménageait pas les affronts. Ainsi, lorsqu'il s'était enquis auprès du Conseil de l'instruction à donner à ses enfants, on lui avait répondu qu'on s'en moquait, cela ne concernant en rien le royaume. Sans doute devinait-on le projet matrimonial qu'il nourrissait à propos de son fils aîné, et lui signifiait-on qu'on ne voulait à aucun prix de ce mari-là pour la reine.

Charles-Gustave était pourtant luthérien, de souche Vasa, et bon patriote. Il allait bientôt montrer de grandes qualités militaires, et il avait en outre reçu une éducation raffinée. Jean-Casimir était en effet un homme de vaste culture, et sa famille fut la première en Suède où l'on parlait couramment le français, langue dans laquelle le jeune homme correspondait avec Christine. Il avait suivi le cursus des nobles de son temps, études à Uppsala et dans les universités hollandaises et allemandes, et séjour à Paris où il avait été reçu à la Cour.

De cette longue absence, Christine semblait inconsolable. On a d'elle de nombreux billets doux qu'elle lui adressait, pour lui plaire, dans un allemand approximatif. Cette correspondance était toute une affaire clandestine, les lettres de Charles devant être remises, selon un code convenu, à « Mlle Marie », c'est-à-dire à Marie-Euphrosyne, qui servait d'intermédiaire.

Christine sentait fort bien la sourde opposition de ses ministres à ce mariage, et lorsque l'un de ses tuteurs mourut, en 1641, elle se refusa à désigner à sa place son cousin, comme certains le lui suggéraient :

— Est-il convenable que je nomme moi-même mon tuteur ? leur répondit-elle, éludant ainsi, avec une sagacité remarquable pour son âge, le piège où les adversaires des Palatins voulaient enferrer leur ambition.

Elle ne renonçait pas pour autant à son projet et continuait à prodiguer à Charles-Gustave des serments d'amour éternel, tout en proposant de reporter leur union à plus tard, lorsqu'il aurait plus d'expérience militaire et qu'elle-même aurait été couronnée, c'est-à-dire pleinement maîtresse de ses actes. Et elle lui conseillait de prendre patience, en pensant au vieux proverbe : « Celui qui attend un bien n'attend jamais trop longtemps. »

> De même que je ne puis sous aucun rapport douter de toi, mais suis au contraire très sûre de ta loyauté, je peux t'affirmer de mon côté que ni le temps ni n'importe quelle difficulté ne pourront jamais m'éloigner de toi.

Le jeune homme ne demandait pas mieux que de partir pour la guerre ; de plus, c'était le moment car la chance avait tourné, et les Suédois, soutenus par les armées françaises, reprenaient partout l'avantage. De grands généraux avaient succédé à Gustave-Adolphe et à Bernard de Saxe-Weimar mort en 1639 : Koenigsmark et Baner, partout victorieux, Baner surtout, le frère du gouverneur de Christine. Tant pour sa silhouette athlétique que pour ses talents guerriers, on le surnommait *le second Gustave du Septentrion* et il portait sur ses vigoureuses épaules tous les espoirs de la Suède.

« S'il meurt, il est à craindre que nos affaires ne tombent en décadence », écrivait alors la reine.

Mais s'il mourut pourtant en 1641, il fut immédiatement remplacé par un autre héros, Torstensson, appelé, lui, *la foudre*, à cause de son extrême mobilité sur le champ de bataille, même lorsque, malade et incapable de monter à cheval, il se déplaçait en litière.

C'est lui que rejoignait Charles-Gustave en 1642, après avoir confié ses intérêts sentimentaux à son ami Matthiae. Il participa donc à la victoire de Breitenfeld où Torstensson répéta celle de Gustave-Adolphe, prenant à l'ennemi quarante-cinq mille prisonniers et quarante canons. Le prince palatin s'y était distingué car il était fait pour les armes. Malheureusement, lorsqu'il revint à Stockholm trois ans plus tard, le charme était rompu. Il n'avait jamais été ni beau ni élégant. A présent il était carrément laid, rougeaud, courtaud, rustique. Il n'avait guère grandi, s'il avait beaucoup grossi. La vie des camps n'avait pas poli ses manières, et il y avait pris le goût du vin, habitude « à laquelle la sujétion de caresser des généraux d'armée l'a obligé de s'accoutumer contre son inclination », explique le bon Chanut, l'ambassadeur de France qui, nous le verrons, prendra fait et cause pour lui.

Le prince pouvait être courageux comme un lion, cela ne suffisait pas. Il était d'ailleurs éclipsé par un nouvel astre, le jeune comte Magnus-Gabriel de La Gardie. Celui-là était superbe, de haute taille, vêtu à ravir, il avait de brillants yeux bleus et les plus belles boucles dorées du monde. Il était donc prêt aux exploits les plus romanesques. Sa seule imperfection consistait à n'être pas prince, bien qu'il eût pour aïeule une fille naturelle de Jean III, mais il compensait ce manque par le charme de ses origines françaises, les La Gardie descendant, nous l'avons vu, d'un gentilhomme languedocien. Son père, le grand connétable Jakob, était l'une des gloires de la Suède depuis le règne de Charles IX. C'est lui qui avait appris l'art de la guerre à Gustave-Adolphe, et le jeune roi reconnaissant, lorsqu'il lui avait fallu renoncer à sa chère Ebba Brahe, la lui avait donnée comme épouse. De ce mariage, heureux, étaient nés quatorze enfants, dont Magnus, en 1622.

Lui aussi avait suivi le cursus, avec plus d'éclat encore que Charles-Gustave. A douze ans il prononçait un discours latin à la gloire de Gustave-Adolphe. A dix-sept, il devenait *rector illustrus* à l'université d'Uppsala, passait à Leyde pour y recevoir de nouveaux diplômes, puis en France pour y collectionner les succès mondains. Après un détour au Languedoc à la recherche de ses aïeux, il arrivait à Paris, coqueluche des précieuses. La reine Anne lui offrait le portrait du dauphin entouré de diamants, et le cardinal un régiment de cavalerie, qu'il refusait, voulant servir en Suède où la guerre venait d'éclater avec le Danemark. Sous les ordres du général Horn, il se couvrait de gloire en Scanie. Aussi, lorsqu'il revint à Stockholm, une réputation très flatteuse le précédait-elle, et il fit sur la reine une impression si forte qu'elle le nomma colonel de sa garde, avec un traitement exorbitant comme n'en avait encore jamais eu aucun jeune colonel, même très beau.

Cela fit du bruit, surtout lorsqu'on annonça les fiançailles du comte sensationnel avec la cousine de la souveraine, Marie-Euphrosyne, sœur de Charles-Gustave. Et l'envie murmura encore davantage à sa désignation comme ambassadeur extraordinaire en France. Il s'agissait de redonner du nerf à une alliance un peu alanguie, de prévenir un traité séparé avec la Bavière dont on soupçonnait Mazarin, et surtout d'obtenir des subsides, encore des subsides, toujours plus de subsides. Pour mener à bien une telle mission, il convenait d'être hardi, arrogant, prodigue, d'une futilité toute française, c'est-à-dire le contraire du ministre en poste, Hugo Grotius.

Nul pourtant n'était plus remarquable, ni plus célèbre, que ce savant jurisconsulte, auteur du fameux traité *Du droit de la guerre et de la paix* que Gustave-Adolphe appréciait au point de l'emporter partout dans ses bagages. Banni de sa ville natale de Delft, pour complicité avec Barneveld, le champion de la liberté hollandaise, il avait passé plusieurs années en prison, d'où il s'était évadé de façon rocambolesque grâce à l'intrépidité de sa femme. Réfugié à Paris, il y vivotait d'une petite pension de Richelieu dont il encourut la défaveur en refusant de se faire, comme tant d'autres écrivains, son thuriféraire. Oxenstierna, après l'avoir accueilli en Suède, le renvoya à Paris comme ambassadeur afin d'agacer le cardinal auquel il rendait avec usure toute l'antipathie qu'il lui inspirait. Grotius prit alors sa revanche, d'un peu trop haut. Copie conforme lui aussi, comme le maréchal Baner, du Grand Gustave, cette ressemblance l'éperonnant peut-être, il exigea des égards de souverain. On s'en moqua d'autant plus que sa femme, devenue ridicule d'obésité, n'avait plus rien de commun avec la svelte héroïne de naguère.

— Qu'est-ce donc que cet ours ? demanda un jour dans un salon le cardinal de La Valette, neveu de Richelieu et collectionneur d'impertinences.

— C'est ma mère ! répliqua sa voisine.

Grotius se vengeait de ces avanies en refusant la droite chez lui à Richelieu, sous prétexte que les protestants ignoraient la dignité de cardinal. Il ne se montra pas plus adroit avec Mazarin et fut bientôt rappelé en Suède. Se jugeant mal reçu, il demanda son congé pour retourner en Hollande, mais il mourut au cours de son voyage, en 1645.

*

Au moment où Charles-Gustave perdait chaque jour un peu plus de ses chances comme futur mari, alors que Magnus voyait croître les siennes comme favori, arrivait à Stockholm celui qui allait être le témoin attentif et perspicace de cet imbroglio sentimental. Il s'agissait du nouveau résident de France, quelque temps plus tard ambassadeur, Pierre-Hector Chanut. Auvergnat de souche, ancien trésorier général des finances à Riom, vertueux père de famille, catholique intransigeant, grave et beau, bien qu'assez négligé, il sut plaire d'emblée à une jeune luthérienne railleuse et excentrique, peut-être parce qu'ils avaient en commun la passion du savoir. Comme Christine, Chanut parlait plusieurs langues, lisait les auteurs latins et les Pères de l'Eglise, étudiait l'astronomie et les mathématiques, et ne le laissait pas ignorer.

Leur amitié réciproque fut un coup de foudre. A peine le diplomate était-il admis en audience que la reine le retenait à sa table, et le lendemain, déjà conquis, il écrivait à l'un de ses correspondants :

> Elle parle français comme si elle était née au Louvre, elle a l'esprit prompt et démesurément généreux, l'âme sage et retenue, le corps toujours en l'air, tous ses passe-temps sont les conseils, l'étude et les exercices, elle parle latin très commodément, elle aime la poésie, enfin qui lui ôterait la couronne la laisserait encore une des plus recommandables personnes du monde.

Et désormais vont croître en lui une admiration fervente, une indulgence sans bornes, une tendresse toute juvénile. Il n'a pas assez de mots pour décrire à ses amis cette « merveille », son intelligence, sa culture, sa mémoire, toutes prodigieuses, son amour incroyable d'une haute vertu, sa dévotion, son application aux affaires, sans qu'il néglige pour autant ses agréments physiques. Il la trouve jolie, bien que, dit-il au ministre Brienne, « ses yeux n'aient jamais pris la liberté de regarder à loisir la beauté de cette princesse ». Lorsque, tout de même, il s'y risque, il est bien obligé de constater quelque irrégularité dans ses traits, mais il la met sur le compte d'une physionomie très expressive. Sous l'empire de la colère son visage se trouble, sans toutefois se défigurer, et elle inspire de la terreur à ceux qui l'entourent, mais ses grands yeux bleus, son doux sourire savent être bienveillants pour ses amis. D'ailleurs, son propre charme ne l'intéresse pas, et elle n'y souffre pas la moindre allusion. Comme Mazarin, en réponse à l'envoi de son portrait, l'avait commenté par ces vers :

Contende in bello
L'alma col volto [1].

Chanut avait bien dû, pour les traduire, parler de sa beauté, « discours dont je me suis toujours abstenu », et elle en avait rougi.

Ce qui enchantait le mûr ambassadeur, il avait vingt ans de plus qu'elle, c'était l'incroyable majesté de cette jeune fille. Un général écossais favorable au Parlement anglais ayant osé dire en sa présence que le roi Charles Ier n'aurait pas la volonté de châtier ses opposants, « la reine, se campant sur un pied comme elle a coutume de le faire quand elle parle d'action, lui répondit avec un regard d'indignation qu'il parlait très mal et ne connaissait ni le pouvoir ni le devoir des rois et qu'en son particulier elle ne suivrait jamais de conseils mous et languissants contre la désobéissance ». Et, bien sûr, conclut Chanut avec complaisance, le général tremblait et tous baissaient les yeux.

Il lui voyait malgré tout un défaut, la conscience excessive de sa supériorité :

> Il me semble que, ne trouvant pas en ceux qui l'approchent une pareille intelligence, elle ne cache pas assez le mépris qu'elle fait de leur faiblesse.

L'enthousiasme du résident de Suède l'amenait même à trouver le pays plus hospitalier qu'on ne le lui avait décrit, et cela faisait sourire ses amis qui le soupçonnaient d'être amoureux de la reine. Piqué, il répondait ainsi à l'un d'eux :

> Je ne pense pas vous avoir donné un si grand sujet de haine que vous deviez m'accuser d'un crime capital, si vous aviez vu la reine de Suède une seule journée, vous ne croiriez jamais qu'un homme, quelque grand qu'il fût, osât en être amoureux, et perdriez le désir que son sexe fût changé pour la garantir des affections téméraires. Il est vrai qu'on l'aime, mais comme on aime la vertu.

Si on peut toujours le suspecter de partialité dans ses jugements sur Christine, Chanut n'en reste pas moins, par le zèle

1. « L'âme rivalise en beauté avec le visage. »

même avec lequel il l'observe, un témoin essentiel de ces années où elle va décider de sa vie entière.

Ce qu'il relève tout d'abord, et qui était d'ailleurs très voyant, c'est la faveur grandissante du comte de La Gardie. Comme personne ne voulait encore douter de la bonne conduite d'une souveraine très attentive à ses devoirs, tous le considéraient comme son probable mari, malgré son projet d'union avec la princesse palatine. Cette perspective déplaisait, les La Gardie étant de noblesse relativement récente, et surtout d'origine étrangère. On allait jusqu'à dire que Jakob avait élevé son fils à la française afin qu'il fût suffisamment frivole pour séduire la reine.

Le départ de Magnus-Gabriel était depuis longtemps annoncé, mais il s'attardait à jouir de son crédit, et Christine le retenait. Enfin, le 21 juillet 1646, il se mettait en route. « Ça n'a pas été sans larmes qui n'ont pas néanmoins été vues publiquement », note Chanut.

*

Magnus arriva à Paris en ambassadeur vraiment extraordinaire, dans un carrosse d'or et d'argent tiré par six chevaux magnifiquement caparaçonnés, suivi de pages en livrée jaune et noire et de deux cents personnes. On avait entendu parler de lui, et il ne déçut pas :

> Il était bien fait, avait la mine haute et ressemblait à un favori. Il parlait de la reine en termes passionnés et si respectueux qu'il était facile de le soupçonner de quelque tendresse plus grande que celle qu'il lui devait en qualité de sujet, nous dit avec précaution Mme de Motteville.

Il n'en faisait pourtant pas un tableau bien séduisant, surtout pour un auditoire parisien, la dépeignant plutôt comme un majestueux bas-bleu et une souveraine hors pair que comme une femme dont, précisait-il, elle n'avait rien, ni le comportement, ni la beauté, ni le visage. Il comprit en tout cas à merveille ce qu'attendait une reine pour qui la prodigalité était la première qualité royale. Il dépensa trois fois plus que le budget qui lui avait été ouvert, ce qui rétablit immédiatement le crédit de la Suède jugée jusqu'alors un pays pauvre et arriéré. On en murmura à Stockholm car, dans le même temps, les armées ne touchaient pas leur solde, mais Christine soutint effrontément son favori en affirmant que ses dettes avaient été autorisées par elle. Elle ne cachait d'ailleurs en rien ses sentiments, allant chaque jour s'entretenir des mérites de Magnus avec la comtesse de La Gardie. La belle Ebba qui, à défaut d'avoir été reine elle-même, se voyant déjà une descendance royale, ne se tenait pas de joie :

> Elle te loue et souhaite ton bonheur, mon cher et noble fils, si gracieusement que je ne peux te l'écrire.

Magnus-Gabriel revint donc, « précédé du bruit de ses dépenses », nous dit Chanut, et, deux mois plus tard, il épousait la princesse Marie-Euphrosyne au cours d'une cérémonie fastueuse à l'issue de laquelle la reine mit elle-même la main de sa cousine dans celle de Magnus en disant à celui-ci :

— Je te donne ce que j'ai de plus précieux.

Ce mariage, qu'elle n'avait pas seulement permis mais voulu, n'interrompit nullement la prospérité du favori qu'elle combla de titres, de faveurs et d'argent. A vingt-trois ans, il était en passe de devenir le personnage le plus riche et le plus considérable de Suède. Il serait général, puis maréchal, conseiller d'Etat, gouverneur de Livonie, ministre des Finances. La reine lui offrait tout à profusion, sauf sa personne.

Elle pouvait en conscience faire preuve de libéralité envers l'homme qu'elle aimait puisqu'elle lui en avait fait épouser une autre, comme son Grand Gustave qui avait dû, lui aussi, renoncer à connaître le bonheur avec l'une de ses sujettes. Et la rigueur de sa morale, toute cornélienne, lui interdisait également de prendre pour amant le mari de sa cousine. Mais la lutte fut rude, c'est ce qu'elle devait dire à Dieu bien des années plus tard, mais qu'a observé le tendre Chanut avec beaucoup d'inquiétude :

> La reine a donné jour dans cinq semaines pour le mariage du comte de La Gardie, écrit-il à Mazarin le 9 février 1647, et néanmoins l'affection qu'elle a pour lui me semble augmenter tous les jours ; jusqu'ici elle souffre cette brûlure avec gaieté d'esprit, et il est à croire de sa vertu et de son courage qu'elle n'en aura pas d'autre mal.

Il fallait pourtant qu'elle se décide au mariage, car elle avait déjà vingt et un ans, mais elle répondait de façon dilatoire aux états qui l'en pressaient, remettant à plus tard cette décision nécessaire.

Charles-Gustave, d'autre part, n'avait pas perdu tout espoir de la reconquérir. On parlait de lui pour remplacer le général Torstensson, gravement malade. Dans ses accès de découragement, il se disait prêt à partir, mais il restait. Sa candidature, de plus en plus affichée, divisait l'opinion. Il avait contre lui le clergé qui lui trouvait une parenté trop étroite avec la reine, et surtout la haute noblesse, toujours hostile à la maison palatine. Oxenstierna se montrait son adversaire résolu, et le jeune homme ressentait vis-à-vis de lui une véritable haine. Ses plus fervents soutiens étaient son père Jean-Casimir et Johannès Matthiae, autant par affection pour lui que par aversion pour l'ancienne équipe dirigeante. Les mêmes raisons animaient en sa faveur Gustave Gustavsson, le frère bâtard de Christine que celle-ci avait fait comte de Waseborg, mais il était un appui peu sûr. Chanut le soupçonnait de nourrir des espérances personnelles pour le cas de disparition sans descendance de la reine, et de plus il manquait de discrétion, ce qui donnait à Christine une de ces occasions de citer des auteurs latins qu'elle ne laissait jamais passer : « Les grandes entreprises ne sauraient être dirigées par celui à qui il coûte de se taire », écrivait-elle donc, d'après Quinte-Curce, à propos de son frère.

Le meilleur allié du prince restait son beau-frère, Magnus. Il était pourtant soupçonné — et parfois par Charles-Gustave lui-même — de lui nuire. Plus tard, lorsqu'elle sera définitivement brouillée avec son favori, Christine elle-même, pour se venger, l'en accusera auprès de son cousin. Rien n'est plus faux. Magnus au contraire s'employa de tout son pouvoir pour faciliter une union qui aurait évidemment consolidé sa propre fortune, mais cela avait plutôt desservi Charles-Gustave, car le crédit croissant des La Gardie mettait trop fâcheusement en évidence le déclin du vieux chancelier.

Celui-ci constatait amèrement que ses efforts d'éducateur avaient dépassé le but. Ce pouvoir, si longtemps exercé seul, il lui fallait désormais le partager avec une élève beaucoup trop douée. Elle l'avait longtemps ménagé pourtant, lorsqu'elle lui écrivait gentiment, en 1645, à propos des pourparlers de paix avec le Danemark :

> Ma jeunesse innocente serait sujette à cette calomnie qu'elle n'a pas été capable de prendre des conseils salutaires, mais que, transportée par le désir de gouverner, elle a commis de pareilles fautes.

Mais elle comprenait déjà en quoi consistait le pouvoir suprême, ajoutant dans la même lettre :

> Je prévois que mon sort sera tel que, si je fais quelque chose avec soin et après y avoir mûrement pensé, d'autres en auront l'honneur, mais si quelque chose se néglige, à quoi d'autres auraient pu penser, la faute en rejaillira sur moi.

C'était l'avertir déjà qu'elle allait bientôt se passer de lui. Cependant, lorsque la paix de Brömsero fut conclue à l'avantage éclatant de la Suède, et en grande partie grâce à lui, elle lui témoigna généreusement sa reconnaissance. Elle lui donna plusieurs domaines de la Couronne et le titre de comte de Södermöre, mais dans le panégyrique public qu'elle prononça à cette occasion apparaissait toute la distance entre la fille du Grand Gustave et le premier de ses serviteurs. Il le comprit ainsi et répondit sur le même ton qu'il était né pour obéir et que, fût-il au faîte des honneurs, il ne l'oublierait pas. Le conflit n'en couvait pas moins. Oxenstierna n'avait pas apprécié la nomination du trop jeune Magnus-Grabriel au poste de conseiller d'Etat. Mais c'est à propos de Johannès Matthiae, au début de 1647, que leur mésentente enfin éclata. L'ancien précepteur de la reine, devenu entre-temps évêque de Strängnäs, était depuis longtemps partisan d'un rapprochement entre les Eglises et d'une tolérance inspirée par la raison. Il avait exprimé ces vues dans un ouvrage récemment publié, *Idea bonis ordinis in ecclesia Christi*, qui, pour les luthériens de stricte obédience, sentait le soufre. Au cours d'un Conseil houleux, Oxenstierna exigea l'interdiction du livre. Christine, furieuse, répondit que les idées de Matthiae n'avaient rien de blâmable, et que d'ailleurs elle les partageait.

— Je demande à Votre Majesté de ne pas prendre, en plus, sa

défense, s'écria le chancelier, car cette seconde erreur serait pire que la première !

— Je ne le défends pas, il se défend lui-même !

Et, au comble de l'émotion, elle éclata en sanglots. On attaquait injustement son « papa », une opposition se formait contre elle, même Pierre Brahe, le ministre de la Justice, pourtant indulgent, lui faisait remarquer qu'elle ne devait pas réserver sa confiance exclusive à un prêtre, Matthiae, et à un trop jeune gentilhomme, La Gardie. Brahe, d'ailleurs, malgré sa fidélité aux Vasa, estimait sa maison tout aussi ancienne et glorieuse, et, comme le note Chanut, préférait secrètement « la forme élective des rois à celle de les recevoir par droit de succession ».

Une longue brouille s'ensuivit. Le chancelier s'en alla bouder à la campagne, disant à qui voulait l'entendre que « jamais le défunt roi n'avait gouverné si impérieusement au milieu de ses triomphes que sa fille ne le fait aujourd'hui ». Il marquait un point cependant, car sur l'affaire Matthiae la reine dut céder, et l'ouvrage ne fut pas réédité.

*

Sans droit divin pour l'étayer — ce qu'elle enviait aux souverains catholiques —, elle ne pouvait compter que sur sa propre détermination qui, si forte qu'elle fût, ne suffisait pas. Sa vie était fragile. Elle avait eu de nombreuses maladies, dont quelques-unes très graves, et un nouvel incident la convainquit qu'elle devait prévoir la transmission de la Couronne au cas où elle disparaîtrait prématurément. En juillet de la même année, elle fut attaquée pendant le prêche par un lecteur du gymnase de Stockholm et n'en échappa que grâce à la présence d'esprit du comte Brahe, la plupart des assistants ayant leur chapeau rabattu sur les yeux, comme ils avaient l'habitude de le faire pour mieux se recueillir. Cet événement donna lieu, de la part des représentants des différents corps du royaume, à de nouvelles instances : elle devait se marier au plus tôt. Elle répondit encore évasivement : elle ferait connaître sa décision au moment qui lui conviendrait le mieux.

En fait, et Chanut le devina bientôt, elle était résolue déjà à ne pas se marier. Cette décision, soigneusement cachée au début comme une anomalie honteuse, elle la revendiquerait plus tard hautement, allant jusqu'à dire « qu'il faut plus de courage pour se marier que pour la guerre ». Lorsque l'âge l'aurait rendue mystique, elle l'expliquerait par son goût de l'absolu :

> Je me serais sans doute mariée, écrit-elle dans sa *Vie dédiée à Dieu*, si je n'eusse reconnu en moi la force que vous m'avez donnée de me passer des plaisirs de l'amour. Si j'eusse senti en moi quelque faiblesse, j'aurais pu, comme tant d'autres, me marier pour me divertir et jouir de tous mes avantages, et je n'aurais pas eu cette invincible aversion (dont j'ai donné tant d'éclatantes marques) pour le mariage, s'il m'eût été nécessaire. Mais vous m'aviez donné un cœur qui ne pouvait être occupé que de vous.

Elle disait mieux, dans sa jeunesse, lorsqu'elle confiait à ses proches qu'elle ne pourrait supporter l'idée « qu'un homme usât d'elle comme un paysan de son champ ». C'est là que transparaît la vérité, démentant la réputation de libertinage que lui ont toujours value ses imprudentes excentricités. L'amour la rebute, et pour assumer cette disgrâce, elle en fait une vertu, surtout à la fin de sa vie, lorsqu'il n'y a plus lieu d'en souffrir. Mais quand elle avait vingt ans, cela lui était un profond tourment. Chanut, observant sa mélancolie, y voyait seulement un combat mené entre le devoir et la passion, et il s'en inquiétait :

> Je ne peux m'empêcher de me dire quelquefois qu'on aurait pitié d'elle si on voyait son intérieur, duquel, ajoute-t-il avec une naïve présomption, j'estime qu'elle ne s'ouvre à qui que ce soit qu'à moi, et encore d'une sorte qui n'amoindrit ni sa dignité, ni mon respect.

Il s'agissait en réalité d'une lutte bien plus rude, et dont elle ne s'ouvrait à personne. Pourquoi, si elle était si éprise du comte Magnus, l'avait-elle écarté avec tant de soin ? Rien ne s'opposait à ce qu'elle l'épousât, si on néglige comme peu vraisemblable le bruit selon lequel il aurait été le bâtard de Gustave-Adolphe. Il était certes un de ses sujets, mais non un homme de rien, et il avait même dans son ascendance une princesse Vasa. Ce qui la rendait si malheureuse, c'était de constater son impuissance devant le mariage, et surtout devant la procréation, c'est-à-dire l'expression la plus crue de l'amour. Plus tard, elle ne se gênerait guère pour afficher son dégoût des femmes enceintes. Alors elle se contentait de plaisanter. A ceux qui la pressaient de mettre un prince au monde, elle répliquait :

— Et si j'engendrais un Néron, au lieu d'un Auguste, quel bien en aurait la Suède ?

Cette infirmité de sa nature lui venait peut-être de quelque anomalie physique soigneusement cachée. L'éventuel hermaphrodisme de la reine Christine a donné lieu à des traités complets d'experts que démentent clairement les conclusions de ses médecins. Ceux-ci ont toujours affirmé qu'elle était femme. Et il n'y avait pas en effet le moindre doute puisque, à sa naissance, sa tante Catherine n'avait pas trouvé d'autre moyen que de l'exhiber à son père pour lui annoncer la fâcheuse nouvelle qu'il avait une fille. Elle avait donc les caractéristiques d'une femme, mais d'une femme manquée, mal réussie et déviée de sa voie par une éducation absurde, isolée dans un destin extraordinaire.

Prendre Magnus-Gabriel pour amant ou épouser Charles-Gustave, cela revenait à la même réalité insupportable pour elle, aussi s'était-elle réfugiée dans le leurre d'une passion de tout repos. Ebba Sparre, l'une de ses dames d'honneur, issue d'une des plus anciennes familles de la Cour, avait un aspect si délicieux qu'on l'appelait *Belle*. Sans beaucoup d'esprit ni de personnalité, elle se contentait d'être l'ombre ravissante et douce d'une reine violente et sans grâce. Si on s'en rapporte à la correspondance que Christine lui adressa après avoir quitté la Suède, il semble qu'elle lui ait voué un sentiment très fort, à la limite de l'homosexualité, autre particularité attribuée à une femme sans doute irrémédiablement chaste. Cependant, ces lettres assez échevelées sont trop dans le style mis à la mode par *Le Grand Cyrus* des Scudéry pour être convaincantes. Les deux jeunes filles dormaient ensemble et Christine, toujours effrontée, présentait son amie aux diplomates les plus guindés comme sa « compagne de lit ». En fait, il s'agissait d'une coutume courante dans les pays froids, et Voltaire nous dit qu'elle était également observée dans l'ancienne France. Gustave-Adolphe et son familier Axel Baner la pratiquaient aussi, sans que ni l'un ni l'autre eussent la réputation d'invertis.

Cette liaison eut en tout cas pour effet d'agrandir la brèche entre les Oxenstierna et les La Gardie. Sous l'influence de Christine, Ebba rompit ses fiançailles avec Bengt Oxenstierna, parent du chancelier, pour épouser Jakob-Casimir, frère cadet du favori et tout aussi magnifique que lui. La cérémonie fut somptueuse et le marié aussitôt propulsé vers les plus hautes charges. Quant à la mariée, elle ne fut pas heureuse et devait mourir prématurément quelques années plus tard.

*

Chanut s'apercevait bien de l'éloignement de la reine pour le mariage, mais il le mettait sur le compte de son désir de régner seule. Il est vrai qu'elle aimait passionnément le pouvoir, et c'était sa deuxième découverte depuis sa majorité, malheureusement incompatible avec la première. Il lui fallait choisir entre la Couronne et le célibat. Pour que soit maintenue en Suède la monarchie héréditaire, et par conséquent l'ordre et la sécurité du royaume, elle devait se marier, mais elle ne le pouvait pas. Et c'est sans doute à cette époque qu'elle envisagea son abdication. On en a la preuve grâce à Chanut auquel elle s'était alors confiée. En 1653, quand le bruit du départ de la reine commença à se répandre, il était en mission à Lübeck, et il lui écrivit aussitôt. Le jeune Picques, son remplaçant à Stockholm, fut chargé de remettre cette lettre à Christine :

> Elle a eu la bonté de m'en lire quelques endroits, rapporte-t-il à l'ambassadeur, entre autres celui où vous dites qu'il y a près de six ans qu'elle vous a découvert son dessein, elle pensait qu'il n'y en avait que cinq.

Elle y songeait donc dès 1647 ou 1648, mais ce n'était pas encore une décision, seulement un projet confus et incertain qui mettrait encore longtemps à aboutir.

Pourtant, ce mariage avec Charles-Gustave, elle ne le rejetait pas encore absolument, même si elle était certaine de ne jamais réussir à l'aimer. Elle le lui disait, cruellement : si elle l'épousait, ce serait seulement pour raison d'Etat. Chanut, homme d'expérience, lui faisait la leçon :

— S'il doit approcher un jour Votre Majesté en qualité de

mari, il serait mieux qu'il crût qu'Elle a toujours eu de l'inclination pour lui !

Elle en convenait mais se disait incapable de mentir en feignant des élans qu'elle ne ressentait pas. Charles-Gustave d'ailleurs n'y mettait guère du sien. S'il était assez porté sur les femmes, il n'avait aucun don pour la galanterie :

> Il est généreux et vaillant, discret, adroit, bon, affable, d'un esprit résolu, mais qui n'a pas pris auprès de la reine l'habitude d'agir avec ces petits agréments qui gagnent insensiblement le cœur des filles, écrit Chanut. Elle l'estime et lui veut du bien, mais si c'est amour, c'est la question.

Autrement dit, il ne savait pas s'y prendre et cela consternait ses partisans, surtout les La Gardie qui comptaient sur lui pour maintenir leur étonnante fortune. Marie-Euphrosyne répétait à son frère que les filles disent souvent des non qui signifient des oui, et Magnus lui conseillait de ne pas se décourager, de multiplier les assauts, les femmes adorant être des proies qu'on chasse, et puis qu'on force. Mais Charles-Gustave connaissait bien sa cousine, l'amie de son enfance, il savait qu'avec elle il fallait au contraire être patient, fidèle, et dissimuler avec le plus grand soin ses ambitions. Il tenait donc, assez bien, l'emploi de l'inconsolable.

« Tout est si confus que je n'y comprends plus rien, écrivait-il à l'un et à l'autre. Je suis le plus misérable de la terre ! »

Christine restait imperturbable. Elle n'empêchait pas son cousin d'espérer, elle ne lui conseillait pas non plus. En fait, elle cherchait le moyen d'éluder l'échéance inévitable de perdre un pouvoir auquel elle tenait. Enfin elle crut l'avoir trouvé.

Ce plan consistait à faire désigner Charles-Gustave comme son successeur, ce qui lui permettrait de conserver le trône sa vie durant, sans craindre, au cas où elle disparaîtrait prématurément, aucune vacance de la souveraineté, donc aucun risque de retour à la monarchie élective. L'entreprise demeurait hardie. Charles-Gustave, bien que Vasa par sa mère, appartenait à une maison étrangère, suspecte de calvinisme, et, s'il était détesté des grands, il était à peine connu du pubic. Il fallait donc le rendre important, et nécessaire. Bien consciente en outre qu'elle-même manquait de la principale qualité dont avaient fait preuve ses prédécesseurs, celle de chef de guerre, elle imagina dans un premier temps investir son cousin du commandement suprême de l'armée.

Dès qu'elle en informa le Conseil, ce fut un tollé. Comment confier une telle responsabilité à un prince étranger, s'il n'était pas le mari de la reine ? Les représentants des états, consultés, s'y opposèrent avec autant de force. Elle dut, pour obtenir satisfaction, s'engager, avec quelques restrictions mentales, à épouser le prince dès son retour. Mais alors, elle se heurta à un nouvel obstacle : Charles-Gustave ne voulait pas être généralissime, surtout lorsqu'elle lui eut précisé que sa promesse de mariage était une ruse pour faire accepter sa nomination. Il voulait être son mari, seul bonheur qu'il eût jamais souhaité.

— Je n'ai pas d'autre désir, et me contenterais d'un morceau de pain ! s'écria-t-il.

Christine eut beau faire miroiter à ses yeux un avenir constitutionnel, il n'en démordait pas : l'épouser ou rien. Comme il était beaucoup plus ambitieux qu'il ne le disait, la perspective de succéder à une femme plus jeune que lui n'avait rien de séduisant. Le pouvoir réel, il ne l'aurait qu'en partageant son trône.

— Et vos promesses d'autrefois ? rappela-t-il sur un ton sentimental.

Elle haussa les épaules, exaspérée :

— Enfantillages ! Alors qu'à présent je vous propose la plus haute considération que vous pouvez attendre en Suède. Que voulez-vous de plus ?

C'était elle qu'il voulait, et si elle le refusait il quitterait la Suède pour jamais.

— Allons donc ! c'est là du roman ! Dieu ne vous a pas créé comme personne privée, vous avez des devoirs ; si vous abandonnez le pays, vous vous en repentirez !

Après une âpre discussion, elle finit par consentir à l'épouser si elle ne parvenait pas à son retour à l'imposer comme son successeur, et pour faire bon poids elle lui promit même de consommer le mariage.

Charles-Gustave fut donc nommé généralissime, et, le 6 juin 1648, il prêtait serment aux genoux de la reine. Son départ fut fixé au 18 juillet. Magnus-Gabriel l'accompagnait, aussi tous les yeux étaient-ils fixés sur Christine pour voir comment elle se comporterait au moment de cette double séparation. Les malveillants en furent pour leurs frais. Elle fit ses adieux avec tant d'impassibilité que beaucoup la pensèrent fort aise d'être débarrassée de l'un comme de l'autre. Chanut quant à lui admirait sa force d'âme :

> Elle a une joie intérieure de ce que, dans une affection si grande, elle n'ait jamais été portée à la moindre action qui donne du repentir, et elle regarde le passé comme une tempête où non seulement elle a évité le naufrage mais n'a même pas été contrainte d'éjecter aucune chose à la mer pour alléger le vaisseau.

Elle s'est montrée, ajoute-t-il, particulièrement affectueuse pour Charles-Gustave, mais avec beaucoup de dignité :

> Cette princesse a une façon d'agir qui lui conserve l'autorité tout entière au milieu des familiarités.

Le prince n'était pas dupe :

« Je pars avec une forte douleur, laissant tout pour m'exposer à la fortune », écrit-il à son père avec son emphase habituelle. Ce désespoir préromantique ne lui faisait d'ailleurs pas perdre de vue des réalités plus tangibles. Le gouvernement français, pour se l'attacher en tant que mari probable de la reine, lui avait fait tenir cinquante mille écus d'or ; il les trouva insuffisants et en réclama cent mille. Il laissait d'autre part à Stockholm un nouveau bâtard, plus tard légitimé comme comte Gustave Carlsson.

Enfin il était en mer, à la tête de quinze navires de guerre, accompagné jusqu'à Dales par les principaux sénateurs. A Stettin il devait rencontrer Marie-Eléonore qui, après l'avoir naguère trouvé très vulgaire, allait bientôt embrasser ardemment sa cause. La reine l'avait suivi des yeux, de la terrasse de son palais, jusqu'à ce que l'escadre eût disparu. Elle pensait s'être tirée d'affaire en donnant à son cousin la première place dans la dynastie Vasa. L'avenir lui montrerait que cela ne suffisait pas.

2

LA REINE DE LA PAIX

Lorsque Charles-Gustave rejoignit l'armée, la guerre était pratiquement terminée, depuis que les forces suédoises de Wrangel, unies à celles de Turenne, avaient écrasé les Impériaux à Zusmarshausen, le 17 mai 1648. Il eut encore le temps, avec les troupes de Koenigsmark, de prendre Prague, le 5 août, et de s'emparer du Hradschin qui contenait la fameuse collection d'œuvres d'art de Rodolphe II, une des plus belles d'Europe. Ces victoires décisives, et celle de Condé à Lens, le 19 août, amenèrent enfin l'empereur Ferdinand III à consentir à une paix dont on débattait déjà depuis quatre ans.

Ces négociations avaient lieu en Westphalie, dans deux villes différentes situées à une quarantaine de kilomètres l'une de l'autre afin de ménager les susceptibilités religieuses des parties en présence, les protestants se réunissant à Osnabrück et les catholiques à Münster. Cette division géographique était encore aggravée par de profondes divergences entre alliés, les exigences exorbitantes des Suédois exaspérant les Français, leurs bailleurs de fonds.

A cela s'ajoutaient des querelles de personnes entre les deux représentants de la Suède, Jean Adler Salvius, diplomate vieilli sous le harnais mais de basse naissance, et Jean Oxenstierna, l'un des fils du chancelier, jeune homme sans expérience qu'on lui avait adjoint uniquement pour relever le niveau de la délégation.

Salvius, ancien protégé de Gustave-Adolphe et d'Oxenstierna, devait sa brillante carrière surtout à son propre génie qui avait pris toutes les formes du savoir, consacré par les diplômes des plus fameuses universités. Il avait appris la médecine, le droit, l'histoire, l'art militaire et celui de la finance, et depuis plusieurs lustres jouait le rôle principal dans les affaires étrangères suédoises. Il ne négligeait pas les pots-de-vin et il avait épousé une riche veuve de bijoutier. Il avait donc accumulé une énorme fortune qui lui donnait presque autant de pouvoir que les postes qu'il occupait. Il lui était arrivé fréquemment de venir au secours des troupes désargentées de Baner ou de Torstensson, et il servait à l'occasion de banquier à la reine elle-même. C'est à lui qu'elle avait eu recours pour payer les dettes parisiennes du comte de La Gardie, avance que d'ailleurs elle ne lui remboursa jamais. Il était en effet de sa politique de laisser ses collaborateurs s'enrichir plus ou moins honnêtement, à condition d'en profiter au besoin. Salvius avait été anobli en 1629. Il n'en restait pas moins un homme du commun, et le sentait, ce qui lui donnait un caractère souple et soupçonneux, peu agréable aux Français.

Jean Axelsson était tout son contraire, celui-là franc et direct jusqu'à l'arrogance. Fier outrageusement de sa maison, d'une hauteur toute « gothique », emporté sans mesure, affichant en toute circonstance le luxe d'un prince, il irritait en permanence les plénipotentiaires étrangers comme le type poussé jusqu'à la caricature du guerrier noble et outrecuidant.

Aussi les négociations suédoises se déroulaient-elles sur deux plans qui ne se rencontraient pas toujours. Cependant, le désaccord des deux diplomates se trouvait heureusement compensé par celui qui régnait entre leurs homologues français, le comte d'Avaux, honnête homme, très pieux, et Servien, magistrat dur et retors, entièrement dévoué à Mazarin, qui finit d'ailleurs par éliminer son collègue.

Christine jouait avec une savante ruse de ces dissensions qui portaient jusqu'en Allemagne l'écho de ses propres querelles avec le chancelier, Salvius et Jean Axelsson étant à Osnabrück les antennes du conflit qui scindait les dirigeants suédois en deux clans hostiles, les profrançais partisans de concessions nécessaires à leurs alliés, et ceux qui, groupés autour d'Oxenstierna, ruminaient leur vieille rancune contre Richelieu et voulaient poursuivre la guerre pour en tirer le maximum de profits.

Jean Axelsson ne mettait aucune retenue à sa détestation affichée des Français, au point que le pacifique d'Avaux en était excédé, trouvant qu'il se conduisait « comme s'il était assis sur un trône pour juger les douze tribus d'Israël ». Le chancelier ne lui donnait guère de conseils de modération en lui prescrivant de répondre en suédois à d'Avaux si celui-ci écrivait en français et non en latin. L'intransigeance du jeune diplomate pouvait parfois servir la reine pour tenir tête aux envoyés de Mazarin, mais elle avait davantage confiance dans la souplesse manœuvrière de Salvius :

> Je connais fort bien les manières des Français, lui écrivait-elle, et que la plus grande partie de leurs mœurs consiste en compliments. Cependant la civilité ne perd rien et on les paie de la même monnaie qu'ils paient les autres.

En fait, et surtout depuis les retentissants succès des armées suédoises, elle comptait sur Salvius pour conclure enfin la paix. La paix, elle la voulait depuis longtemps, depuis la fin du conflit avec le Danemark, en 1645, où, pour la première fois, elle avait imposé ses vues. Ses adversaires malveillants, au temps des frictions d'Osnabrück, allèrent jusqu'à dire qu'elle la voulait pour rendre son nom éclatant plus par sa valeur personnelle que par celle de ses sujets. Et, de fait, comme son sexe lui interdisait de suivre la trace des héros guerriers ses prédécesseurs, elle entendait régner par la suprématie des arts et des lettres, comme les années suivantes le prouveront abondamment. Mais, outre son tempérament pacifique et tolérant, elle avait aussi une motivation politique plus profonde. Elle savait la minorité de son allié, le petit Louis XIV, déjà menacée par l'émergence de troubles civils, elle pouvait en craindre la contagion dans son royaume toujours à la merci d'une aristocratie ambitieuse, et surtout elle avait besoin de la paix pour régler l'épineux problème de sa succession.

Le 21 juillet 1648, elle écrivait clairement à Salvius :

> Ce que je désire et j'estime au-dessus de tout autre chose au monde, c'est de pouvoir rendre la paix à la chrétienté.

Trois mois plus tôt déjà, elle avait pris les choses en main avec une rare détermination, exigeant de ses deux représentants la conclusion rapide des négociations. Sa lettre à Salvius était confiante et bienveillante :

> Le chancelier fait le souple mais je crains les Grecs et leurs présents.

Et, comme elle était encore très jeune, elle ne pouvait s'empêcher, en post-scriptum, de lui demander « quelles grimaces » ferait Jean Oxenstierna en lisant le message qu'elle lui adressait.

La réaction de l'intéressé fut plutôt violente, et celle de son père encore davantage. Les rapports de la reine et du chancelier se trouvaient envenimés du fait que Salvius répandait à Osnabrück le bruit, déjà entendu, qu'Oxenstierna voulait marier son second fils Erik avec Christine. La colère de celle-ci fut telle que le chancelier se hâta, avant d'aller de nouveau bouder à la campagne, de recommander à Erik de se trouver d'urgence une épouse, ce qu'il fit.

Enfin, le 24 octobre 1648, les traités de Westphalie étaient signés. Un courrier en apporta la nouvelle à la reine le 18 novembre et reçut pour sa peine six cents ducats et une chaîne d'or, cadeau habituel pour tous ceux qui avaient su lui plaire. Elle pouvait en effet se féliciter et se réjouir. Dans la foulée des conquêtes de Gustave-Adolphe, la Suède devenait la puissance prépondérante sur les rives de la Baltique. Déjà le traité de Brömsbero, conclu en août 1645 avec le Danemark, lui avait donné les îles d'Ösel et de Gotland, le Jutland et le Hegedalen en Norvège. Cette fois, avec l'île de Rügen, le port de Wismar, l'évêché de Verden, l'archevêché de Brême, une partie de la Poméranie et l'embouchure de l'Oder, elle devenait partie prenante en Allemagne et garante, avec la France, des libertés germaniques. Et son souverain, en tant que duc de Brême, était prince électeur de l'empire. Le seul échec de Christine était de n'avoir pu, en dépit de ses instances, obtenir pour son favori Magnus-Gabriel la seigneurie de Benfeld. Il eut seulement les canons de cette forteresse démantelée, et il s'empressa de les revendre au gouvernement français !

Ces heureux résultats ne plurent pas à tout le monde. Les jusqu'au-boutistes crièrent à la trahison, le clergé à la victoire du papisme. Un pasteur osa déclarer en chaire que la cause du luthéranisme avait été mal servie. Il se fit si sévèrement rabrouer par la reine que, éperdu, il s'empressa de démentir ses propos.

La récompense de Salvius fut d'entrer au Sénat. Elle le lui avait promis au cours des négociations, mais il savait la chose difficile et s'en inquiétait. Elle le rassura à grand renfort de citations latines :

> Vous pourrez dire, comme Marius dans Salluste : *Contemnunt novitatem meam, ego illorum ignaviam, mihi fortuna, illis probra objectantur* [1].

Le latin ne suffit pas à amadouer les sénateurs outrés de voir un roturier accéder à leur dignité. Dès qu'elle s'était ouverte de son projet, le chancelier avait exhalé son mécontentement par un torrent d'éloquence, et, commente Chanut en racontant la scène à Mazarin, « il faut rendre cet honneur à Monsieur le chancelier qu'il parle divinement dans toutes les langues dont il se sert ».

A la loi évoquée par Oxenstierna sur l'impossibilité, pour les personnes de basse naissance, d'entrer au Sénat, elle répliqua avec tout autant de véhémence que la loi, par cette expression, signifiait seulement illégitimité ou famille déshonorée, et qu'elle ne pouvait nullement concerner un serviteur de l'Etat tel que Salvius.

A bout d'arguments, le chancelier déclara qu'introduire Salvius au Sénat équivaudrait à l'en chasser, lui. Cela n'impressionna pas la reine.

— Je ne vous empêche pas d'aller où vous voudrez, fit-elle avec colère, mais je vous demande seulement d'être dans cette circonstance ce que vous avez été toute votre vie, maître de vos passions et plus attaché au bien public qu'à vos affections particulières !

Comme, fortement dépité, Oxenstierna gardait le silence, le comte Brahe intervint :

— Qui est ce Salvius ? On ne sait même pas qui était son père.

— Son père ? dit-elle, railleuse ; eh bien ! c'était un homme, je n'ai pas ouï dire qu'il naquît des hommes sans père !

---

1. « Ils méprisent mes origines, et moi leur incompétence, à moi on peut reprocher ma condition, à eux leur infamie. »

— Et pourquoi ne remettrait-on pas cette nomination à la ratification de la paix ?

— Sera-t-il donc plus gentilhomme après la paix qu'aujourd'hui ? Quand on a besoin de bons conseils, on ne s'inquiète pas de savoir si le conseiller a bien ses seize quartiers de noblesse.

Ils durent céder, et Salvius revint sénateur à Stockholm.

*

Les traités de Westphalie, c'était l'apothéose de la *Reine de la paix*. Les louanges affluaient, et Chanut, bien entendu, n'était pas le dernier à exprimer son enthousiasme. Au comte de La Gardie, encore en Allemagne, il adressait un panégyrique exalté de Christine se terminant ainsi :

> Enfin, Monsieur, si vous avez jamais admiré au printemps la subite croissance des plantes qui se lèvent quasi à vue d'œil, figurez-vous que votre maîtresse fait de même avec la vertu.

Libérée des soucis de la guerre, elle avait à présent un grand projet, faire de sa cour un centre de rayonnement intellectuel en Europe, ce qui pouvait sembler d'une ambition excessive dans un pays aussi pauvre et arriéré que l'était alors la Suède. La population atteignait à peine deux millions d'habitants. Les famines y étaient nombreuses et la moyenne de vie ne dépassait pas vingt-deux ans. L'ignorance, dans les basses classes, était la règle générale, illettrisme doublé de superstition entravant tout progrès scientifique, particulièrement en médecine, par suite de la frayeur qu'inspirait la dissection. Aussi disait-on qu'il n'y avait en Suède « qu'un roi, une religion, et un médecin ».

Christine pourtant ne partait pas de rien. Tous ses prédécesseurs avaient été des hommes de grande culture. Erik XIV s'entourait de poètes, Jean III d'humanistes et de savants, Charles IX pensionnait l'historien Stiernman pour écrire la *Chronique des rois de Suède*. Gustave-Adolphe surtout, qu'un voyageur appelait « l'amant de tous les arts et de toutes les sciences », avait travaillé au développement culturel du royaume. Il avait rénové en particulier l'antique université d'Uppsala dont il voulait faire le creuset de la langue nationale, encore peu utilisée dans les études supérieures. Après sa mort, les régents avaient poursuivi cette politique en fondant et subventionnant des collèges dans leurs provinces respectives. Tous ceux qui entouraient la reine depuis son enfance étaient des lettrés, anciens élèves des plus prestigieuses universités d'Europe. Beaucoup d'entre eux avaient composé des ouvrages, de philosophie, d'histoire ou d'économie, et le comte Brahe avait même une imprimerie chez lui pour publier les siens. Ses cousins, ses amis, ses favoris avaient reçu la même éducation qu'elle et parlaient latin aussi couramment.

Il s'agissait cependant d'une élite, coupée de la masse. Les grands seigneurs, de par leur éducation raffinée, monopolisaient les hauts emplois dont étaient écartés les fils de bourgeois, déjà prospères mais sans grande instruction, car ils restaient en Suède. Très rares étaient en effet les jeunes roturiers qui pouvaient voyager en Europe. Il fallait donc leur amener des maîtres et réformer entièrement l'enseignement. Là encore, Christine suivait une filière. Déjà, au temps de son père, des savants hollandais ou allemands avaient été appelés à Stockholm. Pendant sa minorité, Freinshemius, philologue réputé de Strasbourg, avait obtenu une chaire à l'université d'Uppsala. Elle le nomma son bibliothécaire et invita à son tour, pour de nouveaux cours dont elle augmenta d'ailleurs les traitements, des érudits renommés, venant surtout de Leyde, alors le foyer des lumières. Elle eut aussi de jeunes enseignants pleins d'avenir qu'attirait déjà sa renommée, comme Nicolas Heinsius et Issac Vossius, tous deux les fils d'illustres professeurs. Le premier serait son conseil en latin, le second en grec.

Ces nouveaux venus n'étaient d'ailleurs pas toujours bien accueillis. L'un d'eux, Johan Boecler, latiniste alsacien, faillit se faire lyncher par les étudiants d'Uppsala pour avoir déclaré à la fin de l'un de ses cours :

— J'en dirais davantage si les têtes de plomb des Suédois étaient en état de mc comprendre !

Il dut quitter en hâte la Suède avec pour lot de consolation l'immanquable chaîne d'or.

C'est que l'intelligentsia stockholmoise était, de par son isolement et son petit nombre, particulièrement chauvine. Un thème récurrent apparaissait alors dans tous les écrits scientifiques, la primauté d'origine des peuples scandinaves, qui avait d'ailleurs l'approbation de l'Etat. Gustave-Adolphe avait ainsi encouragé dans ce sens Jean Bure, un des premiers spécialistes de l'archéologie suédoise. Les pierres runiques obsédaient les chercheurs, au point qu'un de ceux-ci, Olaf Verelius, voulait en jeter à la tête de son confrère d'Uppsala, Jean Scheffer, qui avait contesté l'antériorité des tombeaux suédois : « La loi devrait sévir contre ceux qui osent douter que les Goths qui se sont emparés de Rome soient sortis de Suède ! »

Même le poète national Stiernhielm soutenait ces prétentions. D'après lui, la langue scythe, tronc commun des idiomes scandinaves, était plus ancienne que l'hébreu, et d'ailleurs Adam, à coup sûr, était nordique. Ce Stiernhielm, nommé pour son zèle « antiquaire du royaume », était du reste un original. Fils d'un mineur de Dalécarlie, il avait beaucoup voyagé et, esprit curieux, avait rapporté de ses expéditions des appareils de mesure encore inconnus en Suède avec lesquels il s'amusait à effrayer ses interlocuteurs sous prétexte d'expériences scientifiques. Avec un miroir ardent il brûlait la barbe d'un paysan de Scanie et avec un microscope offrait un pou monstrueux aux regards effarés d'un professeur d'Uppsala. On le prenait un peu pour un sorcier. Quant à la reine, elle l'employait surtout pour animer sa cour. Il composait des vers de ballet à son intention, et à celle de sa *Belle* des *Stances à Vénus*. Lorsque Christine sera devenue une grande collectionneuse, il lui rendra, comme nous le verrons, d'autres services encore.

Le virus de la priorité scandinave avait atteint également un de ces jeunes savants pluridisciplinaires qui entouraient la souveraine, Olaf Rudbeck. Fils de l'évêque de Västerås, ancien aumônier de Gustave-Adolphe et personnalité de premier plan de l'Eglise luthérienne, il avait été envoyé en Hollande aux frais de Christine et en était revenu botaniste, physicien, médecin surtout, car il se fit connaître pour ses découvertes sur les vaisseaux lymphatiques et sur la césarienne — qu'il ne craignit pas d'opérer sur sa propre femme. La reine, qui assistait souvent aux cours d'Uppsala, goûtait particulièrement les siens, mais la chirurgie ne l'empêchait pas de s'intéresser lui aussi aux antiquités, et il devait écrire une encyclopédie en quatre volumes,

Atlantica, où il soutenait comme les autres que la Suède était la mère de toutes les nations.

*

C'est dans ce climat de xénophobie amorcée que Descartes devait à son tour se rendre en Suède. Christine en avait entendu parler par son premier médecin, Du Riez. Celui-ci, d'abord français et moine catholique, puis suédois et luthérien, mais surtout chimiste réputé, occupait une grande place à la Cour, au point de rendre Chanut jaloux de sa faveur et de la fatuité avec laquelle il en faisait état. C'était en tout cas un cartésien convaincu, mais ce fut certainement à l'ambassadeur qu'est due en définitive la rencontre entre la reine et le philosophe. Chanut avait pour beau-frère l'un des élèves les plus passionnés de Descartes, Clerselier, dont toute la vie fut une paraphrase des principes et de l'enseignement de son maître. Et c'est à son contact que le diplomate, déjà très porté sur la philosophie, était devenu à son tour cartésien. Constatant, depuis son arrivée à Stockholm, la curiosité intellectuelle sans limites que montrait la jeune souveraine et son désir de s'entourer des savants les plus éminents de son temps, il ne pouvait que lui parler, lui aussi, de Descartes, avec lequel d'ailleurs il était en correspondance régulière. Descartes de son côté connaissait de réputation cette *Minerve du Nord* dont on lui avait vanté les qualités « de façon telle, écrit-il, que celle d'être reine me semble l'une des moindres ».

Peu familiarisée avec la vraie philosophie, Christine la confondait volontiers avec la morale et croyait qu'elle consistait en l'établissement de règles de vie, ce dont elle avait grand besoin, luttant avec ses conflits passionnels. Intriguée par ce que Du Riez et Chanut lui disaient de Descartes, elle fit demander au philosophe lequel, entre ces deux extrêmes, l'amour et la haine, était le pire dans le comportement humain.

Chanut transmit la question avec quelque embarras naïf :

> Ce terme d'amour étant entendu à la manière des philosophes et non point comme on le fait sonner si souvent à l'oreille des filles.

Descartes répondit imperturbablement, par un traité en douze pages, que les excès de l'amour étaient bien plus ravageurs que ceux de la haine, tout en n'omettant pas une malice à l'égard de Chanut :

> Vous avez beau dire que vous n'avez pour elle que du respect, de la vénération et de l'étonnement, je ne laisserais pas de juger que vous avez aussi une très grande affection.

Christine fit savoir qu'elle avait apprécié les idées de son correspondant sur l'amour, bien qu'elle ignorât complètement cette passion « et ne pouvait pas bien juger d'une peinture dont elle ne connaissait point l'original ». En tout cas, ajouta-t-elle, elle aurait sûrement préféré à toutes les couronnes de la terre la sagesse heureuse de « Monsieur Descartes ».

On en serait peut-être resté là si un jour, à Uppsala, Freinshemius n'avait disserté sur le souverain bien. Christine n'en fut pas entièrement satisfaite et fit demander son avis à Descartes. Celui-ci s'en trouva fort embarrassé, car s'il avait déjà traité le sujet, c'était à l'intention d'une autre égérie avec laquelle il entretenait depuis longtemps un commerce d'amour savant, la princesse Elisabeth de Bohême. Cette muse-là ne le cédait en rien, en fait de prouesses intellectuelles, à la reine de Suède. Agée d'à peine vingt-trois ans, sa réputation avait fait le tour de l'Europe. Elle avait de qui tenir car elle appartenait à une famille extraordinaire. Sa mère, fille de Jacques Ier, était célèbre pour son intelligence et sa beauté, et parmi ses nombreux frères et sœurs pas un n'était banal. Charles-Louis, l'aîné, devait se lier avec Spinoza, le second, Robert, chimiste et physicien de renom, serait l'ami de Van Dyck, Sophie et Louise des intimes, l'une de Leibniz, l'autre, future abbesse de Maubuisson, de Bossuet. Descartes, qui était alors installé à Egmond, petite ville de Hollande, avait rencontré Elisabeth à La Haye où s'était réfugiée la famille royale de Bohême. L'électeur palatin Frédéric V, proclamé roi de Bohême en 1619, avait en effet été détrôné l'année suivante après la fameuse défaite protestante de la Montagne Blanche, prologue de la guerre de Trente Ans. Il y avait gagné le triste surnom de *Winter könig*, roi d'un hiver, et, après quelques années d'exil, était mort de la peste en 1632.

Elisabeth avait ému le cœur du solitaire par une sagesse égale à la sienne ; c'est ce qu'il dit clairement dans la préface de ses *Principes de philosophie*, publiés en 1644 à Amsterdam, qu'il lui dédiait : il n'avait jamais rencontré personne, assurait-il, qui eût si bien compris le sens de cet ouvrage, et qui fût aussi doué pour la métaphysique. Son traité des *Passions de l'âme* allait paraître en 1649, mais il avait déjà, sur ce thème, entretenu une copieuse correspondance avec la princesse palatine. Sans penser que la reine Christine pourrait éprouver du dépit à se voir précédée par une autre dans l'admiration du grand homme, il fit proposer par Chanut, en plus de son manuscrit, les commentaires qu'il avait inspirés à la princesse Elisabeth, appelés *Lettres sur la vie heureuse*. Assez ingénu en politique comme en psychologie féminîne, il s'imaginait qu'en rapprochant ainsi ses deux disciples il travaillerait à la restauration de la maison palatine. C'était quelque peu présomptueux de sa part ; la question avait déjà été réglée à Osnabrück où les Suédois avaient obtenu pour Charles-Louis, le frère d'Elisabeth, une partie du Palatinat. Christine s'était d'ailleurs tenue à l'écart de ces négociations, les princes palatins étant calvinistes, ce qui, pour les luthériens, était plus horrible encore qu'être papiste. Elle avait même interdit à sa mère de rencontrer la princesse Elisabeth, de passage alors à Berlin. Elisabeth, déjà jalouse, en fut piquée, et elle écrivit à Descartes que c'était là « un procédé qui, à mon avis, ne répond pas aux louanges que votre ami donne à celle qui s'en sert ».

Christine, qui peut-être n'appréciait pas davantage cette concurrence, ne répondit pas à Descartes. Il sut cependant, par Chanut, qu'elle avait goûté son traité. L'ambassadeur, toujours très empressé auprès de la reine, revenait d'un voyage en Dalécarlie où il l'avait accompagnée pour visiter les mines de cuivre de Fahlum. Il en avait profité, raconte-t-il à son ami, pour lui faire lire en voiture ses *Principes*. Elle les avait parcourus avec « une mine fort pensive ». Cependant, cette philosophie devait lui paraître bien ardue car, à son retour à Stockholm, elle avait chargé son bibliothécaire Freinshemius et Chanut lui-même d'en faire un lecture préalable pour le lui débiter en résumés.

> De sorte, Monsieur, que c'est aujourd'hui une des fonctions de la résidence en Suède de lire et d'étudier votre philosophie.

Une des difficultés qui troublaient la reine encore luthérienne orthodoxe, c'était l'idée cartésienne d'un monde infini qui lui semblait contraire à la doctrine chrétienne de la création. A ces objections, Descartes répondit par cinq grandes pages sur la distinction à faire entre les mots *infini* et *indéfini*, et sur la possibilité que l'homme ne fût pas le centre de l'univers et qu'il y eût « des créatures intelligentes dans les étoiles ou ailleurs ».

La conclusion de la paix de Westphalie ayant donné plus de loisirs à la reine, Descartes reçut enfin, au début de 1649, une lettre d'elle à laquelle il répondit avec tout l'empressement d'un simple gentilhomme vis-à-vis d'une souveraine :

> S'il arrivait qu'une lettre me fût envoyée du ciel et que je la visse descendre des nues, je ne serais pas davantage surpris et ne pourrais la recevoir avec plus de respect et de vénération.

Une invitation explicite à se rendre à Stockholm suivit bientôt. Descartes, qui avait alors plus de cinquante ans et qui aimait les cabinets de travail surchauffés, n'en demandait pas tant, et la perspective d'« aller vivre au pays des ours entre des roches et des glaces » ne l'enchantait guère. Il avait d'autre part les meilleures raisons de redouter l'intolérance protestante : il venait d'être attaqué par deux théologiens de l'université de Leyde qui l'accusaient d'athéisme et n'avait obtenu que très laborieusement justice. Aussi écrivit-il à Freinshemius pour lui demander si, en tant que catholique, il serait bien accueilli en Suède. Rassuré sur ce point, il s'inquiétait encore de la désinvolture possible d'une jeune souveraine peut-être capricieuse qui ne l'attirerait que comme bête curieuse, « éléphant ou panthère », et il l'explique avec un certain orgueil à Chanut :

> L'expérience m'a enseigné que, bien que mes opinions surprennent d'abord, à cause qu'elles sont fort différentes des vulgaires, toutefois, après qu'on les a comprises, on les trouve si simples et si conformes au sens commun qu'on cesse entièrement de les admirer, et par même moyen d'en faire cas.

En somme il ne voulait pas être banalisé à la cour d'une grande collectionneuse de beaux esprits. Et il y avait le froid, qui faisait reculer les plus déterminés, mais Freinshemius, tout aussi frileux que lui et qui ne pouvait survivre à Stockholm qu'enveloppé de fourrures et pelotonné également contre un poêle, lui conseilla de venir malgré tout. Cependant, il avait de moins en moins envie de partir.

Christine insista tant, allant jusqu'à lui envoyer, pour l'accompagner, l'amiral Fleming, qu'il finit par se décider, et, le 1er septembre 1649, l'« homme né dans les jardins de Touraine », comme il se définissait, partait pour sa dernière aventure, « petit maître » affublé de chaussures à pointe en forme de croissant, de gants garnis de dentelle et d'une perruque à boucles sous un vaste chapeau à plumes, ce qui fit rire sous cape le résident de France venu le saluer à son embarquement à Amsterdam.

Après une longue traversée pendant laquelle il avait ébloui le pilote du navire par sa science des vents et de la navigation, il arrivait enfin à Stockholm. Dès le lendemain il était reçu par la reine dont il subissait immédiatement le charme. Elle n'oublia d'ailleurs pas de lui demander des nouvelles de la princesse palatine. Quelques jours plus tard, elle lui proposerait de l'anoblir en lui assurant un établissement en Suède.

Enivré, il décrivait à Elisabeth la générosité, la majesté, la douceur, la bonté de Christine. Il n'avait pas manqué, écrit-il,

> de lui dire d'abord ce que je pensais de Votre Altesse, car remarquant la force de son esprit je n'ai pas craint que cela lui donnât aucune jalousie, comme je m'assure que Votre Altesse ne saurait en avoir de ce que je lui écris librement de cette reine.

Elisabeth lui répondit par retour du courrier que, s'il avait trouvé encore plus de merveilles à la reine de Suède que n'en disait la renommée, il n'y avait pas du tout lieu pour elle d'en être jalouse,

> mais plutôt de m'estimer un peu plus que je ne faisais avant qu'elle m'ait fait voir l'idée d'une personne si accomplie qui affranchit notre sexe de l'imputation d'imbécillité et de faiblesse que Messieurs les pédants veulent lui donner.

Et, *in cauda*, elle feignait de s'étonner qu'on pût à la fois gouverner et philosopher.

Descartes s'était installé chez les Chanut, et, grâce à l'obligeance de Freinshemius qui avait négocié cette faveur pour lui, il fut dispensé de toutes les contraintes de l'étiquette de cour. Il avait la seule obligation, de taille à son âge et par un tel climat, de se rendre au palais à 5 heures du matin, seul moment que Christine pouvait lui consacrer. Cependant, leurs rencontres ne furent pas nombreuses, et ils ne tardèrent pas à se décevoir mutuellement. Christine, en réalité, ne goûtait guère l'aride méthode de ce nouveau maître, et il ne voyait en elle qu'une érudite intéressante mais qui ne comprenait rien à sa philosophie. Il lui reprochait en particulier de perdre son temps à étudier le grec, « bagatelle d'écolier » à son sens. Chanut trouvait aussi que « ces menues curiosités » étaient au-dessous de son état et de son esprit.

L'ambiance au palais était d'ailleurs plutôt au plaisir qu'à l'étude. On n'en finissait pas de fêter la conclusion des traités et Descartes fut entraîné comme les autres dans ce tourbillon mondain. Il fut embauché comme librettiste dans le *Ballet de la naissance de la paix*, et il fit également le plan d'une comédie de circonstance, *Alixan et Parthénie*. Celle-ci, princesse d'Islande, persécutée par le tyran de Stockholm, s'enfuyait avec son amant, tous deux déguisés en bergers, et tout finissait au mieux grâce à l'avènement d'un souverain bienveillant.

Descartes eut encore à préparer les statuts d'une académie littéraire à la manière de celle de Richelieu, mais qui ne verrait jamais le jour. Il y mit toute sa sagesse, stipulant, entre autres règles, « que l'on s'écoutera parler les uns les autres avec respect, sans jamais faire paraître de mépris pour ce qui sera dit dans l'assemblée », laquelle ne serait composée que de Suédois.

Cette prudente précaution était sans doute inspirée à Descartes par les réticences jalouses qu'il sentait autour de lui. Heinsius et Vossius lui en voulaient, pour l'amour du grec, les autres redoutaient sa faveur. On n'aimait pas les étrangers à Stockholm, surtout les Français, trop frivoles, et il y en avait déjà beaucoup, ceux qui avaient suivi le comte de La Gardie au retour de son ambassade. Quant à Freinshemius, complètement réfrigéré — on n'avait jamais vu un tel froid depuis un siècle —, il avait abandonné la partie, laissant son poste de bibliothécaire à Vossius. Descartes éprouvait donc un certain découragement et aspirait lui aussi à partir :

> Il semble que les pensées des hommes se gèlent ici pendant l'hiver aussi bien que les eaux, écrit-il à l'un de ses amis ; je ne suis pas ici dans mon élément, et je ne désire que la tranquillité et le repos qui sont les biens que les plus puissants rois de la terre ne peuvent donner à ceux qui ne peuvent les prendre d'eux-mêmes.

Quelques semaines plus tard, le 12 février 1650, revenant d'une séance particulièrement glaciale au palais, il tombait malade d'une pneumonie, en même temps que Chanut. Mais tandis que celui-ci acceptait les soins du médecin de la reine, Weuller, remplaçant de Du Riez alors absent, Descartes ne voulut même pas le recevoir. Il le soupçonnait d'avoir mené une cabale contre lui et se méfiait de la médecine suédoise. Il préféra des infusions de tabac, remède de son invention, mais son mal empirant, il se résigna à subir une saignée, tout en recommandant à Weuller, avec un humour abrupt, d'« épargner le sang français ».

Tout fut inutile.

> Plus pressé de partir que lui et moi l'avions prévu, il mourut le 11 mars en vrai philosophe et en vrai catholique. Il nous donna des signes répétés plusieurs fois qu'il se retirait content de la vie et des hommes, et confiant en la bonté de Dieu, écrivit Chanut à la princesse Elisabeth.

Christine se montra très émue de cette disparition et elle voulut ordonner des funérailles officielles, mais Chanut, conscient de l'antipathie du clergé, l'en dissuada. Descartes fut donc inhumé simplement dans un cimetière écarté qu'on réservait aux enfants morts sans baptême. En 1667, sa dépouille serait exhumée et rapatriée en France. Son court séjour en Suède ne devrait cependant pas être inutile. Après sa mort, malgré quelques résistances universitaires, son enseignement commença à se répandre pour former un important courant de pensée.

La princesse Elisabeth n'oublia pas de réclamer ses lettres, si indiscrètement communiquées à une souveraine qu'elle n'aimait guère. Chanut insista pour les garder quelque temps afin de décharger la mémoire de son ami de toute accusation de flatterie comme « par une démonstration géométrique », et pour faire à la reine « un très utile présent qui la confirmerait dans son estime singulière » pour la princesse. Celle-ci ne voulut rien entendre. Après avoir refusé le roi de Pologne parce qu'il était catholique, elle se retira dans l'abbaye de Hereford en Westphalie, où elle devait mourir en 1667.

*

Pour pouvoir nommer son cousin généralissime, Christine s'était engagée, on s'en souvient, à l'épouser dès son retour. Le prince, fort occupé d'ailleurs à licencier ses troupes, s'attardait à Nuremberg et ne semblait guère pressé de revenir pour obtenir l'exécution d'un engagement qu'il savait si peu sincère. Cependant, la paix étant signée, la reine n'avait plus aucune raison de surseoir à son mariage. C'est ce que la diète, en janvier 1649, à peine la session ouverte, s'était hâtée de lui rappeler avec la dernière insistance. Cette fois, il n'y avait plus d'échappatoire. Et elle s'était vue obligée d'annoncer aux membres du Conseil sa décision, irrévocable, de ne pas se marier.

— Je dis expressément que cela m'est impossible, c'est pour moi une chose sûre. Les raisons à cela, je les tais. Mon caractère ne s'y porte pas. J'ai prié Dieu assidûment d'en avoir le goût, mais je n'ai jamais pu l'avoir.

Dans cette déclaration pathétique, on peut voir l'absolue vérité. Très certainement, et Chanut dans sa correspondance en est le témoin, pendant ces longs mois d'incertitude, elle fut à plusieurs reprises sur le point de se résigner à un mariage nécessaire, et elle savait aussi, en faisant l'aveu solennel de son inaptitude à assurer sa descendance, qu'elle allait vers une abdication inéluctable. Cependant, elle aimait le pouvoir, et elle espérait le conserver en mettant à exécution le plan échafaudé l'année précédente. Aussi, profitant de la douloureuse surprise des sénateurs, elle leur proposa la nomination du prince Charles-Gustave comme son successeur.

Les conseillers se récrièrent d'une seule voix. L'élévation éventuelle du Palatin, c'était à leurs yeux un véritable changement de dynastie, et c'était précisément d'une vacance du pouvoir qu'ils entendaient profiter pour rétablir la monarchie élective. Ce n'est évidemment pas la raison qu'ils objectèrent, mais d'autres, plus avouables et mieux fondées. Comment pourrait-elle régner avec autorité si elle se donnait pour successeur un homme plus âgé qu'elle, enhardi par ses succès militaires, certainement ambitieux ? Elle se dit alors sûre de son cousin comme d'elle-même. Mais, reprirent-ils, si elle se décidait finalement à se marier avec un autre et en avait des enfants, alors que de son côté Charles-Gustave en aurait aussi, que se passerait-il ? Des désordres et des guerres civiles. Elle donna sa parole solennelle de ne jamais se marier et ajouta fortement qu'il y aurait bien davantage de compétitions entre les Brahe, les Oxenstierna et les autres si le trône se trouvait libre.

C'était lire dans leurs pensées. Furieux, le chancelier s'écria :

— *Exemplum sine exemplo*, surtout si l'on considère le moment et les circonstances.

— Oui, je le sais que c'est un *exemplum sine exemplo*, mais je tiens ma décision pour bonne, car je l'ai prise sans autre considération que l'amour de la patrie. Et puis, même si je me résous à épouser le prince, il ne peut rester simple comte palatin, il faut l'élever jusqu'à moi par un titre dynastique, il y a donc intérêt de toute manière à lui donner celui de mon successeur, ne fût-ce que pour couper court aux prétentions du roi de Pologne, au cas où je mourrais sans descendance.

Les sénateurs, et les états à leur suite, durent céder, et, le 10 mars, Charles-Gustave fut désigné comme successeur de la reine, à de sévères conditions cependant. Il ne devait rien entreprendre sans l'accord de Christine et du Sénat, ne briguer aucune principauté héréditaire hors de la Suède, ne pas contracter de mariage nuisible à la sécurité du royaume. La reine y ajouta la restriction supplémentaire de n'accepter aucune décoration d'un autre souverain, ce qui était d'ailleurs interdit à tous les Suédois : « Mes moutons, disait-elle, ne doivent être marqués d'aucune main étrangère. »

Seul le chancelier refusa de signer l'acte, déclarant au messager de la reine qui le lui apportait :

— Je vous proteste que si je voyais en ce moment mon tombeau ouvert et que j'eusse à choisir, ou de me mettre dedans ou de sanctionner ce document, je vous proteste de la manière la plus énergique que je préférerais la première solution ! Ma seule consolation est mon âge qui m'épargnera d'en voir les conséquences.

Quant à Charles-Gustave, désormais Altesse royale, il accueillit la nouvelle avec dépit, car il avait espéré que les états sauraient contraindre sa cousine à l'épouser. Aussi ne se hâta-t-il pas de rentrer à Stockholm et ne répondit-il par aucune acceptation officielle à la distinction dont il était l'objet.

*

La reine pensait avoir réglé le problème, mais c'était encore insuffisant. Au début de l'année, par ce froid terrible dont Descartes était victime, elle tombait si gravement malade d'une fièvre tierce qu'on la crut perdue. La superstition populaire s'en mêlant, on vit même des spectres danser sous les fenêtres du château royal. La perspective de sa disparition prochaine ranima l'opposition des grands, et les chances de succession de Charles-Gustave semblèrent bien douteuses. Le connétable Jakob de La Gardie ne disait-il pas hautement qu'il n'accepterait qu'avec « une extrême douleur » d'être appelé « esclave héréditaire » par les Danois et les Polonais qui, eux, avaient conservé le droit d'élire leur souverain ?

Il fallait faire un pas de plus. Chanut, comprenant enfin qu'elle ne voulait pas épouser son cousin parce qu'il la dégoûtait physiquement, pensait qu'elle serait amenée à partager le pouvoir avec lui, « mais, écrit-il à Mazarin, je ne crois pas qu'elle se résolve à un coup aussi périlleux »

Elle avait trouvé un nouveau moyen de renforcer la position de Charles-Gustave, c'était de le faire nommer prince héréditaire. Ce titre était beaucoup plus important que celui de simple successeur, car il s'étendait à sa descendance, c'était donc le changement de dynastie tant redouté par l'aristocratie. Celle-ci était en droit de refuser une telle modification de la Constitution prévue par Gustave Vasa lui-même lorsqu'il acceptait le retour à la forme élective en cas d'absence d'héritier mâle. La dérogation en faveur de Christine n'avait été possible que par égard pour la mémoire de Gustave-Adolphe et parce que la Suède était encore en guerre. Les circonstances étaient différentes. Si la reine mourait sans enfants, on devrait revenir à l'ancienne forme de transmission du pouvoir. A l'ambition personnelle des grands se joignait en l'occurrence leur hostilité pour une lignée de Palatins parvenus et à demi étrangers.

Christine se heurta donc à une opposition déterminée et aussi à la surprise générale. Comme le remarque justement Chanut : « La reine propose une chose qu'elle aurait seule intérêt à rejeter si tous le proposaient. » Elle réussit cependant à imposer ses vues en profitant avec une rare habileté de la conjoncture. La fin de la guerre avait libéré des tensions qui couvaient jusque-là dans la société suédoise, et elles se manifestèrent avec une grande violence dès la réunion des états, à la fin de juillet 1650. Le corps des paysans se montra aussitôt le plus agressif. Les paysans suédois avaient un statut constitutionnel unique en Europe. Tous libres, ils jouissaient d'une autonomie communale très ancienne, surtout ceux qui dépendaient des terres de la Couronne et non des grands propriétaires terriens, mais aucun n'était serf, et moins encore esclave. Cette égalité politique s'extériorisait par un franc-parler traditionnel, les députés, même s'ils participaient aux diètes en haillons, ne craignant pas d'adresser directement leurs revendications au roi, ce qu'ils appelaient « aller en cour ».

« Si ma femme était aussi richement habillée que la tienne, roi Gustave, elle serait aussi belle et aussi agréable », dit un jour l'un d'eux au père de Christine, et l'on a vu, à l'avènement de celle-ci, la hardiesse de langage de Lars Larsson, représentant du Småland.

Les retombées de la guerre de Trente Ans changèrent bientôt cette situation. Sous la pression de la nécessité et des dépenses de guerre, Gustave-Adolphe avait dû céder aux féodaux une partie des biens de la Couronne, comme ses prédécesseurs. Ce système des aliénations, qui pendant des années grèvera le budget de l'Etat, avait continué pour les mêmes raisons pendant la régence, contrairement aux lois qui l'interdisaient pendant une minorité. A sa majorité, Christine avait encore renchéri sur ses devanciers, soit par libéralité naturelle, soit par souci de s'attacher une classe turbulente, au point qu'au moment de son abdication, en 1654, les revenus du royaume, par suite de ces cessions, avaient diminué de plus de trente-trois pour cent. Ce gouffre ne cessait en outre de s'agrandir par la multiplication inconsidérée des anoblissements. Afin de mettre en échec les vieilles familles nobles dont, depuis son enfance, elle subissait impatiemment l'autorité, Christine s'était employée à en créer de nouvelles. Au cours de son règne, elle fit ainsi une vingtaine de comtes et une cinquantaine de barons. A la fin, mue par une véritable hystérie, elle en faisait un par semaine. Le plus caricatural fut certainement son tailleur Leijoncrona, soupçonné de ne savoir ni lire ni écrire. Au lieu d'un lion couronné, emblème de ses armes inspiré par son nom, il eût mieux fait, assuraient les moqueurs, de choisir un singe. Les fils de famille protestèrent en vain :

— Quoi, dit un jeune Baner à la reine, on me montrera du doigt si j'ai pour commensal un tailleur en fourrures !

Mais, pas plus que pour Salvius, Christine ne céda. Leijoncrona savait d'ailleurs gagner de l'argent et surtout en prêter à la souveraine, peut-être cela explique-t-il son blason.

L'anoblissement satisfaisait l'intérêt autant que la vanité, car il conférait l'exemption fiscale et le droit d'imposer les paysans des terres acquises. A cela s'ajoutaient les pillages de la guerre de Trente Ans, aussi l'aristocratie commençait-elle à jouir d'une immense fortune. Alors qu'au début de la régence le voyageur français Ogier pouvait comparer le manoir de Jakobsdal appartenant aux La Gardie au « vide-bouteille d'un petit boutiquier de Paris », dénué comme il l'était de meubles et de tapisseries, sinon celle qu'on tendait au-dessus de la table pour empêcher les araignées de tomber dans les plats, le pays se couvrait à présent de magnifiques châteaux souvent construits par des Français. Les nobles avaient le monopole des hautes charges, leurs femmes étaient des « dames » lorsque les autres n'étaient que des « mères », ils rendaient la justice et pratiquaient le culte dans leur chapelle particulière. La reine avait tenté de réduire ces excès, les contraignant à assister au service paroissial, à payer aux cultivateurs, pendant leurs voyages, logements et chevaux, et en établissant des commissions pour juger des abus, mais ce n'était pas attaquer le mal en profondeur. Par la cession excessive des terres de la Couronne, l'Etat avait créé une nouvelle classe de paysans moins libres que les autres, ce que disait très clairement le comte Brahe :

— Nous sommes tous sujets de la Couronne, nous immédiatement, les paysans médiatement.

Les grands justifiaient leurs privilèges par les services que, seuls, ils savaient rendre. Et, de fait, beaucoup d'entre eux ont participé à l'expansion économique qui a suivi la paix de Westphalie. Marie-Sophie Oxenstierna, née La Gardie, maîtresse des robes de Christine, avait créé une vaste entreprise de fabrique de vêtements qu'elle exportait sur sa propre flotte. Les mines de cuivre et d'argent, principale ressource de la Suède, que Christine aimait visiter au point de vouloir descendre dans les puits, étaient l'empire de Louis de Geer, banquier d'origine hollandaise naturalisé suédois, fondateur de la Swedish Africa Company et créateur de colonies en Guinée et en Amérique, dont *la Nouvelle Suède*, implantée dans le territoire des Delaware où fut construit en 1638 le Fort Christine. La régence avait beaucoup contribué au développement du commerce et à l'aménagement du territoire, multipliant les manufactures d'armes et de coton, rénovant les services de la poste et le réseau routier, misère de la Suède en hiver.

Cette politique d'envergure demandait beaucoup d'argent, et de l'argent concentré dans les mêmes mains, telle était la thèse des nobles, soutenue par Oxenstierna lui-même. A toutes les sessions du Riksdag, les paysans réclamaient donc âprement « la réduction », c'est-à-dire le retour des biens alinénés à la Couronne. Ils protestaient de même contre l'augmentation des droits de douanes et des impôts indirects, les *accises*, moyen qu'avait imaginé le chancelier pour remédier à l'appauvrissement de l'Etat, ce qui avait valu à Christine le surnom de « reine des douanes et des accises ». Ils étaient soutenus par le bas clergé et les bourgeois dont l'influence parallèle à l'essor économique grandissait dans les villes. A Stockholm surtout, deux notables jouissaient d'une grande autorité, Nilson, le bourgmestre, et Skunk, le conseiller municipal, qui tous deux avaient voyagé à l'étranger, ce qui était rare dans leur classe.

Pour Christine le jeu était délicat. Elle n'avait aucune intention de satisfaire les paysans en consentant à la réduction. Sa libéralité personnelle comme son sens de la souveraineté s'y opposaient : elle ne pouvait reprendre ce que son père, ses tuteurs en son nom et elle-même avaient donné. Une telle concession lui eût d'ailleurs aliéné l'aristocratie dont elle avait besoin pour la réussite de son projet constitutionnel. La violence même des contestataires la servit, car elle fit peur aux privilégiés. La fermentation en effet était grande dans le pays, des émeutes avaient eu lieu dans plusieurs provinces, encouragées par les prêtres qui accusaient les nobles d'engraisser leurs chevaux et leurs chiens en affamant les paysans. Christine affecta donc d'écouter avec sollicitude les plaintes des paysans, reçut leurs leaders, rejeta avec pitié le morceau de pain mêlé d'écorce de bouleau qu'ils lui présentèrent comme leur nourriture habituelle, mais elle leur expliqua, ainsi qu'aux délégués communaux, avec l'éloquence qui la caractérisait et sans doute le regard le plus enchanteur de ses grands yeux bleus, que la réduction n'était pas réalisable immédiatement mais qu'elle y songerait. De même, dit-elle, les impôts indirects ne pouvaient être tout à fait supprimés, mais seulement allégés. Quant aux nobles, satisfaits qu'elle eût défendu leurs privilèges, ils vinrent à résipiscence. Le prince Charles-Gustave fut donc accepté, à l'unanimité des quatre corps de la diète, comme prince héréditaire.

Elle se montrait enchantée de ce qu'elle avait fait : « Ne pouvant remarquer si tôt une diminution de son autorité, elle se promet un grand calme dans l'avenir », remarque pertinemment Chanut. Elle avait bien joué, et gagné, mais cette réussite, elle la devait surtout aux conseils de Salvius qui n'avait pas manqué cette occasion de se venger des grands. Ce succès lui semblait d'ailleurs si périlleux qu'il demanda le poste de président du Conseil de justice de Wismar, le port de la Baltique nouvellement acquis par la Suède. Il ne s'y rendit sans doute pas car il devait mourir quelques semaines plus tard.

Entre-temps, Charles-Gustave était revenu, accueilli en triomphateur. Les canons du port tonnaient, les cloches des églises sonnaient, les boutiques étaient fermées et le peuple dans la rue, les bourgeois, sous les armes, faisaient la haie sur son passage, les femmes, massées aux fenêtres, l'acclamaient. Cette fois, il ne fit pas le difficile et reçut sa nouvelle grâce « d'un air très respectueux ». Complaisant à tout le monde, comme hébété de sa chance, « bas et craintif » devant sa cousine, il semblait avoir perdu toute volonté. Sans doute songeait-il que cette monstruosité constitutionnelle, une reine et un prince héritier du même âge, ne pourrait se maintenir longtemps et que, si elle voulait garder le pouvoir, elle devrait, un jour ou l'autre, se résoudre à l'épouser — et tout le monde d'ailleurs le pensait.

*

Il restait à Christine à se faire couronner. Elle avait remis cette cérémonie d'année en année, l'urgence ne lui en paraissant pas nécessaire tant que le problème de sa succession ne serait pas réglé. Désormais, au contraire, il lui importait beaucoup pour ménager son avenir d'être sacrée reine de Suède... et de l'être seule, Charles-Gustave n'étant que son successeur et non son associé.

Le couronnement, avec ses dépenses exorbitantes... et sa fournée de cinquante nouveaux nobles, acheva de ruiner le trésor royal, mais rien ne devait être négligé pour cette grande fête du règne. Leijoncrona, le tailleur à blason, fut même expédié à Paris afin d'y commander les costumes de cour, et il eut là la première occasion de son immense fortune. L'événement fut fixé au 20 octobre, date du sacre de Gustave-Adolphe, et à Stockholm, alors que le Conseil eût préféré la vieille ville d'Uppsala car aucun souverain ayant été couronné à Stockholm n'avait régné jusqu'au bout. Mais Uppsala était trop petite pour la *Pompe de la Félicité* prévue.

Un immense et somptueux cortège défila en effet pendant trois heures depuis le gigantesque arc de triomphe construit par un architecte français, Jean de La Vallée, jusqu'à la cathédrale. Le carrosse royal, précédé du comte de La Gardie portant la bannière, était entouré de tous les généraux à cheval, du prince palatin, de son père le comte des Deux-Ponts, de son beau-frère, le landgrave de Hesse, et de la reine douairière, Marie-Eléonore. La reine, superbement vêtue, pénétra dans l'église au milieu des chants d'allégresse, elle s'assit sur le trône d'argent que son fortuné favori lui avait offert pour l'occasion, entendit louer longuement ses vertus par son ancien précepteur Matthiae, s'agenouilla pour recevoir la couronne et prononcer son serment, et fut ensuite proclamée selon la coutume suédoise comme « reine des Goths et des Suédois, elle et aucune autre ». En sortant du temple, elle prit place dans un char de triomphe traîné par des chevaux blancs, tandis que son trésorier jetait à la foule des pièces d'argent.

Les jours suivants ne furent qu'une succession ininterrompue de divertissements en tous genres, pour les plus grands comme pour les plus humbles, carrousels, tournois, courses de bagues, feux d'artifices, combats d'animaux étranges, carnavals grotesques, chacun des seigneurs s'étant chargé d'une festivité particulière. C'est le prince héréditaire qui parut le plus fort. Costumé, ainsi que toute sa cour, en général romain, il se produisit sur l'une des mécaniques qu'il avait rapportées de Nuremberg, un énorme char de triomphe qui semblait se déplacer tout seul et que suivait un Parnasse mû par les mêmes ressorts, portant danseuses et joueuses de lyres délicieuses. Jusqu'au 9 janvier, le ballet donné à la Cour devait, farandole endiablée, se déplacer d'un château à l'autre. Dans cette apothéose, il n'y eut que deux mécontents : l'ambassadeur du Brandebourg et la reine mère, tante de l'électeur : au cours des trois jours de festins, de cinq heures chacun, la jeune reine buveuse d'eau, épuisée sans doute par les nombreux toasts qu'elle avait dû feindre de porter à tous les souverains d'Europe, avait obstinément oublié celui-là.

*

Un étranger assistait à ce fabuleux couronnement, qui devait d'ailleurs en écrire un dithyrambe rimé. Il s'appelait Antonio Macedo, était jésuite, et accompagnait l'ambassadeur du Portugal, don Alvaro de Pereira, à titre de chapelain, fonction essentielle pour un diplomate catholique envoyé en pays protestant. Le Portugal était libre depuis qu'en 1641 il s'était débarrassé par une révolution de la tutelle de l'Espagne, et il voulait nouer avec la Suède des relations commerciales.

Pereira ne parlait évidemment pas le suédois, et pas non plus le latin — ce qui est assez peu vraisemblable puisqu'il s'agissait de la langue diplomatique de règle à cette époque. Il était donc assisté d'un interprète qui, curieuse coïncidence, tomba immédiatement malade et fut remplacé opportunément par le père Macedo.

Celui-ci avait à coup sûr une vocation de martyr car les jésuites risquaient la peine de mort. Depuis qu'avec l'appui de

Catherine Jagellon, femme de Jean III, ils avaient tenté de convertir la Suède, leur ordre y était honni et Gustave-Adolphe le traitait en plein Riksdag de « diabolique parti ». En 1646, Chanut, qui avait besoin d'un aumônier, déconseillait au ministre de lui envoyer un jésuite car, écrivait-il, « la reine croit que jamais un jésuite ne serait dans ses états sans s'intriguer d'affaires, ou au moins solliciter ses sujets d'un changement de religion ». Et il ajoutait qu'il ne fallait même pas en faire venir un déguisé, car on le démasquerait tout de suite.

Elle n'eut pas de peine en effet à deviner que ce gentilhomme qui parlait si bien latin était un jésuite, et cela piqua plutôt sa curiosité. Elle avait eu de nombreuses conversations d'ordre religieux avec Chanut, car ce sujet leur plaisait à tous deux, mais c'était la première fois qu'elle avait l'occasion de s'entretenir avec un prêtre catholique et elle voulut en profiter. Comme il était hors de question de le recevoir en tête à tête, elle s'arrangea pour intercaler au cours des discussions commerciales avec l'ambassadeur, qu'était censé traduire Macedo, quelques apartés d'un genre tout différent à propos du purgatoire, ou de l'immortalité de l'âme, don Alvaro faisant le bête ou l'étant réellement.

On peut penser que, de la part des jésuites, cette rencontre n'était pas fortuite. Depuis longtemps, et les Suédois avaient raison de les en soupçonner, ils travaillaient à la reconquête de la Scandinavie, avec l'appui du Saint-Siège et celui en particulier du cardinal Chigi, nonce à Cologne, qui deviendrait le pape Alexandre VII.

Quant à Macedo, ancien missionnaire en Afrique, il avait fait ses preuves de convertisseur, et il s'était de plus lié à Lisbonne avec le résident suédois Lars Skytte, neveu de l'ancien précepteur de Gustave-Adolphe, qui venait de faire scandale en passant au catholicisme. La présence de ce jésuite dans la suite de l'ambassadeur portugais, celui-ci moins innocent qu'il voulait le paraître, était sans doute le fruit d'une entreprise concertée dont nous verrons d'autres preuves.

Ainsi la visite de Macedo est-elle l'amorce, vague encore, de la « glorieuse conversion » qui aura lieu cinq ans plus tard. De la part de Christine, en revanche, il n'y eut là rien de calculé : en ce mois de juillet 1650, lorsque, loin de vouloir abandonner le trône, elle manœuvrait au contraire pour y rester et préparait un fastueux couronnement, le catholicisme vint à elle à l'improviste.

*

Le luthéranisme était trop puissant en Suède pour qu'il en fût autrement, d'autant plus puissant qu'il s'était imposé avec difficulté. Victoire de Rome sur le paganisme, la Suède avait été fervente catholique pendant tout le haut Moyen Age. A la suite d'un moine picard, saint Anschaire, le pays avait vu se multiplier les couvents cisterciens. Un autre héros national, saint Eric, avait évangélisé les Finlandais. La cathédrale d'Uppsala, où sont conservées ses reliques, avait été édifiée sur le modèle de Notre-Dame par un Français, Etienne de Bonneuil. L'autorité du clergé s'était accrue à ce point que son chef, l'archevêque d'Uppsala, pouvait dire, comme le roi lui-même : « Nous, par la grâce de Dieu. » Sa richesse n'était pas moindre et concourait à en faire un état dans l'Etat. Pour s'emparer de ses biens autant que pour se libérer de l'emprise de Rome, Gustave Ier Vasa avait imposé le luthéranisme et, comme nous l'avons vu, la haine du « papisme » s'était renforcée après lui de la rivalité entre les deux branches des Vasa, Suédois protestants et Polonais catholiques. Depuis la diète de Söderköping, en 1595, le culte catholique était prohibé. Tout Suédois convaincu de connivence avec les prêtres de l'ancienne religion, ne fût-ce que pour l'éducation de ses enfants, était condamné au bannissement.

A son arrivée en Suède, Chanut, qui était très pratiquant, avait eu à souffrir de cette rigueur. Les ambassadeurs des pays catholiques pouvaient faire célébrer la messe chez eux ; comme ils étaient mal logés, une seule pièce leur servait à la fois de chambre à coucher, de salle à manger et de chapelle. Cette concession n'était cependant admise que pour leur famille et leurs domestiques exclusivement. A la diète de 1647, on se plaignît qu'il y eût foule le dimanche chez Chanut. Effectivement, tous les Français arrivés à la suite du comte de La Gardie n'avaient d'autre ressource que sa maison pour leurs devoirs religieux. La reine dut obtempérer aux remontrances du clergé et interdire à Chanut l'accès d'étrangers à ses offices. Mais elle lui fit comprendre à mots couverts que cette défense n'aurait d'effet que pendant la session du Riksdag. On mesure ici le véritable tour de force que furent les entretiens de Christine avec le père Macedo. Si on pouvait ignorer qu'il fût jésuite, sa qualité de Portugais, donc de catholique, le rendait d'emblée suspect.

Depuis l'enfance, la reine était soumise à l'orthodoxie la plus rigoureuse. On la surveillait de près, comme elle-même le raconte. Sa tante Catherine, pourtant si bonne et si douce, la menaça des verges un jour qu'elle déclarait le purgatoire invraisemblable. Lorsque, à huit ans elle entendit pour la première fois un sermon sur le Jugement dernier, elle fondit en larmes, épouvantée. Son « papa » Matthiae, auquel elle demandait si c'était vrai, lui répondit que le Jugement arriverait, à coup sûr, mais que le seul moyen d'éviter ce châtiment terrible était de pratiquer la vertu. La même scène se reproduisit l'année suivante, mais, la troisième fois, elle n'avait plus peur. Sa conviction était faite : il s'agissait d'une histoire de nourrice bonne pour effrayer les enfants.

— Dites-moi la vérité, demanda-t-elle encore à son maître, tout ce qu'on nous raconte sur la religion n'est que fables, n'est-ce pas ?

Alors le bon Matthiae, si modéré, si calme, entra dans une violente colère et lui promit lui aussi le fouet si elle recommençait à proférer de telles insanités.

— Non, s'écria-t-elle fièrement, jamais je ne dirai plus rien de semblable, mais vous-même, ne me parlez sûrement pas d'être fouettée, car vous vous en repentiriez si cela arrivait !

Elle se tut en effet, mais son cheminement n'en continua pas moins, irréversible. Ce jour-là, devant la réaction d'un homme aussi tolérant, elle avait mesuré les limites de toute religion dogmatique. Déjà elle avait compris ce qu'elle déclarerait plus tard ouvertement, que la religion était l'habit commode dont on revêt souvent des visées moins pures, et elle osa penser que sans doute son Grand Gustave avait été plutôt un conquérant qu'un croisé de la vraie foi.

> Quand je me trouvai un peu agrandie, je me formai une espèce de religion à ma mode, en attendant celle que vous m'avez inspirée, à laquelle j'avais naturellement une si forte inclination. Vous savez combien de fois, par un langage inconnu du commun, je

vous ai demandé la grâce d'être éclairée de vous, écrit-elle dans son autobiographie adressée à Dieu.

Cette religion à sa mode, c'était le scepticisme qui seul convenait à une intelligence comme la sienne nourrie de vastes et éclectiques lectures. Elle passa au crible de son doute toutes les religions, et elle finit par constater que pas une ne l'emportait sur l'autre. Le catholicisme l'attirait, mais pour des raisons marginales qui n'avaient rien à voir avec le dogme. Elle prétend qu'à neuf ans elle fut frappée de ce qu'il privilégiât le célibat.

— Ah ! c'est admirable, s'écria-t-elle alors, voilà la religion que j'aimerais embrasser !

Comme son hostilité au mariage ne pouvait remonter aussi loin, on peut voir seulement dans ce trait une rancune *a posteriori* contre le clergé luthérien qui n'avait cessé de l'y pousser comme à sa première obligation de souveraine.

Le catholicisme avait aussi pour lui la beauté spectaculaire de ses cérémonies, alors que les sermons des pasteurs l'ennuyaient et que l'attristait la sévérité de leurs temples. Mais ce ne sont pas ces arguments qui pouvaient l'amener à une conversion aussi décisive que la sienne. Le résultat de sa quête l'avait seulement convaincue que le mieux, puisque toutes les religions se valaient, était de demeurer dans la sienne, en la corrigeant au besoin par la raison.

— Les vieilles lubies sont aussi bonnes que les nouvelles, plaisantait-elle, pourquoi se donner la peine d'en changer ?

Si elle dissimulait sa pensée derrière les paradoxes et les boutades où elle se montrait « d'une habileté éblouissante », c'est qu'elle jugeait de son devoir de paraître une exacte luthérienne.

Elle suivait scrupuleusement les prescriptions du culte et veillait à la même dévotion dans son entourage, n'admettant pas, écrit Chanut, « que dans les entretiens ordinaires de la science on quittât la doctrine pour philosopher à la païenne, ce qui n'est pas conforme à l'Evangile, passant auprès d'elle pour rêverie ». Et nous avons vu combien heurtait sa foi l'idée de l'infinité des mondes développée par Descartes.

Elle montrait cependant plus de tolérance que ses prédécesseurs. A Uppsala, elle remplaça les professeurs trop sectaires nommés par Oxenstierna, refusa de sanctionner des décrets rigoureux contre les calvinistes, fit moderniser les traductions de la Bible et gracia un auteur hérétique condamné au bannissement. D'autres exemples indiquent combien elle avait à cœur de mettre en pratique les idées de son « papa » Matthiae.

Tel était son état d'esprit en 1650 lorsque la circonstance de sa rencontre avec l'aumônier portugais rendit de l'actualité à ses recherches religieuses.

★

Le duc — c'était le nouveau titre de Charles-Gustave —, loin de donner libre cours à l'ambition que certains lui supposaient, s'était retiré dans l'île d'Öland qui faisait partie de son apanage. Il y vivait dans l'obscurité, occupé de chasses et d'amours ancillaires, venait rarement à la Cour, et encore affectait-il alors d'éviter toute rencontre compromettante. Il s'était même fait construire un tombeau dans le parc de son château, comme pour signifier qu'il comptait y finir ses jours. Christine s'était contentée d'en rire :

— Aucun prince héréditaire n'est mort à Öland !

Cette modestie n'était qu'à demi feinte. Le prince était tenu complètement à l'écart des affaires de l'Etat, et c'est par des ondit qu'il apprit l'intention de sa cousine de le marier avec une princesse de Holstein ou Mecklembourg.

— C'est la troisième qui est la meilleure, disait-il, c'est-à-dire Christine elle-même.

Si la reine et ses ministres le tenaient pour peu, il était en revanche courtisé par Chanut. Celui-ci venait de quitter Stockholm, envoyé à Lübeck pour arbitrer une trêve entre la Suède et la Pologne. Pendant son absence il rendait fidèlement compte au prince de toutes les tractations auxquelles il se trouvait mêlé. Peu après la mort de Descartes, « gentilhomme de notre nation, savant au-delà de l'ordinaire des hommes », il lui avait adressé en hommage un exemplaire du traité des *Passions de l'âme*, « parce que, Monseigneur, je sais que, sans en faire montre, vous savez fort bien faire estime et tirer profit des grands ouvrages de l'esprit »

S'il ménageait autant le prince héréditaire, c'est qu'il n'avait aucune confiance dans le plan de la reine. Cette situation paradoxale d'un futur roi tenu indéfiniment en réserve, comme en dehors du temps, lui semblait dangereuse. Ou bien le prince serait peu considéré, et cela nuirait à son avenir, ou, à la longue, il le deviendrait trop et cristalliserait autour de sa personne une opposition qui se dessinait déjà, encouragée de loin par la Fronde française. Les grands, mécontents d'avoir été manipulés, boudaient dans leurs terres où ils ne se privaient pas de critiquer hautement la politique gouvernementale, et même si Oxenstierna était resté à Stockholm, sa méfiance était visible et il se tenait à l'écart

La reine avait en outre à se débattre dans une situation financière catastrophique. La fameuse « réduction » promise aux états s'était bornée à celle des gages et des emplois, et, tandis que les départements de la guerre et de l'administration n'étaient plus payés, les dépenses de la Cour, surtout celles de Christine, ne cessaient d'augmenter au mécontentement général, en particulier celui du clergé qui faisait des comparaisons fâcheuses avec le précédent règne. Chanut en venait à penser qu'elle ne tiendrait pas deux ans et que, si elle ne se décidait pas à épouser son cousin, elle finirait par lui remettre tout ou partie du gouvernement. Il fallait donc gagner le prince qu'on soupçonnait au Louvre de n'être pas francophile, non sans motif. Avaugour, qui devait succéder à Chanut et suivre le nouveau souverain dans ses campagnes, raconte ainsi que, un soir de beuverie, Charles lui déclara :

— Tu es un très bon et valeureux gentilhomme que j'aimerais sans une qualité que tu as, malheureusement : tu es né français.

Dès le lendemain, il s'excusait de ces propos qu'il attribuait à l'ivresse, mais le diplomate resta au contraire convaincu que, ne se contrôlant plus, il avait dit justement ce qu'il pensait.

La démission de Christine pouvait donc signifier pour la France l'interruption d'une alliance qui avait d'ailleurs toujours été laborieuse. Eloigné de la Cour, Chanut n'était pas sûr, à son retour, de trouver le même crédit auprès de son successeur, et cela explique le ton, à la limite de la flagornerie, qu'on trouve dans cette correspondance.

*

L'ambassadeur n'avait pas tort de craindre de prochains bouleversements en Suède. Si les affaires publiques étaient comme il l'écrit « fort languissantes, comme délaissées », c'est que la reine s'en occupait moins. Elle commençait à se lasser d'un pouvoir trouvé d'abord si enivrant. Déjà, l'année précédente, elle écrivait à Vossius qu'elle déplorait d'avoir si peu de temps pour les « doux plaisirs » de l'étude, « néanmoins, ajoutait-elle, je ferai mon possible de dérober quelques heures pour les passer dans mon cabinet en les conversations des morts qui me rendent la vie, au lieu que les vivants me donnent à tout moment la mort ».

Sa cour s'était ornée d'un nouveau fleuron, Claude Saumaise, un des intellectuels les plus célèbres d'Europe, appelé par la renommée « le prince des commentateurs » pour ses travaux sur Epictète. Son savoir était immense, de même que sa pédanterie, jugée « dégoûtante » par Voltaire. Ses ouvrages étaient innombrables et copieux, il pouvait discourir dans toutes les langues connues de ses confrères, et en plus en persan, en arabe, en copte et en chaldéen, qu'il avait appris tout seul. Né français et catholique, il était devenu hollandais en reprenant la chaire de Scaliger à l'université de Leyde et protestant, avec une haine antijésuitique, à « faire trembler le pays de papimanie ».

Christine l'avait voulu avec encore plus d'obstination que Descartes. Elle parlait souvent de lui avec son bibliothécaire Vossius qui avait connu Saumaise à Leyde.

— Ah ! lui disait-elle, comme j'aimerais voir et entendre un tel homme ! Malheureusement, je n'ai pas droit à ce bonheur, mon état m'interdit de voyager à l'étranger, et lui-même, à son âge, et avec sa faible santé, viendrait-il en Suède ? Ah ! si je pouvais aller le trouver, je ferais bien mille milles pour le voir. Et si je lui envoyais un bateau ? Si je lui écrivais ? Si je pouvais l'amener ici !

« J'aurais voulu que tu vois son expression lorsqu'elle disait cela ! » ajoute Vossius en racontant la scène à son ami.

Saumaise avait plus de soixante ans, et la goutte. De plus, il était affligé, comme Socrate, d'une vieille épouse acariâtre qui jalousait d'avance une jeune reine spirituelle, mais il était aussi d'une vanité extraordinaire. Si Descartes avait été invité à Stockholm, il fallait qu'il y allât également. Après avoir reçu plusieurs messages en latin de sa future élève, il se décida enfin, et il arriva à la Cour en 1650, affublé — par les soins de sa femme —, d'une tenue encore plus excentrique que celle de Descartes : cuirasse en peau de buffle, justaucorps et culotte de drap rouge, feutre gris à large bord et plumet blanc.

La reine, enchantée de son nouveau grand homme, ne le quittait plus, d'autant que, tout sage qu'il fût, il ne détestait pas les récréations libertines. Un jour que Christine, accompagnée d'Ebba Sparre, lui rendait visite, elle le surprit occupé à lire un ouvrage rien moins qu'édifiant, alors à la mode à Paris, *le Moyen de parvenir*. La reine le lui arracha des mains, y chercha les passages les plus scabreux pour les faire lire à haute voix par la pauvre *Belle* qui, rouge de confusion, finit par jeter le volume et s'enfuir.

Saumaise ne devait pas rester longtemps à Stockholm. En six mois il avait réussi à se faire un maximum d'ennemis. « On eût dit, a écrit de lui Bayle, qu'il avait posé son trône sur un monceau de pierres afin d'en lancer sur les passants. » Vaincu au surplus par le froid, malgré sa coquette robe de chambre fourrée, il était donc parti en automne, ne laissant derrière lui aucun regret sinon ceux de Christine qui, lorsqu'il mourut deux ans plus tard, écrivit à sa veuve qu'elle avait eu pour lui les sentiments d'une fille. Encore un papa !

Tandis que les ministres déploraient la négligence que montrait la reine pour les affaires du gouvernement et que sa mère lui conseillait de s'adonner, plutôt qu'aux belles-lettres, au « plaisir de crayonner et dessiner en architecture », le divertissement royal par excellence, une rumeur commençait à courir à Stockholm à propos de sa prochaine retraite. On remarquait qu'elle était allée faire un séjour dans les îles de Gotland et d'Öland. La première était un peu sauvage, mais disposait d'un bon port et d'une ville aisément défendable, la seconde, toute plate, bien boisée, était la plus agréable de Scandinavie. Peut-être prévoyait-elle de s'y installer. D'ailleurs elle avait ordonné d'effacer les armes des Vasa dans la cour d'honneur du palais, sous prétexte qu'elles ne devaient pas être piétinées, plus sûrement parce qu'elle allait partir. De plus, elle s'était réconciliée avec le chancelier en acceptant que son fils Erik lui succède et « caressait » les seigneurs de leur parti, à coup sûr afin de quitter le gouvernement en étant bien avec tout le monde.

On sut enfin, en juin, qu'elle avait annoncé expressément au duc Charles son intention d'abdiquer ; « proposition étrange, écrit-il à son père, que j'ai horreur d'entendre, encore moins de pouvoir mentionner ». Quant au comte Jean-Casimir, cette nouvelle lui coupa le souffle et il adressa à sa nièce une sévère mise en garde. De son côté, lorsque Chanut l'apprit par son remplaçant à Stockholm, le diplomate Picques, il eut du mal à y croire. Sans doute, pensait-il, s'agissait-il d'une épreuve pour mesurer les ambitions réelles du prince. Celui-ci d'ailleurs ne pouvait accueillir une telle proposition qu'avec réserve. On lui offrait un Etat à demi ruiné et qui serait encore appauvri par les revenus qu'elle voudrait se garantir. Il serait contraint aux réductions qu'elle n'avait pas voulu consentir et qui lui aliéneraient la haute noblesse, déjà fort mal disposée pour lui, et il pourrait craindre à tout moment qu'elle ne se marie avec un autre :

> Il est impossible que la reine se dépouille entièrement de son droit, écrit Chanut au ministre Brienne, et quand elle le pourrait, quels sont les insensés qui lui conseilleront de se mettre au hasard d'être non seulement la sujette du prince, mais d'un autre roi qu'on élirait s'il venait à mourir sans enfants ?

Tout en poursuivant ses préparatifs, la reine s'entretenait toujours avec l'ambassadeur portugais et son aumônier de sujets commercio-religieux. Cette clandestinité ne pouvait durer plus longtemps, et le père Macedo n'avait pas les qualités requises pour une mission de cette envergure. Christine voulait des convertisseurs de haut niveau, aussi le pria-t-elle de se rendre à Rome muni d'un message pour le père Piccolomini, général des jésuites, par lequel elle demandait qu'on lui envoyât deux membres de l'Ordre, savants et italiens. Sa cour étant composée surtout de Français et d'Allemands, des Italiens courraient moins de risques d'être reconnus.

A l'étonnement général, le chapelain de don Pereira disparut donc un matin. L'ambassadeur feignit de pousser des hauts cris, et la reine, de son côté, fit semblant de jeter ses gardes à la poursuite du fugitif, en fait pour lui remettre de l'argent pour son voyage et l'inévitable chaîne d'or. Chanut apprit le passage du jésuite en Allemagne :

> L'on croit qu'il va à Rome, il y a quelque mystère que je ne puis découvrir, écrit-il à cette époque. Il est vrai que, ayant eu avec la reine de Suède plusieurs discours sur le fait de la religion, elle s'étonnait d'entendre notre créance tout autre que ses ministres la publiaient, et je l'ai vue fort éloignée de croire que nous étions dans le mauvais chemin.

De son lointain Lübeck, il continuait d'ailleurs à lui prêcher l'éminence du catholicisme, pratiqué par de grands peuples, les Francais, les Italiens, les Espagnols, et aussi par la partie la plus raffinée des Allemands, en l'assurant des ferventes prières qu'il adressait à Dieu pour l'éclairer sur la vérité.

> Et si en cet endroit je passe un peu au-delà des bornes qui se doivent observer en écrivant à une aussi grande reine, cela est pardonnable à l'excès de mes souhaits pour son véritable bonheur.

En même temps, sans aucune logique, il la suppliait de conserver sa couronne. Pourtant, homme d'expérience et d'esprit, il oubliait, dans son enthousiasme religieux, l'intolérance du luthéranisme suédois dont il avait dû subir lui-même la rigueur. A moins qu'il n'ait rêvé comme les autres d'une conversion générale de la Scandinavie.

*

Quelques jours après le départ du père Macedo, le 7 août 1651, Christine réunit les membres du comité secret du Sénat et leur annonça sa décision d'abdiquer. Elle en donna trois raisons : le bien du royaume qui devait avoir à sa tête un chef de guerre, donc un homme ; le bien du prince qui aurait ainsi les hautes responsabilités convenant à son mérite ; et le sien propre consistant en un repos bien gagné.

Les grands écoutaient, consternés. Ils la savaient seule garante des donations qu'elle leur avait consenties. Elle partie, ils pouvaient tout craindre d'un successeur n'ignorant rien de leur hostilité et ayant moins de scrupules à prendre de rigoureuses mesures financières. Pierre Brahe, qu'elle écoutait plus volontiers que les autres, se fit leur porte-parole. Selon lui, l'abdication serait à la fois un péché contre Dieu, contre la nature, contre le serment qu'elle avait prêté, et contre le droit du peuple. Son argument sur la nécessité d'un homme à la tête de l'Etat ne tenait pas puisque, sous son règne, les Suédois avaient gagné de grandes victoires. Enfin, ceux qui l'avaient conseillée ne s'étaient pas conduits honnêtement, mais en coquins.

— Si vous saviez les causes secrètes que je dois taire, mon comportement vous semblerait moins étrange, dit-elle énigmatiquement.

Et, refusant tout autre commentaire, elle se retira. Les sénateurs, restés seuls, convinrent de lui présenter une « humble supplique » par laquelle ils s'engageaient à la décharger en partie des contraintes du pouvoir et même à assumer de leur propre bourse le remboursement des dettes de la Couronne. Oxenstierna y ajouta un mot de sa main :

> La peine et le souci sont le lot de tous les hommes, particulièrement des souverains dont le devoir est de trouver goût et joie dans la nécessité d'éviter toute tranquillité de la vie privée contraire à la nature royale.

Restait le plus difficile, présenter cette pétition à une souveraine dont tout le monde redoutait les accès de colère hérités du Grand Gustave. Quatre seulement d'entre eux acceptèrent d'accompagner La Gardie chez elle ; encore, en chemin, faillirent-ils revenir sur leurs pas. Elle les reçut rudement mais, à la lecture de la lettre, finit par s'adoucir, et la scène se termina dans les larmes, de soulagement pour les messagers, d'émotion pour la reine qui les remercia de leur attachement et leur promit de réfléchir. Ce délai expira le 18 novembre suivant lorsqu'elle annonça publiquement que, pour déférer aux désirs de ses fidèles sujets, elle consentait à rester sur le trône, à condition qu'on ne lui parlât plus jamais de mariage, ce que tout le monde promit avec empressement.

Sans doute céda-t-elle en effet à une émotion populaire qu'elle n'imaginait pas aussi vive. Elle fut déçue aussi de ne pas se voir plus applaudie pour un renoncement aussi extraordinaire dont elle ne trouvait dans l'Histoire que les précédents de Dioclétien et de Charles Quint. On dut lui faire comprendre la réprobation qu'elle allait susciter dans les cours étrangères, et puis, au moment de commettre l'irréparable, elle hésita. D'un projet capricieux à son exécution dans les faits, il y avait beaucoup de distance. Dioclétien et Charles Quint étaient vieux, ils avaient régné longtemps, elle était jeune et pas tout à fait rassasiée du plaisir d'être reine. Elle revint sur ses pas, tout en laissant entendre à quelques-uns que... peut-être... un jour... elle le ferait.

De grandes réjouissances saluèrent sa décision et les félicitations affluèrent, où, bien entendu, l'amoureux Chanut ne fut pas en reste. Il trouvait le monde plus beau et il était plus content d'y être, assurait-il, depuis que sa merveille voulait bien encore y régner !

*

Cette apothéose recouvrait de dangereuses turbulences. En élevant à son côté un successeur constitutionnel, elle avait ébranlé sa propre autorité, même si le duc se faisait tout petit, étant, dans toute la Suède, l'homme qui s'occupait le moins des affaires publiques. Il avait beau repousser l'intrigue de toutes ses forces, elle venait à lui. Et c'est ce qui se passa peu de temps après que le coup de théâtre de l'abdication reprise eut semblé consolider pour longtemps la souveraineté de Christine.

A la fin de l'année, occupé comme toujours à la chasse dans sa retraite d'Öland, il reçut un pamphlet incendiaire contre la reine, les Oxenstierna et les membres de leur parti. On l'incitait, lui, l'héritier présomptif, à prendre sans tarder le pouvoir afin de punir les mauvais dirigeants qui gaspillaient les fonds publics et menaient le royaume à sa perte. Bien entendu, il n'hésita pas un instant et s'empressa de faire parvenir le libelle à Christine ; l'enquête ne tarda pas à en découvrir l'origine : la famille Messenius.

Les Messenius étaient de père en fils de remarquables érudits en même temps que de fieffés conspirateurs, et il était dans leur tradition de passer une grande partie de leur vie en prison. Jean, le grand-père, professeur distingué d'Uppsala, avait été incarcéré pendant dix-neuf ans à la suite d'un procès de trahison. La captivité ne privant pas de l'amour conjugal, il avait eu de sa femme, aussi forte contestataire que lui, un fils, Arnold-Jean, qui, élevé dans la prison paternelle, en avait goûté lui-même pendant quinze autres années pour « paroles séditieuses » dirigées surtout contre Oxenstierna accusé par lui d'avoir été le procureur de son père. Christine, aimant assez les fortes têtes, l'avait gracié peu après son avènement. Grâce à sa protection, il avait été anobli, pourvu de riches dotations et nommé historiographe du royaume. Cette position officielle ne l'empêchait pas d'animer un groupe d'opposants assez agité pour que les soupçons se fixent aussitôt sur lui.

Les idées du père étaient bien celles du libelle, mais c'est le fils, Arnold, garçon de dix-huit ans, qui l'avait écrit, en vers. On retrouvait là les critiques mal refroidies qui avaient occupé si fort les états de l'année précédente : pouvoirs exorbitants de la noblesse, concentration de toutes les richesses du pays aux mains de quelques-uns, nécessité impérieuse de « réductions », accès de tous aux emplois. Malheureusement pour lui, Arnold avait commis deux erreurs fatales. Il s'était adressé à Charles-Gustave, dont il avait été le page en Allemagne et qu'il admirait, comme le seul recours possible pour rétablir l'ordre au gouvernement, et il avait présenté la reine comme irresponsable, marionnette manœuvrée par Oxenstierna et ses partisans. Rien ne pouvait blesser davantage Christine. Son successeur irréel était pris au sérieux et elle-même traitée en quantité négligeable.

Arrêté et menacé de la question, le père, Arnold-Jean, se déclara prêt aux aveux si la reine était présente. Elle vint et lui reprocha violemment son ingratitude et son infidélité. Il se jeta à genoux, implora son pardon et déclara que, si le libelle n'était pas de lui, il avait été écrit d'après ses notes, qu'il en avait eu connaissance et ne l'avait pas désavoué. La vengeance ne se fit pas attendre. Les coupables ne furent pas déférés à la cour suprême de justice, mais au Sénat, dont les membres, en accord avec la reine, s'entendirent pour étouffer l'affaire, car certains personnages de premier plan avaient été nommés par les Messenius comme leurs complices et il ne fallait pas faire de leur cas l'occasion d'un procès du régime. Tous deux furent condamnés à mort et exécutés, trois jours plus tard, séparément. Le père et le fils se rencontrant à la porte de leurs cachots se firent de pathétiques adieux, Arnold tomba aux genoux de son père pour lui demander pardon de l'avoir entraîné dans cette catastrophe et reçut son ultime bénédiction. Arnold-Jean fut décapité, Arnold écartelé sur une autre place publique où son corps demeura exposé.

Messenius avait légué à Christine sa riche collection de livres et de manuscrits et lui avait recommandé sa femme et ses filles. Elle oublia celles-ci mais empocha le legs. Le secours qu'on leur avait promis ne vint jamais, et la malheureuse veuve eut seulement le reliquat du traitement de son mari, avec ses dettes à régler. Bien des années plus tard, en 1684, ce fut Charles XI, fils de Charles-Gustave, qui assista enfin la survivante de cette famille, tombée dans la plus complète misère.

Christine avait été impitoyable, et on le lui faisait savoir. Un pasteur fut démis de ses fonctions pour s'être élevé en chaire contre cet inéquitable jugement. Elle-même en conçut d'ailleurs quelques remords. Trois ans après l'événement, comme elle passait un jour sur la place où gisaient toujours les restes d'Arnold, elle les fit porter au cimetière.

— Ceux qui m'ont conseillée méritaient le même supplice, l'entendit-on murmurer.

Oxenstierna avait exercé là sa vengeance, mais la leçon n'en restait pas moins sévère pour elle. L'enquête avait révélé une opposition qui dépassait de beaucoup les coupables. Des personnalités les plus diverses, comme le maire de Stockholm, le sénateur Bengt Skytte, l'évêque d'Abo Tersenius, lui reprochaient ses dépenses, ses favoris, la préférence qu'elle donnait chaque jour davantage aux idées et aux modes étrangères. Et si des espérances se cristallisaient sur la personne de Charles-Gustave, elle ne pouvait s'en prendre qu'à elle-même : c'était elle qui avait donné la solution de rechange.

Le duc, quant à lui, s'était comporté avec une habileté consommée. Les défenseurs des Messenius n'avaient rien à critiquer dans sa conduite. Il avait fait avertir secrètement les inculpés des soupçons qui pesaient sur eux et leur avait conseillé de s'enfuir. Et, surtout, il s'était maintenu dans sa position d'insignifiance totale. Il en était récompensé par le portrait de sa cousine enrichi de diamants, présent auquel il répondit par ce qui devait plaire le plus à cette collectionneuse, un cabinet de médailles acheté à Nuremberg.

*

Pendant ce temps, le père Macedo était arrivé à Rome où le message qu'il apportait fit sensation. Le Saint-Siège était encore sous le coup de l'humiliation ressentie à la signature de la paix de Wesphalie qui consacrait l'insupportable triomphe du protestantisme. Le nonce à Cologne, Fabio Chigi, auquel on attribuait le mot fameux sur la Suède : « ce nain revêtu d'une armure de géant », s'était vengé du Grand Gustave en omettant soigneusement de mentionner sa fille dans la fameuse bulle pontificale du 26 novembre 1648, « *Zelo domus dei* », où, au nom du pape, il jetait l'anathème sur les hérétiques victorieux. Et voilà que, trois ans plus tard, cette même souveraine faisait savoir son intention de passer au catholicisme ! La donne était complètement bouleversée.

Le père général Gosvin Nickel, successeur du père Piccolomini, mort entre-temps, n'en croyait pas ses oreilles lorsqu'il entendit son assistant lui lire en français la lettre de la reine, écrite en cette langue car elle ne connaissait pas encore l'italien. Prenant ses désirs pour des réalités, il sentait se réveiller en lui le vieux rêve jésuitique de reconquête de la Scandinavie sous l'égide d'une nouvelle sainte Brigitte [1]. De son côté, le cardinal Chigi, revenu à Rome et véritable chef de l'Eglise sous le faible pontificat d'Innocent X, voyait sonner l'heure de la revanche. Aussi les convertisseurs à expédier dans le Nord furent-ils choisis avec le plus grand soin. On fit d'abord appel à l'un des membres les plus éminents de l'Ordre, le père Paolo Casati, alors professeur à l'université de Rome, bien fait pour plaire à Christine, car il savait tout en philosophie, mathématique, physique, optique, vulcanologie, hydrostatique, et bien d'autres choses encore. On lui adjoignit un compagnon moins savant mais plus au fait de la vie des cours, le père Francesco Malines, fils d'un gentilhomme de la maison du duc de Savoie, professeur de théologie à Turin.

1. Princesse suédoise considérée comme la patronne de la Suède.

Ils se rejoignirent à Venise, munis d'instructions très précises : ils devaient apprendre le grec, puisque la reine en était férue, laisser pousser leur barbe, s'habiller en gentilshommes, l'épée au côté, se faire passer pour les seigneurs Lucio Bonnami et Bonifacio Ponginibbio, et désigner entre eux leur future pénitente comme *Il signor Teofilo*.

Partis à la fin d'octobre 1651, ils n'arrivèrent à Stockholm qu'au mois de mars de l'année suivante, une chute de cheval ayant retenu le père Malines à Hambourg. C'était trop tard, puisque la reine était déjà revenue sur son projet d'abdication, et ils trouvaient d'ailleurs des rivaux dans la place. Tous les jésuites d'Europe semblaient alors converger vers la Suède, alertés par la rumeur qu'il y avait là une souveraine accessible au doute philosophique. Saumaise, en passant à Copenhague, avait alimenté ces bruits en laissant entendre, au cours d'une réception chez le comte de Redobello, ambassadeur d'Espagne, qu'elle était intéressée par les questions religieuses. L'aumônier du diplomate, le père Gottfried Francken, présent à l'entretien, avait aussitôt offert ses services pour aller évangéliser la princesse.

Cette proposition n'était certainement pas aussi spontanée qu'elle le paraissait. La conversion éventuelle de la reine de Suède était pour l'Espagne un enjeu politique de première grandeur dans son conflit avec la France. Le gouvernement suédois, composé de rigides luthériens, répugnait aux alliances avec les pays catholiques, la France étant seulement tolérée comme dispensatrice de subsides. Christine se montrait déjà plus accommodante et cherchait à jouer un rôle d'arbitre entre les belligérants. Sous prétexte de tractations commerciales, elle avait envoyé à Madrid un gentilhomme de Poméranie, Mathias Pablitzki, avec la mission secrète de proposer sa médiation.

Si on rapproche ces manœuvres de celles du Portugal en 1650, on voit qu'il y avait une certaine émulation entre les Etats catholiques pour s'assurer des positions stratégiques en Suède, en l'absence de la France, réduite alors à l'impuissance par ses troubles civils. En décembre 1651, précisément au moment où Mazarin, menacé par les Frondeurs, devait s'enfuir une première fois de Paris, le père Gottfried Francken échouait sur les côtes suédoises, « porté par une bourrasque », nous raconte le père Malines. Ce naufrage, sans doute simulé, était accompagné d'une fausse identité, et c'est en qualité de professeur de mathématiques qu'il s'était présenté à la reine. Celle-ci, alors en visite à Nyköping, chez sa mère, affecta une grande froideur au cours d'une première audience, mais elle l'avait aussitôt repéré comme jésuite puisqu'elle les reconnaissait sous n'importe quel déguisement, et, l'ayant convoqué chez elle, elle lui avait demandé, à l'abri des oreilles indiscrètes, s'il était venu pour la faire papiste.

— Oui, répondit-il, c'est ce que je veux, si c'est possible.

— Savez-vous que vous pourriez être condamné à mort ?

— Je le savais avant de venir, et j'en ai pris le risque, je suis prêt à donner ma vie.

Ce n'était pas une simple forfanterie ; il devait en effet périr martyr en Guinée, quelques années plus tard.

Cependant, sa présence ne pouvait qu'embarrasser la reine puisqu'elle attendait des envoyés de Rome, et c'est ce qu'elle lui dit. Piqué, il répliqua que c'était bien inutile de faire appel à des Italiens, les Espagnols et les Hollandais pouvant tout à fait convenir. Mais, peu après, il dut quitter précipitamment Stockholm où venaient d'arriver des Danois qui pouvaient le reconnaître, et il retourna à Copenhague en promettant de revenir bientôt avec un traité sur l'immortalité de l'âme, véritable marotte philosophique de Christine.

A peine s'était-il éloigné qu'arrivaient les jésuites italiens. Introduits auprès d'elle au cours d'une audience officielle dans le « salon carré », elle ne tarda pas à les démasquer avec sa perspicacité ordinaire, mais elle demanda à haute voix au maréchal Wachtmeister qui les avait introduits s'ils étaient ces musiciens qu'elle avait engagés.

— Non, répondit-il, ce sont des gentilshommes qui voyagent pour voir du pays.

Elle les retint alors à dîner, et comme Casati s'approchait d'elle, elle lui demanda à l'oreille s'il apportait une lettre. Impassible, il acquiesça, et dans la soirée elle lui envoya Leijoncrona, celui qui, de tout son entourage, parlait le mieux français ; il revint avec le message de Nickel accréditant les deux prêtres. Ainsi commencèrent, à l'insu d'une Cour pourtant constamment sur le qui-vive, de rocambolesques entrevues où la fille du Grand Gustave s'instruisait en toute impunité des subtilités du papisme. En fait, plutôt que de recevoir humblement un enseignement, elle administrait aux étrangers, assez naïfs, une étourdissante démonstration de son intelligence et de son savoir.

> Nous étions stupéfaits de trouver dans une princesse d'une vingtaine d'années, si absolument dégagée des vanités qui appartiennent aux grands de ce monde, un jugement si sûr qu'il semblait avoir été nourri à la seule moelle de la morale philosophique, écrit l'un d'eux à ses supérieurs.

Leur patience pieuse fut cependant rudement mise à l'épreuve. Peu soucieuse de dogme, elle s'attardait en interminables débats sur des problèmes d'ordre général, de préférence insolubles, comme celui du mal, de la prédestination et, bien entendu, de l'immortalité de l'âme, et elle ne leur cachait pas que, après avoir examiné avec soin toutes les religions, elle en avait conclu qu'il s'agissait d'inventions politiques destinées à contenir les masses crédules, qu'il était indifférent d'en adopter l'une plutôt que l'autre, et qu'il valait mieux finalement s'en tenir à la raison. Et d'ailleurs, ajoutait-elle, reine d'un pays protestant, elle ne pourrait jamais être une catholique sincère.

Lucio Bonnami et Bonifacio Ponginibbio désespéraient de l'emporter, d'autant qu'il leur arrivait un nouveau challenger en la personne d'un énième jésuite, envoyé par le père Francken, Philippe Nuyts, muni d'une lettre d'introduction du comte de Redobello. On voit que cet ambassadeur, dans l'espoir d'être le premier à réussir la conversion, mettait plusieurs fers au feu. Or, il avait fait un très mauvais choix. Outre qu'il était vieux et goutteux, le père Nuyts n'avait aucun tact, disant tout de go à la reine qu'il était étonné de voir une personne aussi intelligente demeurer luthérienne.

Elle lui rit au nez :

— Ainsi, vous vous imaginiez que j'étais déjà catholique, et vous vous teniez devant moi, accoutré d'une cape et d'une épée, en attendant ma confession générale ?

Elle se débarrassa de lui en lui faisant croire qu'il avait été dénoncé, et comme il n'avait pas la vocation au martyr de son ami Francken, il retourna au plus vite en Hollande. Un autre confrère, un certain M. de Saint-Hubert, qui se faisait passer pour un membre de l'ambassade de France, inquiéta encore un peu les envoyés de Nickel, mais ils restèrent bientôt maîtres du terrain — sans pour autant croire à une victoire possible — lorsque, un jour d'avril, se produisit un coup de théâtre. La reine leur déclara à l'improviste qu'elle était plus près de se faire catholique qu'ils ne le croyaient.

— Serait-il possible, demanda-t-elle alors à ses interlocuteurs stupéfaits, si je me convertissais, de pratiquer seulement en secret ?

— Non, dirent-ils.

— Alors, il faudra que j'abdique !

In petto, les deux jésuites hurlaient victoire. La grâce, enfin, par leurs soins, avait opéré. L'hérétique choisissait la vraie foi ! Et pourtant ils étaient encore loin de compte. Leur mission, en fait, avait en partie échoué. La reine, certes, allait se convertir, mais elle ne serait plus reine. Le bloc scandinave résistait à leurs coups. Tous deux, dans leurs récits respectifs, l'avouent ingénument :

> Elle aurait bien volontiers rétabli la foi catholique en Suède, mais celle-ci est prohibée par les lois du royaume avec une telle rigueur que le souverain perd toute autorité, et risque même sa vie, dit le père Malines.
>
> Voyant qu'il n'était pas possible d'introduire dans le royaume la religion catholique, ni persister dans le gouvernement sans le danger de faire des choses répugnant à la protestation de sa foi, elle nous dit clairement de vouloir renoncer au trône, ajoute le père Casati.

Le seul résultat qu'ils avaient obtenu était qu'elle se convertirait peut-être, plus tard, et que cela n'engagerait qu'elle-même. Et tous les mois qui suivraient ne seraient pour eux qu'une succession d'ordres et de contrordres traduisant éloquemment les incertitudes de Christine. Au cours de ces conversations, elle avait compris surtout qu'il lui serait impossible de se faire catholique à titre privé, comme simple mode de vie. Dans son cas, un changement de religion ne relevait pas uniquement du libre examen. Les contraintes étaient aussi fortes d'un côté que de l'autre. Rome ne voudrait pas plus d'une convertie clandestine que Stockholm d'une luthérienne de façade. Il s'agissait de tout autre chose que d'une décision personnelle. Il lui faudrait renier, et publiquement, la religion de ses ancêtres, celle dont son Grand Gustave s'était fait le si glorieux champion, et une telle perspective ne pouvait que la rebuter. Elle avait toujours blâmé les changements de religion. Encore enfant, en 1642, lorsqu'il était question de son mariage avec le fils de l'électeur de Brandebourg, elle rétorquait qu'une telle union était impossible puisque ce prince était calviniste. Et comme on lui faisait remarquer qu'il pourrait se faire luthérien, elle s'était écriée :

— On ne peut accorder aucune confiance à quelqu'un qui renie son Dieu. Tout a bien marché en Suède jusqu'au jour où le roi Jean a pris une reine papiste. Depuis lors rien n'alla bien.

A propos de Lars Skytte, l'ancien ambassadeur au Portugal qui était devenu franciscain, elle comparait les convertis à des mulâtres, avec peau blanche et cheveux crêpés. De son amie, Mme de La Suze, qui, née dans la célèbre famille Coligny, avait embrassé le catholicisme, elle disait que c'était « pour ne plus voir son mari, ni dans ce monde ni dans l'autre ». A la fin de 1651, elle répondait ainsi à l'évêque de Grasse, Godeau, qui essayait de la catéchiser :

> Je ne puis consentir que vous désiriez une chose qui ne peut arriver. La principale inclination de mon esprit a toujours été la recherche de la vérité, et je ne pourrais changer sans m'éloigner du but que je me suis proposé. Il y a longtemps que je me suis persuadé que les choses que je crois sont celles que l'on doit croire. La différence de religion ne doit pas cependant troubler notre amitié.

Et à son cousin, le prince de Hesse, qui avait manifesté l'intention d'abandonner le calvinisme, elle écrivait, en mars 1652 :

> Pouvez-vous ignorer combien ceux qui changent sont haïs de ceux dont ils s'éloignent, et ne savez-vous pas, par tant d'illustres exemples, qu'ils sont méprisés de ceux auprès desquels ils se rangent ?

Elle y voyait donc surtout une question d'honneur, cet honneur dont Chanut avait toujours remarqué le goût si vif en elle. Peut-on la croire machiavélique au point que, tout en faisant des promesses secrètes à ses interlocuteurs jésuites, elle trompait son entourage par des protestations de foi aussi explicites ? Il vaut mieux penser sans doute que, ayant manifesté son intention de rester sur le trône, il ne pouvait être question pour elle d'abjurer le protestantisme. Le catholicisme l'attirait certainement, et elle avait pu espérer un *modus vivendi* qui eût concilié ses aspirations et les devoirs de son état. Les jésuites, comme nous l'avons vu, le lui refusèrent sans équivoque. Une seule solution était dès lors envisageable, comme elle le leur dit, l'abdication, mais elle n'y était plus ni prête, ni même décidée.

L'affaire était loin d'être aussi « claire » que les deux jésuites le prétendent dans leurs récits. Au début du mois de mai 1652, Casati repartait seul pour Rome. Il devait y recueillir les informations nécessaires à l'établissement de la reine à Rome, au cas où elle mettrait ses projets encore vagues à exécution, sans en informer le souverain pontife avant d'avoir reçu des instructions plus précises que lui apporterait Malines. Ce dernier n'arrivant pas, Casati s'en tint à la première partie de sa mission et, muni des renseignements demandés, il repartait pour la Suède à la fin de l'année. A Hambourg, un message lui intimait de ne pas aller plus avant... et d'attendre Malines, qui ne se montrait toujours pas. Aussi le père Casati décida-t-il de retourner en Italie et d'y rester jusqu'à plus ample informé. La fameuse conversion ne semblait plus ni sûre, ni proche.

3

LA MINERVE DU NORD

Jamais elle n'allait mieux mériter ce surnom qu'en cette année 1652 où affluait à Stockholm une nouvelle vague de savants et d'artistes, composée cette fois surtout de Français. Leur compromission dans les troubles de la Fronde ou l'audace de leurs écrits — plusieurs d'entre eux appartenant à l'école « libertine » — les avaient chassés de Paris. Pour trouver refuge auprès de cette *Reine de la paix* réputée pour sa libéralité, ils étaient prêts à affronter la « Barbarie ».

Ce n'était pas une petite aventure, en effet, que d'aller alors en Suède. Le voyage durait deux mois. Il leur fallait braver les naufrages, fréquents, les intempéries, rigoureuses, et, une fois à terre, les « paysages dantesques », les journées courtes et les nuits infinies, les forêts profondes, les bandits pendus et les bandits bien vivants, les loups, les ours surtout dont le pays avait la réputation de regorger. « L'on eût dit que nous étions tombés du ciel dans un monde nouveau ! » note l'un d'eux.

Stockholm leur paraissait une bien petite ville, pittoresque, avec ses toits de cuivre sur les demeures nobles et, sur les autres, de chaume et de gazon, ses rues de terre battue qu'accaparaient les porcs sauvages, ses maisons de bois de bouleau, souvent incendiées, mais si légères qu'on pouvait les démonter et les vendre au marché. Au milieu d'elles se dressait le palais royal, imposante et sévère forteresse, à la fois résidence de la reine et siège du gouvernement, que surmontait un donjon à trois couronnes rappelant l'époque où les trois royaumes de Scandinavie n'en faisaient qu'un. L'édifice était alors en pleine restauration. Construit par un Français, Simon de La Vallée, il avait brûlé plusieurs fois, et récemment encore, en 1648. La reine avait chargé l'un des plus fameux architectes suédois, Nicodème Tessin, de reconstruire les parties dévastées. Son projet était ambitieux puisqu'elle voulait aménager une grande bibliothèque et une galerie d'art ; il ne serait pas achevé sous son règne.

Le pain d'écorce de bouleau ou de seigle noir, la « petite bière » ou le *strömming*, hareng de la Baltique, cette « cuisine du diable », semblaient insupportables à ces Parisiens bons vivants, et ils s'en plaignaient assez haut pour que soit restée dans le folklore, après leur départ, la fameuse *Complainte des Français* dont parle Strindberg dans l'un de ses ouvrages. Heureusement s'ouvrait pour eux la porte d'un joyeux cabaret, la *Croix de Lorraine*, où l'on se retrouvait entre compatriotes, peintres, graveurs, comédiens, danseurs, cuisiniers, coiffeurs, jardiniers, apothicaires, tous suspects d'être catholiques, alors qu'ils ne croyaient pas à grand-chose.

La seule chose qui réussît à les impressionner, c'était elle, la fille du Grand Gustave. Ils en avaient entendu parler comme d'un personnage extraordinaire, mais elle surpassait sa réputation. Ils s'extasiaient à l'envi sur son intelligence, son sourire, son regard magnétique. « L'on pourrait dire en quelque sorte qu'elle seule a des yeux », écrit l'un d'eux. Ils admiraient surtout son grand air et l'autorité souveraine qui se dégageait incroyablement d'une jeune femme de si petite taille, au point que ces fameux généraux qui avaient fait trembler l'Allemagne semblaient de petites garçons en sa présence. Elle avait tout vu, tout lu, et retenait tout avec une mémoire prodigieuse ; elle connaissait Augustin, Ambroise, Arnobe, Minucius, Félix et Cyprien. « Elle parle sept langues », s'extasiait l'un. « Onze ! Et jusqu'aux termes de marine ! » renchérissait l'autre.

Ils étaient si nombreux auprès de cette muse polyglotte et francophone qu'ils n'avaient même pas à apprendre le suédois. C'est ce dont s'était félicité à son arrivée Gabriel Naudé, le fameux bibliothécaire de Mazarin qui se trouvait sans emploi depuis la fuite de son protecteur et la dispersion de ses collections, et qui avait donc accepté avec empressement l'invitation de la reine de Suède.

Elle avait en effet besoin de remplacer Vossius qu'elle venait de limoger sans trop de ménagement, à la suite d'une querelle avec Saumaise dont il avait poursuivi le fils en justice pour une dette non payée. Saumaise était vindicatif, il exigea l'arrêt de la procédure et des excuses publiques, et la reine ayant pris entièrement son parti, Vossius dut attendre la mort de son ennemi pour reparaître à Stockholm.

Naudé fut accueilli chaleureusement, d'autant plus qu'il lui apportait quelques manuscrits précieux de Mazarin dont elle s'était portée acquéreur. A sa première audience il reçut les clefs de la fameuse bibliothèque, qu'il trouva bien mal tenue. Il pouvait exercer sa charge *cum absolu imperio,* se vante-t-il dans sa correspondance, faisant allusion en bon latiniste au pouvoir dont disposaient certains magistrats romains. Et il en fit une ruche bourdonnante pour le plus grand plaisir de la jeune souveraine qui, dit-il, « n'est jamais aussi contente qu'entourée de ses savants ».

Dans son euphorie, il en arrivait à trouver la Suède fort plaisante :

> Ce pays prétendu si âpre et si fâcheux est en fait plus riant que la Savoie ou la Suisse.

Parmi les érudits rassemblés là se trouvaient deux amis arrivés ensemble de Caen. Samuel Bochart, spécialiste réputé en langues orientales, auteur d'une *Géographie sacrée,* travaillait à son *De animalibus Sacrae Scripturae,* étude monumentale des animaux mentionnés dans la Bible où, remarque malicieusement Naudé, « il mettra bien un peu d'arabe ». Autant ce pasteur protestant d'une cinquantaine d'années était sérieux, imbu de lui-même et peu enclin à la plaisanterie, autant son jeune compatriote, Pierre-Daniel Huet, était un délicieux garçon bourré avec grâce de grec et de mathématiques, poète et astronome à ses moments perdus, qui serait le favori des ruelles précieuses avant de finir évêque d'Avranches. On voit donc où pouvaient aller les préférences de Christine. Délaissant l'ennuyeux Bochart, elle coquetait à propos de grec avec son fringant cadet.

— J'ai lu dans Pausanias qu'un Grec portant votre nom surprit sa femme en aparté coupable, cela me paraît de fort mauvais augure pour vous, et je vous conseille d'éviter un état qui vous attirerait pareille disgrâce !

— Mais, Madame, pas du tout, celui dont parle Votre

Majesté s'appelait Yńttos, et moi je suis Yëtios, ce qui est un des surnoms de Jupiter, voilà toute la différence !

Ils étaient donc très contents l'un de l'autre. Huet avait découvert parmi les trésors de la reine le manuscrit des *Commentaires* d'Origène sur l'Evangile de saint Matthieu — qu'il publierait en 1668. En revanche, il avait été très choqué par la simplicité du tombeau de Descartes. La pierre était en réalité du bois, ce qui avait inspiré le graffiti d'un plaisantin. A l'inscription *Sub hoc lapide* il avait ajouté *ligneo*[1].

Il était donc à la mode de se faire inviter à la cour de Stockholm, et la reine eut bientôt autour d'elle de superflus et frivoles secrétaires qui n'avaient d'autre rôle que de la transformer en précieuse parisienne. C'est ainsi que lui échoua, à la suite d'un duel qui l'avait obligé à s'enfuir, un certain marquis Hercule de Lacger, joyeux Languedocien dont le principal mérite était d'être l'amant de Mme de La Suze, amie littéraire de Christine. Il reçut le titre peu approprié d'« inspecteur des galères » — qu'il ne tint pas longtemps. Le climat eut raison de lui et il partit, après avoir recommandé à sa protectrice Guez de Balzac qui lui adressa son *Socrate chrétien*.

D'autres restèrent davantage. Antoine de Courtin, futur auteur du *Nouveau Traité de civilité*, demeurerait en Scandinavie bien après le départ de la reine, comme « résident général auprès des cours du Nord ». Le poète Gilbert, lui, la servirait encore de longues années. Suiveur heureux de Racine avec son *Hippolyte* et sa *Rodogune*, il lui plut peut-être surtout en composant d'agréables vers à la louange de son amie Ebba Sparre :

Belle et charmante comtesse,
Une généreuse princesse
Dit que vous l'avez su charmer,
Puisque votre sexe vous aime,
Le mien pourrait bien vous aimer.

Urbain Chevreau, romancier et dramaturge, avait aussi l'emploi de librettiste de ballets. C'est lui qui la mit en rapport avec la femme de lettres la plus célèbre de Paris, Mlle de Scudéry,

1. « Sous cette pierre... en bois... »

avec laquelle elle devait correspondre jusqu'à la fin de sa vie. Outre l'amour de la littérature, elles avaient un point commun : l'horreur du mariage, l'illustre *Sapho* professant qu'il était honteux pour une femme d'être la chose d'un mari, souvent brutal. Un nuage cependant s'éleva entre elles. Christine avait apprécié de figurer dans *Le Grand Cyrus* sous le nom de Cléobuline, souveraine glorieuse et sage de Corinthe. Elle fut moins satisfaite lorsque Georges de Scudéry, lui dédiant son poème épique *Alaric*, loua exagérément le comte de La Gardie qu'il avait connu pendant son ambassade. Malheureusement le favori, comme nous le verrons, venait de tomber en disgrâce, et Christine, qui avait promis sa chaîne d'or, exigea au préalable la suppression de ces éloges intempestifs. Scudéry, qui était souvent vaniteux et ridicule, avait aussi ses moments de fierté. Il répondit que « quand la chaîne d'or serait aussi grosse et aussi pesante que celle dont il est fait mention dans l'histoire des Incas, il ne détruirait jamais l'autel où il avait sacrifié ».

Si beaucoup accouraient à Stockholm, quelques-uns, frileux ou casaniers, hésitaient à répondre aux appels de la sirène nordique. Il en fut ainsi de Gassendi, le sulfureux auteur d'une synthèse entre l'atomisme d'Epicure et la révélation. Elle eût bien voulu l'avoir pour remplacer son « illustre maître » disparu. « Je vous consulterai comme l'oracle de la vérité, pour m'éclaircir de mes doutes », lui écrivit-elle en septembre 1652. Gassendi, qui n'avait nulle envie de subir le sort de Descartes, même orné d'une chaîne d'or, se récusa en la traitant de « Minerve effrayant le monde par sa puissance guerrière et se parant des arts de la paix ».

Quant à Benserade, désigné pour une mission diplomatique en Suède, il hésita si longtemps avant de refuser que Scarron en fit un mot : « L'année que le sieur Benserade/N'alla pas à son ambassade. » Déçue, mais comprenant les réticences d'un homme de plume trop frileux, elle lui adressa la lettre la plus laborieusement spirituelle que pouvait composer une reine des Goths convertie à la légèreté parisienne. Avec Ménage, elle dut également se contenter d'assauts d'esprit par correspondance. Il eut sa chaîne d'or, dont il la remercia par une ode où, selon un jaloux, « il y avait plus d'encens que de poésie ».

Le poète Saint-Amant ne fit qu'un séjour éclair. Alors gentilhomme de la maison de la reine de Pologne, il la représenta au couronnement, mais, plutôt qu'à la bibliothèque du palais, le « gros Saint-Amansky », comme il s'appelait lui-même depuis son voyage à Varsovie, se montrait surtout au cabaret de *La Croix de Lorraine.* Il but beaucoup aussi chez le comte de La Gardie pour lequel il écrivit ces vers dans une lettre qu'il envoya à un ami parisien :

Magnus, brave et généreux
M'y fit voir trois jours heureux
Il m'honora de sa table
Et j'avoue avec toi
Qu'un tel fils de connétable
Mériterait d'être fils de roi.

D'autres, au contraire, ne parvenaient pas à se faire inviter, ainsi de Chapelain qui envoya à Christine, sans succès, sa *Pucelle.* Peut-être y vit-elle une allusion irrévérencieuse. Quelques années plus tard, en 1656, lors de sa première visite à Paris, tandis qu'elle présidait une assemblée littéraire et qu'on y lisait une comédie assez leste de Gilbert, son ancien secrétaire, Chapelain en critiqua le ton trop libre. Quand il fut sorti, Ménage, plus courtisan, prit la défense de la pièce. Il n'en avait jamais entendu de meilleure.

— Je suis bien aise qu'elle soit de votre goût, dit-elle, on peut s'en rapporter à vous. Mais pour votre Chapelain, c'est un pauvre homme, il voudrait que tout le monde fût pucelle !

Elle les convoitait tous, jusqu'à l'absurde. Un des savants de la Cour, le philologue Ludolphe, spécialiste de langues étrangères — il en savait vingt-six, quinze de plus qu'elle —, lui recommanda un écrivain qui la mettrait « en commerce d'esprit » avec le roi d'Ethiopie. Il s'agissait en fait d'un escroc en quête de pension, et la reine ne reçut jamais de réponse à la lettre qu'elle envoya à son « très cher cousin » d'Afrique.

Cet afflux d'intellectuels étrangers déplaisait aux Suédois vieux style. « On disait que la Suède allait être gouvernée par des grammairiens », commenterait un siècle plus tard d'Alembert.

*

Les critiques portaient aussi sur les dépenses excessives de Christine, subventions à ses protégés, mais surtout acquisitions coûteuses auxquelles elle se livrait avec l'acharnement névrotique des grands collectionneurs. Elle achetait livres et manuscrits par bibliothèques entières, guettant les morts, les ruines, les transmissions de patrimoine. Elle eut ainsi, à prix d'or, celle du président de Mesmes, composée de palimpsestes grecs et romains, celle de Grotius, convoitée depuis longtemps, celle du conseiller à la Cour Pétau, « la moelle des manuscrits de France » d'après Saumaise, celle encore de Gaulmin, spécialiste de documents orientaux.

Pour découvrir ces trésors, elle embauchait des rabatteurs, jeunes, vigoureux, infatigables et sans scrupules. Sur son ordre, ces « furets de bibliothèques », comme on les appela, fouillaient les universités, les collèges, les cloîtres, pratiquaient menaces ou promesses, ne redoutaient ni la fatigue, ni la peste, ni les mauvais chemins, ni les méchantes rencontres, terreur des amateurs italiens, hollandais, ou allemands qui voyaient leurs merveilles s'échapper vers le Nord. Leur mot d'ordre : ne lésiner jamais, renchérir toujours.

L'un des premiers fut le poète et archéologue national Stiernhielm envoyé en 1648 en Hollande pour y recueillir de la littérature scientifique. C'est lui d'ailleurs qui engagea pour la reine les jeunes Vossius et Heinsius qui allaient lui succéder dans la grande quête. Stiernhielm devait en effet succomber à l'invasion des écrivains étrangers. On trouve l'écho de sa demi-disgrâce dans la correspondance de Chanut. Trop étroitement attaché aux valeurs purement suédoises, il n'avait plus sa place dans une cour de plus en plus cosmopolite, et il avait si peu l'oreille de la reine que ce n'est pas à celle-ci que l'ambassadeur s'adressa pour plaider la cause du poète délaissé, mais au prince Charles-Gustave.

> La Suède, qui attire aujourd'hui ce qu'il y a de plus beau en France et en Italie, néglige ses propres biens, lui écrit-il avant de partir pour Lübeck, en 1651, et elle abandonne un esprit très rare en son genre, et qui fait honneur à sa nation, par ce malheur fatal que nul n'est prophète en son pays.

Vossius le remplaça avec la plus grande compétence, car si, paraît-il, il pleurait lorsqu'il quittait sa bien-aimée protectrice pour partir en chasse, c'était elle qui pleurait — de joie — à son retour. Il lui rapportait de prodigieux butins, comme l'*Historia ecclesiastica* de Philostorga Ariani ou la *Cronica Babylonica* de Jamblique, rareté de cent soixante mille écus. Ces sommes énormes, la reine, peu scrupuleuse, ne les réglait pas toujours ponctuellement. Elle avait recours à un marchand drapier parisien, Pierre Bidal, qui lui servait de banquier. Elle ne le remboursa pas souvent, sinon du titre de baron de Harsfeld, seigneurie de Brême, qui permit d'ailleurs à ce roturier de se propulser plus tard dans la haute diplomatie européenne. Vossius lui non plus n'était guère payé, mais il savait rentrer dans ses frais. Ayant commencé par vendre, très cher, sa propre bibliothèque à la reine, il s'adjugeait au passage de copieux pourcentages, s'il ne fit même pas froidement main basse sur quelques ouvrages parmi les plus précieux. Heinsius au contraire était honnête. Loin de voler Christine, il le fut plutôt par elle, car plusieurs achats réalisés en son nom restèrent à sa charge.

En dépit de ses velléités religieuses, Christine montrait dans ses recherches une prédilection singulière pour les ouvrages sulfureux. Elle réclamait souvent à ses correspondants des livres à l'Index, comme la *Doctrine curieuse des beaux esprits de ce temps ou prétendus tels* publié en 1623 par Pierre Garasse, et elle désirait plus que tout mettre la main sur l'*Heptaplomeres ou les Trois Imposteurs*, œuvre encore inédite de Jean Bodin qui présentait Moïse, Jésus et Mahomet comme de simples escrocs et les renvoyait dos à dos. Salvius en avait une copie. A sa mort, elle la réclama à la veuve du ministre, mais celle-ci répondit que, pris de remords, il l'avait jetée au feu pendant sa maladie, et elle reçut une sévère algarade de la reine.

Son avidité se portait également sur les œuvres d'art, surtout les médailles, la numismatique étant considérée à l'époque comme l'art royal par excellence, et celui en particulier des rois suédois. Elle avait hérité les prises de guerre de son père, et sa collection s'était enrichie de cadeaux, comme celui de Charles-Gustave après l'affaire Messenius, et d'acquisitions personnelles, entre autres celles de l'infortuné Charles Ier d'Angleterre.

Les souverains avaient alors l'habitude de commémorer les événements marquants de leur règne par des pièces gravées à leur effigie qu'ils distribuaient autour d'eux comme ils l'auraient fait de portraits, moins faciles à expédier. Christine n'y manqua pas et fit ainsi frapper pendant son gouvernement une soixantaine de médailles — par des artistes surtout français, tel Jean Parise — où elle était représentée en Minerve casquée.

Le Bordelais Trichet du Fresne, numismate et bibliophile réputé, appelé lui aussi à sa Cour, fut nommé conservateur de son cabinet. A son tour il se montre émerveillé :

> Jamais couronne n'a couvert si docte tête, elle a un goût excellent pour toutes les belles choses, et a de la science jusqu'aux yeux et aux oreilles, elle aime les livres avec passion, et en a jusque dans la ruelle de son lit.

Dans le domaine des arts, elle avait aussi ses « furets » ; Mathias Pablitzki, que nous avons rencontré comme envoyé à Madrid, grand voyageur et amateur avisé l'aida, dès 1651, à constituer sa première collection de dessins. Le baron Silverscrona, ambassadeur à La Haye, et Michel Leblon, riche marchand d'Amsterdam, prospectaient pour elle en Hollande. Un élève de Van Dyck, David Beck, devait devenir par leur intermédiaire l'un de ses portraitistes les plus fidèles.

Cependant, le principal provenait de rapines, outre celles de Gustave-Adolphe qui avait écumé tous les monastères allemands, surtout jésuites, le fameux pillage du Hradschin de Prague par les troupes de Koenigsmark. Dès qu'elle avait appris la victoire, elle avait aussitôt enjoint à son cousin Charles-Gustave de lui expédier au plus vite « les seules choses que j'apprécie vraiment », c'est-à-dire les œuvres d'art. Elle eut ainsi près de sept cents tableaux, cent soixante-dix statues de marbre et onze de bronze, très admirées par Naudé à son arrivée. De cette provende l'intéressaient surtout les tableaux de peintres italiens :

> Certains sont d'Albrecht Dürer, ou de maîtres allemands dont j'ignore les noms, d'autres les trouveraient excellents, mais je jure que j'échangerais volontiers le tout contre un ou deux Raphaël, et

même cela à mon avis serait leur faire trop d'honneur, écrit-elle à l'un de ses correspondants.

On peut voir ici le préjugé antiallemand qu'elle eut toute sa vie, reniant, peut-être à cause de sa mère, cette moitié d'elle-même, mais il est de fait qu'elle privilégia toujours l'art italien. Elle devait laisser à sa mort des Véronèse, des Tintoret, des Corrège, des Titien, surtout une dizaine de Raphaël, son préféré.

*

En dépit de sa vitalité, la jeune reine était alors en très mauvaise santé. En août 1651, alors qu'elle se trouvait chez sa mère à Nyköping, elle avait eu une grave syncope, après avoir murmuré à Magnus, penché sur elle : « Adieu, mon cher comte. » Jusqu'à minuit on la crut morte, et elle-même s'étonna de se retrouver en vie lorsque, s'éveillant, elle reconnut son premier médecin, appelé à son chevet :

— Est-ce vous, mon cher Du Riez, je pensais ne jamais vous revoir !

Elle se reprit vite et recommença sa vie extravagante, mais elle sentait qu'il fallait y mettre bon ordre, et elle suivit les recommandations de Saumaise qui, avant de regagner la Hollande, lui avait indiqué un « homme universel » qui la soignerait mieux que quiconque. Il s'agissait du médecin du prince de Condé qui, depuis l'arrestation de celui-ci, se trouvait sans protecteur. Pierre Michon, fils d'un barbier de Sens, se faisait appeler Bourdelot, nom d'un de ses oncles, praticien réputé. Lui-même, en dépit des calomnies répandues par ses ennemis, était réellement médecin, et c'est comme tel qu'il avait accompagné à Rome le comte de Noailles, ambassadeur de France. Beau garçon, hâbleur et très content de lui, il avait profité de ce voyage pour se déclarer « médecin du pape » et porter la soutane, afin, disait-il, de « se conformer à la coutume locale ». Il ajoutait qu'il n'aurait eu qu'un mot à dire pour rester à Rome et devenir cardinal. De retour en France, il avait eu la bonne fortune de sauver le petit duc d'Enghien et d'entrer ainsi chez les Condé ; mais l'appartenance à cette maison ne pouvait qu'être suspecte en 1652, aussi accepta-t-il avec empressement l'invitation de la reine de Suède, sans oublier d'y mettre le prix. Il exigea d'être défrayé pendant son voyage et de recevoir le titre d'archiâtre.

A peine arrivé, il s'imposa, et prit même toute la place. Sa méthode était simple. On lui prescrivait d'absorber des plats lourds et de boire de l'eau-de-vie poivrée ? Il ordonna des bouillons de poule et des côtelettes de veau, excellents car, entre autres talents, il faisait admirablement la cuisine. Elle ne se lavait pas ? Il exigea des bains quotidiens, et l'arrosa de parfums, spécialité où également il excellait. Elle se levait à l'aube pour lire des ouvrages en onze langues ? Il la persuada qu'être bas-bleu était du dernier ridicule en France, et elle jeta ses livres. En un mot, il lui enjoignit de s'amuser et dirigea de main de maître des récréations en tout genre.

Dès lors, elle n'eut plus de vapeurs, ni d'insomnies, ni de colères, elle dansa, but, chanta et rit. Les réjouissances de la Cour furent complètement transformées. La plus ancienne était la Wirthschaft, ou « fête de l'Hôtellerie », sorte de foire où chacun, ayant tiré un rôle au sort, devait en porter le costume et le jouer toute la soirée. Il y avait ainsi toute une série de personnages stéréotypés, le Juif, interprété par La Gardie, l'Aveugle, par Sparre, et aussi le Turc, le Suisse, le Crieur de mort aux rats, le Coupe-jarret, l'Egyptien, le Chinois, le Saltimbanque, et bien d'autres. Chanut rapporte une de ces kermesses qui avait eu lieu chez la reine mère après le couronnement. Christine était déguisée en servante et tenait le comptoir dans un décor d'auberge hollandaise. L'ambassadeur s'y était ennuyé pendant des heures, admettant, avec sa gravité pompeuse habituelle, qu'on « pût bien perdre une nuit entière en cette espèce de comédie dans la grande comédie du monde ».

Sans doute, lasse de sa vieille Wirthschaft désuète, Christine n'avait pas attendu les conseils de son amuseur pour moderniser les fêtes de la Cour. Le ballet d'apparat existait déjà, destiné, comme nous l'avons vu, à mettre en images les événements les plus marquants d'un règne. Elle lui insuffla une sève nouvelle en faisant appel à des troupes hollandaises, allemandes, italiennes surtout. En 1647 déjà, peut-être sous l'influence du comte de La Gardie qui revenait de France, pays où le ballet avait pris sa forme essentiellement théâtrale, elle avait engagé un des premiers machinistes de la péninsule, Antonio Brunati, et le spécialiste des « ballets à entrées » et des « ballets à transformations », Giacomo Torelli.

Mais il s'agissait là de parades solennelles ; avec Bourdelot on allait beaucoup danser aussi, mais en s'amusant pour de bon, en petites sauteries familières où gambadaient, au son de la cithare dont le médecin jouait à ravir, quelques courtisans déguisés en cupidons et en bergères. Et c'est sans doute là qu'on peut voir, en la reprochant au léger Français, une des causes de l'abdication. Sous couleur de lui rendre la santé il dissocia en elle ce qui eût dû rester confondu, la reine et la femme. Jusqu'à lui, selon la tradition des Vasa, elle avait été accessible à tous, et son antichambre était constamment remplie de solliciteurs parfois fort humbles, qu'elle recevait avec bienveillance. Désormais, les portes de son appartement se refermèrent sur une intimité composée de privilégiés, et cette vie dissimulée autorisait toutes les calomnies.

Bourdelot perdait d'ailleurs toute mesure, tenant chez lui table ouverte, entouré de la même déférence que les plus grands officiers de la Couronne, et avec un faste qui comblait les Suédois d'amertume. En privé, il lui arrivait, à la fin d'une réunion particulièrement animée, de s'effondrer sans se gêner sur le sofa de la reine, « avec des façons d'homme qui se délasse », pour lui lire, en riant, une œuvre de son cru, « *Les apophtegmes de la reine de Suède écrits par son protomédecin* ».

Il s'était vite formé contre cet outrecuidant Français une sourde opposition. On l'accusait de tisser sa toile comme une araignée, de se donner les airs de gouverner la Suède en affectant de se tenir aux côtés de la reine pendant ses audiences, d'administrer des thériaques à sa prétendue maîtresse, grâce auxquels il lui épargnait les conséquences d'une lubricité dont il était ainsi à la fois l'inspirateur et le guérisseur, ou encore, en bon médecin latin, de vouloir empoisonner les autres favoris, ses rivaux. Il n'était plus question à la Cour que des « artifices bourdelotiens ». En chaire, les prêtres tonnaient contre les ballets licencieux organisés par ce diable où l'on mettait en scène des mœurs sodomiques dans un décor de vendredi saint, et le petit peuple outré parlait de le jeter à l'eau s'il s'aventurait au bord des quais. Quant aux grands, contraints, pour plaire à la reine, de lui offrir des présents coûteux, ils le haïssaient sans oser le laisser voir, sauf le jeune comte Clas Tott, joli garçon au crédit ascendant, qui lui donnait des coups de bâton au passage.

Son succès indisposait également les Français. Il leur faisait d'ailleurs des farces de collégien qui amusaient beaucoup Christine. Il leur jetait des boules de neige au visage, les traitaient d'« animaux savants » et les ridiculisaient à toute occasion. Bochart était son principal souffre-douleur. Il faut dire que l'orientaliste ne brillait guère par l'esprit de légèreté, même s'il faisait sa cour en jouant au volant avec la reine. Un jour, comme elle lui demandait ce qu'il pensait réellement d'un certain livre nommé la Bible, il s'étendit avec complaisance sur les différentes preuves concernant l'Ecriture sainte jusqu'à ce que les rires étouffés des assistants l'avertissent de sa balourdise. Bourdelot le persécutait volontiers et s'arrangeait pour administrer un clystère à sa patiente au moment où Bochart avait rendez-vous avec elle afin de lui lire un chapitre de sa *Géographie sacrée*. Il s'attaqua avec le même entrain à deux autres savants qu'il ne pouvait souffrir, Naudé et Meibonius, ce dernier auteur d'une encyclopédie de musique sacrée où, raillait le premier, il prétendait « montrer quelque faute d'Ovide ». Naudé se disant de son côté expert en danses grecques, Bourdelot suggéra à la reine de leur faire monter un petit spectacle, l'un dansant et l'autre chantant. Les malheureux érudits durent s'exécuter, la rage au cœur, et furent, bien entendu, grotesques. Naudé dévora l'affront en silence, tandis que Meibonius, plus jeune et plus combatif, administrait au médecin un magistral coup de poing, après quoi il dut quitter la Suède. Quant à Bochart, il avait pris le parti de bouder, « rembûché dans la bibliothèque ».

Consumés par le dépit, les savants jaloux se joignaient au concert calomniateur des ennemis de Bourdelot. Selon eux l'atmosphère studieuse qui régnait jusqu'alors à la Cour s'était lamentablement dégradée en billevesées grivoises. La reine n'étudiait, ni ne lisait plus, en particulier leurs œuvres. Elle en convenait volontiers, mais ne s'en plaisait que plus avec son « aimable ignorant » ; tout en répondant à ceux qui l'accusaient de favoriser un charlatan :

— Si, c'est un médecin, et le meilleur de tous !

Cependant, Bourdelot était loin d'être un rustre inculte. Il avait fait de solides études humanistes, parlait et écrivait latin tout comme un autre, et possédait lui aussi une belle bibliothèque dont il avait donné une partie à Christine. Il était lié avec des savants éminents, comme Saumaise, Gassendi, ou Pascal qui, sur sa recommandation, dédia à la reine sa machine à calculer « sans plumes ni jetons ». Il ne négligeait pas les plaisirs de l'esprit, à condition d'en jouir de façon modérée, comme il l'écrit à Saumaise :

> L'éternité qu'on acquiert par les livres est une belle chose, mais savoir vivre en est une encore assez belle, et après tout, pour la doctrine, chacun a ses petits talents.

Christine estimait assez sa compétence dans ce domaine pour discuter de lectures avec lui dans la correspondance régulière qu'ils entretinrent jusqu'à la fin de leur vie. Pendant son séjour à Stockholm, il reprit le projet d'académie laissé inachevé par Descartes, mais sur un mode plus familier, et comme ces réunions littéraires avaient lieu le jeudi, alors que Ménage, à Paris, en tenait le mercredi, cela donna l'occasion à la reine de placer un trait à la précieuse : « Ma Joviale, lui écrivit-elle, est la très humble servante de votre Mercuriale. »

Comme tous ceux qui l'approchaient, Bourdelot aimait et admirait Christine :

> C'est la plus grande princesse qui soit au monde, elle a toutes les sciences que vous avez ouï dire, mais la beauté de son esprit, sa douceur et son grand courage sont au-dessus de ces sciences, et il n'y a rien qui lui soit comparable, et je bénis Dieu de ce que je suis venu la trouver, elle me fait plus d'honneur que je ne le mérite.

Il la soignait de son mieux, sans toujours y réussir, car elle appliquait capricieusement ses directives et n'avait pas changé grand-chose à sa manière de vivre. Elle continuait à travailler trop et à ne pas dormir assez, elle était hardie et imprudente, et l'affectueux médecin était sans cesse sur le qui-vive. En mai 1652, « un malheur le plus horrible du monde » faillit la lui enlever ainsi qu'à tous ses adorateurs. Au cours d'une inspection de la flotte, l'amiral Fleming qui l'accompagnait tomba à l'eau, l'entraînant dans sa chute. Un jeune écuyer du nom de Steinberg réussit à la rattraper par l'ourlet de sa jupe, non sans peine, car l'amiral se débattait pesamment, paralysé par la peur. La reine, au contraire, se montra comme toujours intrépide : « J'aime boire de l'eau, plaisanta-t-elle, cela ne me fait rien, bien que cette fois elle m'ait paru bien salée et poisseuse, mais il n'en est pas de même pour le pauvre amiral qui a dû s'en contenter, lui qui ne supporte que le vin et la bière ! » Et, à peine sèche, elle sauta à cheval et fit le tour de la ville pour se faire voir au peuple qui la croyait noyée. « Force gens sont venus la visiter, raconte Bourdelot encore tout ému, et je l'ai priée de donner ordre à sa santé. »

On a rendu le joyeux médecin responsable de l'abandon par Christine de la foi de ses pères. Certes, il ne croyait ni à Dieu ni à diable et s'annonçait comme parfaitement agnostique, même s'il devait finir abbé et chanoine. Auprès de Chanut, il se défendit expressément d'avoir inculqué des opinions impies à sa malade ; il ne traitait d'ailleurs jamais avec elle de ce genre de questions. Il se contenta de lui ouvrir une porte, par laquelle passa beaucoup d'air.

Y passa surtout une nouvelle mode de scepticisme et de préciosité, version caricaturale de l'idéal d'honneur et de liberté qu'avaient inspiré à la reine d'autres Français, Corneille, Descartes, Chanut. Ces maîtres-ci l'engageaient gaiement à douter de tout, car peu d'entre eux étaient assurés de quelque chose. Naudé faisait partie, avec Diodati, Gassendi et La Mothe Le Vayer, d'une « tétrade » d'incrédules, tandis que Trichet du Fresne était affilié aux « déniaisés » d'Italie. Saint-Amant se convertissait selon l'opportunité, protestant, puis catholique, avant de redevenir protestant, et ce n'était pas sa *Rome ridicule* qui pouvait inciter Christine au papisme, et pas davantage Saumaise, d'où lui venaient ses doutes invincibles sur l'immortalité de l'âme, et qui mourut en refusant tout rite confessionnel. Quant à Vossius, qui termina sa vie à la cour d'Angleterre, il scandalisait le roi Charles II par son impiété, et toutes ses œuvres avaient été mises à l'Index.

Le père Malines qui se morfondait toujours à Stockholm, attendant le bon plaisir de la reine, pouvait donc constater à quel point son entourage l'incitait peu à la dévotion. Et, pourtant, c'est cette bande tapageuse d'écrivains incroyants qui, paradoxalement, l'amenèrent à « la vraie foi », alors qu'eux-mêmes, depuis longtemps, l'avait rejetée. Dans le climat d'audace et de liberté qui émanait d'eux, elle finit par se détacher définitivement de ses devoirs de reine luthérienne, et bientôt de reine tout court.

*

La Couronne en effet recommençait à lui sembler bien lourde. Le pouvoir suprême, auquel elle avait tant tenu, à présent l'ennuyait. Son zèle se relâchait. Les Conseils se rassemblaient de plus en plus rarement, et elle y montrait de la mauvaise humeur.

— Ah ! je n'en aurai donc jamais fini ! Au diable ! s'écriait-elle en voyant entrer ses secrétaires chargés du courrier.

Pour y échapper, elle se réfugiait avec ses familiers au château de Jakobsdal, chez les La Gardie, où il était interdit de la rejoindre sans sa permission expresse. Oxenstierna, fatigué de batailler avec son ancienne pupille, déclarait qu'il n'irait pas « pour dix mille riksdals ». D'autres s'y risquaient, et revenaient, piteux.

Provocante comme toujours, elle raillait les héros suédois, disant préférer Condé à Torstensson, et même César, à son Grand Gustave. Les luthériens xénophobes dénonçaient en chaire sa conduite « abominable ». On l'accusait de blasphémer la religion de ses pères, de s'enivrer en compagnie de favoris crapuleux. L'évêque Erik Emporagius, n'osant lui faire des reproches en personne, en chargea la reine mère, et, un soir, à Nyköping, éclata entre les deux femmes une scène violente. Après quelques escarmouches à propos de religion, Marie-Eléonore déplora l'impiété de sa fille, qui lui répliqua sans ménagement qu'elle-même, dans sa jeunesse, était calviniste, et que d'ailleurs toutes les religions se valaient.

— Oh ! s'écria Marie-Eléonore, n'avez-vous pas honte ? ajoutant, selon la meilleure tradition des mères veuves et abusives, si votre père vous voyait !

— Eh bien ! il a donc eu raison de mourir jeune ! Et si vous voulez connaître mon point de vue : tous les hommes seront sauvés, païens comme chrétiens.

— Ah ! Après tout ce que votre père a fait pour vous !

— Taisez-vous, vous ne savez pas ce que vous dites, vous êtes ignorante et bête, occupez-vous de votre architecture et ne vous mêlez pas de mes affaires !

La reine mère, suffoquante, sortit de table pour aller longuement sangloter dans son lit et Christine qui, malgré tout, aimait cette pauvre créature affligée du vice suprême d'être femme, alla l'embrasser et la consoler de son mieux.

Si elle se dégoûtait des affaires, c'est que celles-ci devenaient de plus en plus difficiles. La politique, ou plutôt l'absence de politique financière de Christine, menait l'Etat à la banqueroute. Depuis la fin de la guerre, elle s'était engagée dans des dépenses de plus en plus folles. Sa liste civile avait quadruplé, les fêtes du couronnement, et particulièrement sa robe, avaient coûté des sommes exorbitantes, comme tous les livres et œuvres d'art qu'elle achetait sans aucune mesure. Loin de freiner les aliénations, elle y avait encore renchéri comme nous l'avons vu, afin de dompter une aristocratie frondeuse. A cela s'ajoutait son extrême libéralité, l'économie étant, selon elle, le pire des vices d'un roi et le faste, au contraire, sa vertu essentielle ; aussi multipliait-elle dons et pensions. Sa mère et Charles-Gustave, ses favoris, ses amis, en profitèrent tout d'abord, et aussi ses généraux vainqueurs auxquels elle accorda de somptueuses donations, en plus du butin qu'ils s'étaient eux-mêmes approprié. Quant à ses ambassadeurs, nous savons depuis le séjour de La Gardie à Paris qu'ils avaient pour première consigne de ne pas lésiner sur leurs frais de représentation, comme si la Suède était le plus riche pays d'Europe. Les fonctionnaires, et ses propres domestiques, n'étaient pas payés ; elle devait mettre sa vaisselle en gage, et le peuple, écrasé d'impôts, se soulevait, au cri habituel de « A mort, les nobles ! »

La situation était si sérieuse qu'on a pu y voir une des causes de l'abdication de Christine : acculée au dépôt de bilan comme un commerçant malhonnête, elle aurait cherché le salut dans la fuite. Interpréter ainsi sa conduite, c'est ne pas se souvenir que depuis plusieurs années elle savait, à plus ou moins longue échéance, son abdication inéluctable, que son devoir vis-à-vis de la *fädernsland* — la terre des aïeux — que lui rappelaient si sévèrement les prêtres, justement l'exigeait. Elle avait tout préparé pour ce départ, pour remettre à un autre Vasa une couronne moins stérile, et, au bord de la décision, deux ans plus tôt, elle avait hésité. La fatigue du pouvoir, les plaisirs entrevus d'une vie libre et privée, la tentation forte de l'indépendance commençaient à lui rendre facile une décision irrévocable. C'est alors que l'intervention d'une autre puissance catholique allait dénouer enfin ses tergiversations.

*

En août 1652, arrivait à Stockholm don Antonio Pimentel de Prado, maître de camp et chevalier de Saint-Jacques, envoyé du roi d'Espagne. Né à Palerme en 1602, donc de vingt-quatre ans plus âgé que Christine, marié et père de famille, chauve, mais bien fait, de train assez modeste « mais honnête et propre », il est le seul de tous ses amants supposés à avoir eu quelque chance de l'être. C'était avant tout un soldat, il avait derrière lui une longue carrière militaire, assez brillante, et il ne venait pas en Suède en ambassadeur, mais comme simple chargé de mission. Il devait consolider le traité de commerce et de navigation amorcé en 1651 par Mathias Pablitzki. Il s'agissait évidemment d'un prétexte dissimulant une manœuvre de plus grande envergure, du même genre que celle du Portugais Pereira deux ans plus tôt, et la preuve en est qu'il était accompagné lui aussi d'un jésuite, le père Manderscheydt, ami de longue date du père Malines, qui nous trace un nouveau portrait de la reine. Il nous donne à voir son regard doux, sa jolie bouche, son air masculin, sa tenue négligée — il croit qu'elle ne se peigne qu'une fois par semaine —, le peu de bijoux qu'elle porte, mais aussi la franchise extrême de ses propos, mêlée à beaucoup de majesté, et encore ses dons de cavalière, qui frappaient tout le monde d'admiration : « On dirait qu'elle vole plutôt qu'elle ne court à cheval ! »

Lorsqu'on lui annonça l'arrivée des Espagnols, la reine se trouvait à la chasse, à Kungsör, à près de cent trente kilomètres de la capitale. L'événement l'intéressait sans doute beaucoup car elle revint à vive allure, mettant à peine quatre heures pour regagner la capitale. Dès la première audience, don Antonio Pimentel montra qu'il savait s'y prendre. Au lieu du discours en latin de rigueur, il bredouilla quelques mots inintelligibles, prit l'air embarrassé, et se retira promptement, à la stupéfaction générale. Le lendemain, admis en privé et interrogé par Christine sur les raisons de son attitude, il répondit que, ébloui par elle, il en avait eu le souffle coupé.

Ce coup de maître réussit au-delà de toutes ses espérances. Dès lors, les grâces s'abattirent sur lui en rafales. Il était de toutes les fêtes, recevait des présents magnifiques, participait à toutes les réunions intimes. En son honneur elle créait un ordre de chevalerie dont la principale obligation consistait à être célibataire. Les gens mariés devaient, pour être admis, prendre l'engagement de ne pas contracter de nouveaux liens en cas de veuvage.

Le nom de l'ordre et ses emblèmes semblaient autant d'hommages amoureux à l'Espagnol. Il s'appelait *Amarantha*, comme la fleur qui ne flétrit jamais, et l'insigne était formé de deux A entrelacés qui rappelaient, selon les malintentionnés, l'initiale d'Antonio. Quant à la devise, elle était bien curieuse pour une personne aussi versatile que la fondatrice : *alltid densamme* [1].

L'animadversion des Suédois se jeta aussitôt sur ce nouveau favori auquel on attribua la même bonne fortune qu'à son prédécesseur. Son type olivâtre orientait les soupçons vers des aventures ténébreuses. On disait que, amant de la reine, il allait l'enlever pour l'emmener au bout du monde, en Turquie ou en Perse. Ce qui alimentait les rumeurs, c'était son installation au château, si près des appartements de Christine, dit la chronique, que lorsqu'il montait en carrosse pour se rendre chez elle, ses chevaux, eux, étaient déjà arrivés. Cependant, les Trois-Couronnes étaient aussi, on s'en souvient, un bâtiment administratif abritant de nombreux fonctionnaires. D'autres protégés de la souveraine y avaient été logés, comme Saumaise, Naudé, ou Bourdelot, qui y était encore. Il n'est d'ailleurs même pas certain que Pimentel ait été l'hôte de la reine. D'autres sources indiquent qu'il habita d'abord un palais appartenant à la reine douairière, puis à l'hôtel de ville de Norrmalm, dans les faubourgs.

On racontait aussi que la reine avait avec lui de longs concilia-

1. « Toujours le ou la même. »

bules nocturnes, ce qui paraissait éminemment suspect. Le peintre Sébastien Bourdon le mentionne dans ses Mémoires, précisant même qu'elle passa deux nuits entières en sa compagnie avant qu'il ne quittât la Suède. Un autre témoin, alors page au service de Christine, évoque l'habitude qu'elle avait en ce temps-là de sortir en carrosse au clair de lune avec ses favoris, allant et revenant interminablement dans les rues. Cela faisait scandale jusqu'en Hollande où on intercepta une lettre adressée à la princesse d'Orange par son majordome, selon laquelle la reine de Suède « courait comme une folle la nuit dans les rues ». Christine, furieuse, voulut faire punir le signataire et s'en plaignit amèrement à Beunnigen, le résident hollandais à Stockholm. Celui-ci, déjà inquiet du rapprochement qui s'esquissait entre la Suède et l'Angleterre, devait quitter la Cour en 1654, ennemi juré de Christine.

Ces promenades nocturnes n'ont sans doute pas besoin d'une passion scandaleuse pour s'expliquer. Christine était une femme qui ne tenait pas en place, elle avait toujours eu des horaires extravagants, dormant très peu. La nuit était pour elle comme le jour, et ses conversations privées avec l'ambassadeur du roi d'Espagne qui portaient sur des sujets aussi graves que son abdication et sa conversion éventuelles ne pouvaient avoir lieu que loin des oreilles indiscrètes. Un seul document étaye en définitive l'hypothèse d'une liaison entre eux, une lettre écrite en octobre 1654 au Grand Pensionnaire Jean de Witt par l'ambassadeur de Hollande à Paris, selon laquelle ses services avaient intercepté un message de la reine de Suède à Pimentel, rédigé « de manière si singulière et si équivoque, en termes si passionnés que ceux qui ne connaîtraient pas la vertu de cette reine pourraient s'imaginer faussement que cette lettre part d'un amour tout charnel ».

Cette correspondance n'a pas été retrouvée, mais l'eût-on en main qu'on y verrait peut-être seulement, comme dans celle qu'elle échangeait avec sa chère Ebba Sparre, un exemple des ravages exercés par la préciosité importée de Paris. Christine ne mettait pas plus de mesure dans ses écrits que dans sa conduite, elle aimait la bravade et le défi, et rien finalement ne peut démontrer que l'excès de grâces assené sur l'envoyé de Philippe IV fût autre chose qu'une manœuvre politique.

Elle avait en effet besoin d'appuis puissants dans la partie qu'elle s'apprêtait à jouer. Si, comme l'intérêt du royaume le lui commandait, elle se décidait enfin à abandonner la Couronne, il lui fallait préparer son avenir et non pas celui d'une simple particulière, sujette de son cousin, dans un pays où elle avait régné de manière absolue. Et, comme nous le verrons, elle n'entendait pas se dépouiller de cette qualité royale dont un couronnement fastueux avait été le sceau. Elle renoncerait au pouvoir, mais ni à son état, ni à son rang. Reine étrangère, elle ne pouvait s'établir sous l'autorité d'aucun prince. Le seul monarque dont la reine de Suède pût accepter de dépendre, c'était le pape.

Vivre à Rome n'était d'ailleurs pas pour lui déplaire. Depuis longtemps son ardente imagination lui représentait la Ville éternelle parée de tous les délices. Le goût lui en était venu quelques années plus tôt par l'un de ses correspondants, le prince Paolo Giordano Orsini, duc de Bracciano, humaniste et mécène réputé. Après une existence aventureuse qui l'avait d'ailleurs mené jusqu'en Scandinavie, il tenait une cour magnifique et se consacrait aux lettres et aux arts. Il avait même inventé un instrument de musique, la *Rosidra.* En 1649, le chasseur de trésors de Christine, Mathias Pablitzki, lui avait rendu visite et lui avait vanté les rares qualités de sa protectrice, ce qui avait donné l'idée au duc de lui envoyer un poème à sa louange, car il était poète aussi. La reine lui répondit en latin, et ce fut le début d'une longue correspondance où chacun faisait assaut de savoir. Sans doute Paolo Giordano lui offrit-il à distance le miroir d'une vie hédoniste où elle se reconnaissait et tint-il ainsi un petit rôle dans sa conversion. En tout cas, en octobre 1651, elle lui faisait part déjà de son désir de vivre à Rome. Velléité sans doute puisque, dans le même temps, rattrapée par le pan de sa traîne par tout un peuple fervent, elle reprenait les rênes du pouvoir. L'idée cependant faisait son chemin, et nous avons vu que la première mission du père Casati, retournant à Rome en 1652, était, avant même de communiquer au pape le secret d'une conversion possible, de s'informer des modalités d'un établissement à Rome.

Mais pour s'installer à Rome, il lui fallait de toute nécessité être catholique. Ex-reine luthérienne, elle ne pourrait qu'être marginalisée. On la tolérerait seulement, et elle n'était pas faite pour l'ombre.

Pourtant, elle hésitait encore, ou tout au moins dissimulait soigneusement ses intentions. Sébastien Bourdon témoigne qu'elle ne montrait alors aucun sentiment religieux, ne croyait ni aux miracles ni à l'immortalité de l'âme, son thème obsessionnel, et soutenait que la religion était seulement une politique dont les gens habiles se servaient pour parvenir à leurs fins ; et, *in coda*, citait un mot d'un grand personnage de Rome qu'on lui avait répété : *Questa favola di Christo ci ha dato grande ricchezze* [1].

Le père Manderscheydt, assez bien informé puisqu'il était très proche de Pimentel, disait la même chose :

> Il ne manque à cette admirable reine que la bonne religion. Quoique j'aie eu plusieurs conversations avec elle, il ne m'a pas été possible de la mettre sur ce chapitre. J'ai pourtant de fréquentes conférences sur ce sujet avec un prêtre français et avec les catholiques qui sont ici en assez grand nombre, mais elle est liée par la Constitution du royaume dont elle ne pourrait être reine si elle venait à changer de religion. On a fait croire à tous les étrangers que si un Suédois change de religion il y va de sa tête.

On voit ici que la rumeur de sa conversion commençait à filtrer, malgré toutes les précautions qu'elle prenait, si vraiment sa décision était arrêtée.

*

En ce qui concerne son abdication, son parti fut pris au début de 1653, et elle s'en ouvrit à Pimentel qui, comme l'exprime le père Malines avec son ingénuité habituelle, avait pris sur elle un grand ascendant par sa « très singulière prudence et exquis jugement ». La détermination de la reine pouvait être ressentie comme un échec par l'Espagne puisque disparaîtrait ainsi la perspective d'une alliance contre la France. Cependant, même ayant déposé la couronne, Christine pourrait encore jouer un rôle important auprès de son successeur ; et, surtout si la

1. « Cette fable du Christ nous a procuré de grandes richesses. »

conversion, finalement, avait lieu, le prestige de Philippe IV, comme son intermédiaire auprès du souverain pontife, en serait considérablement rehaussé parmi les autres monarques catholiques.

Aussi l'ambassadeur déploya-t-il tous ses talents diplomatiques, qui étaient grands puisqu'il serait plus tard un des négociateurs du traité des Pyrénées. Tout en faisant miroiter à ses yeux la perspective d'une vice-royauté à Naples et d'une importante pension, il montra à Christine la nécessité pour elle de s'appuyer sur un prince puissant. Et c'est sous son impulsion qu'elle se décida enfin à se découvrir auprès du pape Innocent X, mais toujours très secrètement. Elle allait commencer à négocier avec les dirigeants suédois les conditions financières de son départ et n'avait pas intérêt à ce que l'on connût ses intentions.

Le père Malines fut donc envoyé, au début de mai, auprès du roi d'Espagne, porteur d'un message confidentiel. Il était temps de toute manière qu'il quitte Stockholm. Ses fréquents conciliabules avec Bourdelot et Pimentel ne passaient plus inaperçus :

> Je peux te raconter que séjourne dans cette cour un Italien dont on a chuchoté qu'il est jésuite et d'une remarquable piété et savoir, écrit Huet à l'un de ses correspondants. On le voit constamment à la Cour, mais jamais en ville, il est là depuis six mois par personne invité, par personne prié de rester. Lorsqu'il est arrivé, il avait une perruque, quand il l'a enlevée on ne pouvait dire qu'il était autre que ce qu'on le soupçonnait d'être.

Pimentel devait suivre de peu le jésuite, afin d'authentifier « de bouche » l'extraordinaire nouvelle, mais, précaution supplémentaire, les deux envoyés voyageraient séparément.

Arrivé à Madrid le 2 août, le père Malines eut le désagrément de ne pas y trouver Pimentel. En effet, celui-ci n'était pas parti, ou plutôt il était revenu sitôt qu'embarqué, son navire ayant échoué sur les côtes du Jutland. Il se montra donc de nouveau à la Cour, à la grande joie de Christine et au dépit des courtisans qui se croyaient enfin débarrassés de lui. Et il allait rester encore de longs mois. A sa place partit pour l'Espagne un nouveau personnage, le père Guemès, aumônier à l'ambassade espagnole de

Copenhague qui, comme par hasard, avait justement des faucons à porter à Philippe IV de la part du roi de Danemark.

Christine célébra le retour de son confident par un surcroît de largesses. Elle lui offrit entre autres un si beau carrosse qu'il en fut presque gêné, d'autant qu'il sentait augmenter l'hostilité autour de lui. Les desseins profonds de la reine étant encore ignorés, on attribuait sa conduite à un projet de renversement d'alliances, dont l'inspirateur était évidemment l'Espagnol :

> Il avait effacé de l'esprit de la reine toute l'affection et l'estime qu'elle avait pour la France et y avait fait succéder des inclinations si contraires qu'on ne reconnaissait plus cette grande princesse que par les linéaments de son visage qui n'étaient pas l'endroit par où elle était grande, note un contemporain.

On commençait à se demander si le génie politique dont on l'avait créditée n'était pas plutôt celui de ses ministres, Salvius surtout, qui venait de mourir, ou Oxenstierna, qu'elle écoutait malgré leurs différends et qui s'était éloigné dans une boudeuse retraite. Le comte de La Gardie amorçait son déclin, il n'avait d'ailleurs jamais été d'aucun poids dans la conduite des affaires. Charles-Gustave, ménager de l'avenir, avait réussi à se recroqueviller jusqu'à l'inexistence. Il n'y avait plus pour la conseiller que de jeunes brouillons, encore inexpérimentés. Le principal était Clas Tott, fils d'un général de Gustave-Adolphe, apparenté aux Vasa par sa mère, bâtarde d'Erik XIV. Agé de vingt-trois ans, très beau, très hardi, il revenait de France où il avait passé plusieurs années, et il en rapportait, comme naguère Magnus, toute l'élégance nécessaire à une grande carrière. Christine l'avait remarqué au cours d'un tournoi, aussitôt titré comte de Kalborg et nommé gentilhomme de sa chambre et capitaine de ses gardes du corps. Sa faveur montait si fort que Pimentel, inquiet, avait vainement essayé de lui faire attribuer une mission à l'étranger. Plus tard, Tott se montrerait un habile diplomate, mais à cette époque il n'était encore qu'un aimable jeune homme porté sur les duels et les empoignades. Steinberg, premier écuyer, chevalier de l'*Amarantha*, et tout nouvellement baron, n'avait pour lui que d'avoir sauvé la reine de la noyade. Quant aux petits Schlippenbach et Dohna, d'origine allemande, ils n'étaient là que pour la figuration.

Bourdelot, avec son flair habituel, n'avait pas tardé à se rapprocher de Pimentel, et cela inquiétait Mazarin. On n'oubliait pas en France que l'ancien médecin du prince de Condé s'était réfugié en Suède après l'arrestation de son protecteur et que celui-ci venait de passer au service de l'Espagne. Une liaison intime entre les deux conseillers de la reine pouvait donc sembler très suspecte. Aussi le cardinal demanda-t-il à Chanut, en qui il avait pleine confiance, d'abandonner provisoirement sa mission à Lübeck pour se rendre de toute urgence en Suède.

Il arriva à Stockholm comme Malines en partait, au début de mai 1653. Bourdelot ne tarda pas à faire sa conquête. Il sut se disculper de toutes les calomnies répandues sur son compte à propos de ses liaisons avec l'Espagne et se déclara prêt à servir le roi. Quant à la reine, qui reçut avec joie et confiance son vieil ami, elle l'assura qu'elle ne se faisait aucune illusion sur personne, et pas davantage sur Bourdelot, dont elle connaissait bien les défauts, mais qu'elle appréciait sa philosophie sans pédanterie, son parler net et poli, qu'elle lui devait la santé, et que, s'il n'avait pas pris soin d'elle par une méthode toute différente de celle des autres médecins, elle ne serait plus de ce monde.

Ce dernier argument, au moins, était fondé. Bourdelot la soignait avec dévouement et compétence, car, en ce mois de mai 1653, elle était encore malade. Le prince Charles-Gustave s'étant inquiété, tendresse ou ambition soudain titillée, de l'état de sa cousine, Bourdelot lui répondit par une lettre détaillée sur « la petite fièvre accompagnée de douleurs de tête, d'oppression et de palpitations » qui tenait sa malade depuis une quinzaine de jours. Toujours content de lui, il ajoutait :

> La légèreté du mal doit être imputée au fort tempérament de la reine qui, par les remèdes dont elle a usé l'année passée, est réduit en l'état naturel, et il est à croire qu'elle est hors de danger de tomber en de grandes maladies auxquelles elle était sujette les années passées.

Comme il l'assurait au prince, il entendait laisser sa patiente en parfaite guérison, car il avait l'intention de revenir en France. Objet de l'exécration générale, sa situation était devenue intenable, et, comme il connaissait bien Christine, il devinait que, pressée de toutes parts, elle n'allait pas tarder à se dégoûter de lui. Il lui fallait prendre les devants et en tirer le maximum d'avantages. Lorsqu'il parlait à Chanut de sa hâte de servir le roi, il avait son plan. Christine s'étant ouverte à lui de ses projets, il lui avait suggéré de recourir à l'aide de la France plutôt qu'à celle de l'Espagne, et il comptait bien se faire rétribuer son zèle de quelque riche bénéfice ecclésiastique.

La négociation imaginée par lui consistait à demander pour la reine une installation en France et une copieuse rente contre l'abandon des subsides dus encore à la Suède depuis la paix de Westphalie, et le transfert en propriété de trois navires suédois, le tout surévalué hardiment pour aboutir à la somme considérable que visait Christine, neuf cent mille écus.

Chanut approuvait ce programme. Il estimait que Bourdelot était victime d'une cabale aussi lâche qu'injuste et qu'il méritait une compensation. D'autre part, il trouvait urgent « de le tirer d'auprès d'elle » car sa présence à Stockholm, détesté comme il l'était, pouvait être un ferment de mésentente entre la France et la Suède.

Il appuyait donc la demande d'une abbaye pour Bourdelot — ce que, dès ce moment, Christine allait inlassablement réclamer au cardinal — et annonçait l'intention du médecin, lorsqu'il serait de retour à Paris, de « traiter de choses belles et avantageuses » que lui-même, plus tard, confirmerait « de bouche ». L'ambassadeur, en effet, ayant terminé sa mission, s'apprêtait à repartir, emmenant avec lui la plupart des Français. Malgré toutes les précautions prises par la reine, le bruit de sa prochaine abdication commençait à se répandre. Sous prétexte d'une menace de peste à Stockholm, elle avait quitté la ville en ordonnant le déménagement de ses trésors les plus précieux. Le départ des Français semblait aussi sonner le glas du règne, mais ceux-là personne ne les regretta, et lorsque ce fut le tour de Bourdelot, le 13 juin, on célébra l'événement par des feux de joie.

La reine ne voulait pas avoir l'air de céder à la pression de son entourage, et d'ailleurs elle n'y cédait pas puisque son médecin, en théorie, se rendait à Paris chargé d'une mission confidentielle. Elle exigea des adieux les plus protocolaires. Bourdelot effectua donc ses visites de congé selon l'usage suédois, matinales et arrosées de vin du Rhin accompagné de morceaux de pain grillés au poivre et au vinaigre. Le comte Magnus, son ennemi principal, avait négocié âprement, mais sans succès, la permission de ne pas le recevoir. Il dut dévorer cet affront et lui faire « mille civilités ». Les Oxenstierna se montrèrent aimables, ainsi que les deux princes palatins qui lui offrirent leur portrait enrichi de diamants. Bourdelot remercia avec chaleur le prince Charles-Gustave :

> Toute la Cour l'a admiré, pour moi je suis dans des transports de joie d'un témoignage si haut et si public de la protection de Votre Altesse royale. Il a déjà fait un effet merveilleux sur les personnes qui sont ici, mais où je le porterai avec les relations que je ferai des vertus sublimes et extraordinaires de Votre Altesse royale, j'espère qu'il ne sera pas inutile à votre gloire.

Quant à la reine, elle se montra particulièrement généreuse, pour compenser sans doute, comme il l'écrit lui-même à son ami Saumaise, « l'ingratitude de beaucoup de personnes qui ont pris le temps de me nuire quand ils m'ont vu en disgrâce ». Elle lui donna trente mille écus, de la vaisselle d'argent, un carrosse à six chevaux comme celui de Pimentel et, bien entendu, une chaîne. Il partit donc « lesté d'or et de malédictions, tous deux en grandes quantités, et chargé des récompenses qu'un âne ne saurait porter », raconte méchamment Vossius qui le vit passer à Leyde.

Il arriva en grand homme à Paris, pour y trouver de nouveaux moqueurs. « Notre maître Bourdelot se fait porter en chaise suivi de quatre grands estaffiers, dignes officiers de sa basse-cour », raille Guy Patin, en médecin jaloux qui avait refusé d'aller à Stockholm. « Il se vante d'avoir fait des miracles en Suède », ajoute Huet. De fait, comme d'habitude, le vaniteux médecin se donnait une importance excessive, et lorsqu'il envoya à la reine une relation des « conférences » qu'il avait eues avec le ministre, elle haussa les épaules. Elle connaissait bien son Bourdelot. Comme, pour amadouer Mazarin, elle avait décidé de lui rendre les manuscrits qu'elle avait achetés après sa fuite et en avait chargé son messager, elle prit la précaution d'écrire au préalable à Chanut :

> J'ai oublié de vous dire que, ayant résolu il y a quelque temps de renvoyer les manuscrits du cardinal Mazarin qui sont entre

> mes livres, je serais bien aise que vous lui fassiez savoir que j'ai ce dessein. Je voudrais bien que l'on sût que c'est de mon propre mouvement que je m'y suis résolue afin que d'autres petites gens ne s'attribuent pas le bénéfice de l'avoir opéré.

Le seul résultat qu'obtint Bourdelot de sa fameuse mission secrète fut l'abbaye tant réclamée, celle de Mussay en Berry, qu'il n'accepta, prétendit-il, qu'après avoir refusé un évêché.

> Il semble, écrit Mazarin excédé, que le sieur Bourdelot va bien vite, et qu'en proposant comme il fait des choses impraticables, il veuille diminuer en quelque façon le prix et le mérite de celles qu'on fait pour la reine de Suède, quoiqu'elles soient extraordinaires.

Pour l'administration en effet, non seulement le chiffre avancé par la reine pour le reliquat non payé des subsides était extravagant, mais les dettes mêmes n'existaient pas. Tout ce qui était dû par le traité de Westphalie avait été réglé. Seule la vente des vaisseaux était négociable. La reine finit par en rabattre de moitié sur les neuf cent mille écus, mais pas au-delà, refusant de céder le moindre vaisseau si on ne lui accordait pas l'indemnité qu'elle réclamait :

> Je demande justice et ne veux point mandat de grâce. Si l'on croit ne rien me devoir, je le veux seulement savoir. Je fonde toute ma négociation sur les dettes qu'on me doit, à cela s'ajoute vaisseaux et canons pour cent mille écus, croyant de rendre un office considérable à la France. Si l'on peut s'en passer, je ne voudrais pas lui être à charge, répondit-elle hautement.

On voit qu'elle confondait allégrement, comme elle le ferait toujours, même après avoir abandonné sa couronne, les biens de l'Etat et les siens propres. Pourtant, comme nous le constaterons au moment de l'abdication, le gouvernement suédois aurait volontiers renoncé à ces impayés en faveur de la reine pour n'avoir pas à l'entretenir. Mais ni le cardinal ni la régente Anne ne se sentaient particulièrement disposés à soutenir des projets qu'ils désapprouvaient. L'abdication d'une souveraine alliée de la France leur semblait une menace de déstabilisation pour les autres monarchies européennes, et ils se méfiaient, à juste titre, de son successeur éventuel. On n'était plus au temps où Chanut s'extasiait sur « la merveille de notre siècle ». Ce n'était plus l'euphorie de 1647 lorsque Christine envoyait à Mazarin un magnifique vaisseau, le *Jules*, équipé de trente-deux canons de bronze et valant quarante mille écus. La reine avait veillé dans les moindres détails à sa décoration. Sur la poupe une peinture montrait le cardinal revêtu d'un manteau écarlate à traîne et soutenant le petit roi qui tirait une flèche contre l'écu des Habsbourg, tandis que deux anges déployaient une devise à la louange de Mazarin.

La Fronde avait changé tout cela. Christine, qui chez elle châtiait impitoyablement ses rebelles, souvenons-nous des Messenius, montrait au contraire beaucoup de bienveillance à ceux des autres. Non seulement elle en avait accueilli plusieurs à sa cour, mais elle entretenait pour le plus célèbre d'entre eux un véritable culte. Condé n'était-il pas *Grand*, comme Gustave-Adolphe ? En octobre 1646, après sa victoire de Nordlingen sur ce même champ de bataille où, douze ans plus tôt, la Suède avait subi une de ses plus cuisantes défaites, elle lui avait adressé un message enthousiaste, et elle avait montré autant de sympathie pour la *Grande* Mademoiselle, fille du duc d'Orléans, lorsque celle-ci avait braqué un canon de la Bastille sur les troupes du roi. Enfin une femme qui faisait le coup de feu ! « Vraiment, Mademoiselle, lui écrivait-elle alors, vous êtes la seule qui soutienne la gloire du sexe, vous faites voir que votre siècle ne manque pas de produire des miracles, aussi bien que les passés. »

Si les princes révoltés lui plaisaient par leur fougue romanesque, c'était aussi parce qu'ils s'opposaient à Mazarin, car elle s'offusquait en réalité que la reine de France partageât son autorité absolue avec un roturier de petite naissance qui, de plus, fuyait peu courageusement devant le danger. Aussi, par l'intermédiaire de Chanut, ne se privait-elle pas d'opiner sur la Fronde et de donner des conseils qu'on ne lui demandait pas. Lorsque Condé, arrêté avec le duc de Longueville au début de 1650, avait sollicité son appui, elle n'avait pas hésité à intervenir en sa faveur. Pour faire bonne mesure, elle avait écrit à tous les opposants de Mazarin, le cardinal de Retz, le duc d'Orléans et les membres du Parlement, prenant d'ailleurs ce dernier pour une assemblée d'élus. Ces bons offices intempestifs avaient fortement indisposé le cardinal et la régente, d'autant plus que s'y ajoutaient les maladresses des représentants de Christine, l'ambassadeur Rosenhane, anti-Mazarin virulent, et Pablitzki chargé, comme nous l'avons vu, de missions ambiguës en Espagne. Bourdelot avait donc raison de commenter ainsi les démarches brouillonnes de sa protectrice :

« Elle veut autant la paix en France que dans son royaume, mais elle s'y prend mal. »

Mazarin avait donc assez peu d'estime pour elle et ne montrait pas d'inclination à l'aider, malgré les prières pressantes de Chanut qui, l'affaire des vaisseaux ayant échoué, réclamait en sa faveur :

> [...] quelque revenu considérable en pensions sur des bénéfices, croyant que pour une occasion si extraordinaire à l'honneur de la religion il n'y aura point d'inconvénient à l'assister de biens d'Eglise. Je ne puis penser sans déplaisir et sans frayeur aux terribles inconvénients où sa sortie de Suède et sa subsistance ailleurs seront exposés.

Autrement dit : si elle se fait catholique, c'est bien le moins que le Très Chrétien lui vienne en aide ! Cependant, Mazarin faisait la sourde oreille. Contrairement au roi d'Espagne, il considérait qu'une reine découronnée n'en était plus une. Dès que Christine se serait dépouillée de son pouvoir, pensait-il, elle n'en aurait plus aucun et n'apporterait que déboires à ses alliés. Philippe IV n'allait pas tarder à apprendre la cruelle vérité de cette analyse.

Chanut avait d'autant plus de motifs de s'inquiéter qu'il savait que Pimentel avait évincé son principal rival, Magnus lui-même. Cette victoire d'ailleurs lui avait coûté peu d'efforts, le favori s'étant sabordé par sa propre maladresse. Depuis quelque temps il n'était plus qu'une idole creuse et se soutenait seulement par l'habitude. Au *Ballet des Dieux* où il s'était présenté en Apollon, il avait dû essuyer quelques railleries au passage de la part des Français :

— Ah ! Il ne rit pas toujours, Apollon ! lui avait-on crié.

— Après les nuages, le soleil ! avait-il répliqué fièrement.

Mais il n'y avait pas eu d'embellie. Magnus avait commis la

faute mortelle de tous les favoris : s'installer dans la faveur. Insatisfait des privilèges exorbitants dont il jouissait déjà, il voulait être prince. N'ayant pu obtenir l'île de Wollin qui lui en aurait donné le titre, mais qui appartenait à la reine mère, il était sur le point d'accepter une principauté allemande lorsque la reine le lui interdit. Cet avertissement ne l'inquiéta pas, et comme il avait réussi à éliminer Bourdelot, il crut pouvoir en faire autant avec son nouveau concurrent, le jeune Clas Tott. Il inventa donc une prétendue cabale montée à ses dépens et s'en plaignit à la reine.

— Qui donc vous a accusé ? demanda-t-elle, toute prête à lui donner raison, comme d'habitude.

N'osant s'attaquer de front à Tott, déjà trop fort, il désigna Steinberg et Schlippenbach. Convoqués séance tenante, ils n'eurent aucune peine à se disculper ; Schlippenbach provoqua Magnus en duel, mais celui-ci refusa de se battre avec lui, l'estimant trop petit seigneur. Cette dérobade le perdit plus encore que ses mensonges. Christine prisait par-dessus tout le courage et l'honneur, et rien ne pouvait la blesser davantage qu'un homme, qu'elle avait comblé de tant de distinctions, s'effondrât publiquement comme une baudruche. Elle ne lui pardonna pas de la décevoir à ce point. Il dut remettre toutes ses charges et se retirer dans ses terres. Rien ne put le ramener à la Cour, ni les supplications de sa mère et de sa femme, ni les conseils de modération prodigués par Oxenstierna et Charles-Gustave, ni ses propres démarches. Négligeant l'avis de son beau-frère selon lequel « moins on employait la plume mieux on s'en trouvait », il écrivit à la reine une lettre d'une obséquiosité superflue. Elle lui répondit avec la dernière hauteur :

> Je suis désormais incapable de ressentir autre chose pour vous que pitié, mais cela ne peut vous servir à rien puisque vous avez rendu inutiles les bontés que j'avais pour vous et dont vous vous êtes montré indigne. Si j'avais le pouvoir de me repentir, ce serait plutôt d'avoir lié amitié avec un si faible caractère que le vôtre [...]. Vous avez même publié un secret que j'étais résolue de taire toute ma vie, en faisant voir que vous étiez indigne de la fortune que vous teniez de moi. Si vous êtes résolu d'entendre des reproches, vous pouvez venir ici, j'y consens à cette condition, mais n'espérez pas que les larmes, ni les soumissions, puissent

> jamais m'obliger à la moindre complaisance. La seule dont je sois capable pour vous est de m'en souvenir peu, d'en parler moins, étant résolue à n'en parler jamais que pour vous blâmer...

Loin de laisser cette cruelle semonce confidentielle, elle la fit traduire en latin par Heinsius, afin qu'elle fût comprise de toute l'Europe. Et comme le prince Charles-Gustave tentait de s'entremettre en faveur de Magnus, elle lui répondit qu'il avait bien tort de le défendre car il lui avait nui auprès d'elle. Elle alla jusqu'à lui dire, indignement, et au mépris de toute vérité, qu'elle avait été plusieurs fois sur le point de consentir à l'épouser mais que c'était justement Magnus qui l'en avait dissuadée. Elle éprouvait contre lui une véritable haine, ne l'appelant plus que « le lâche » ou « le menteur » et ne devait jamais lui pardonner. Le départ de La Gardie fut un véritable *exit*, il sortit à jamais de son cœur.

Quant à lui, il s'investit dans la philosophie. Il prit comme livres de chevet le *De la Providence* de Sénèque et les *Consolations* de Boethius, et en distribua des exemplaires à ses amis pour leur faire apprécier son détachement dans les épreuves. Il fut sage et pieux, autant qu'il avait été cupide et jouisseur, mais ce n'était pas simple hypocrisie. Comme beaucoup d'hommes de son temps, il pouvait être tout cela à la fois.

*

C'était en tout cas un coup dur pour la France qui perdait avec Magnus son principal allié ; aussi peut-on penser que Pimentel ne fut pas étranger à cette révolution de palais. Aux amis français succédaient toutes sortes d'aventuriers dont les intrigues allaient menacer la paix du Nord. Christine, toujours capricieuse, s'engoua ainsi d'un couple de réfugiés danois hauts en couleur, lui, Corfitz Ulfeld, ancien favori du roi Christian IV, richc ct magnifique, esprit universel et particulièrement versé en astrologie, elle, la propre fille bâtarde du roi, femme de lettres excentrique, habillée en homme bien que sur le point d'accoucher. Tous deux étaient donc faits pour plaire à Christine, et elle était prête, comme ils le lui demandaient, à leur accorder le droit d'asile. Ulfeld avait en effet perdu tout son crédit à la mort de son protecteur. Une cabale s'était formée contre lui : il était accusé d'avoir voulu empoisonner le nouveau souverain, Frédéric III. Il avait dû fuir précipitamment et ne rêvait que de vengeance. Christine entra si avant dans ses vues que la Suède sembla bientôt au bord de la guerre contre le Danemark, mais le vieux chancelier Oxenstierna sortit alors de sa réserve pour avertir la reine que jamais aucun sénateur ne consentirait à soutenir jusque-là le rebelle. Elle obtempéra et se contenta de nommer son protégé chevalier de l'*Amarantha*.

Un autre personnage faisait dans le même temps parler de lui, un ancien ministre polonais également en exil qui aurait bien voulu, lui aussi, fomenter une nouvelle guerre de Troie contre son pays, car sa femme le trompait avec le roi Jean-Casimir qui, bien qu'ex-cardinal, collectionnait les aventures féminines. Mais ce Radziejowski était pauvre, vieux, souvent ivre, aussi avait-il moins de séduction que le Danois, et Christine l'appuya-t-elle mollement, assez toutefois pour irriter à nouveau les ministres suédois. Cependant, grâce aux sages mesures prises par Jean-Casimir, le conflit fut là encore évité.

La Reine de la Paix avait donc bien changé et les inquiétudes de la France redoublèrent lorsqu'on vit apparaître à Stockholm, à la fin de 1653, un envoyé de Cromwell, lord Whitelocke.

L'exécution de Charles Ier, en février 1649, n'avait rebuté ni le roi de France ni celui d'Espagne, et, dans le combat qu'ils se livraient toujours, chacun d'eux recherchait l'appui de l'usurpateur, l'un en lui promettant Dunkerque et l'autre Calais. La présence à la cour de Suède d'un ambassadeur anglais si près d'un ambassadeur espagnol ne pouvait qu'alarmer Mazarin ; énième foucade d'une reine infidèle.

Dès sa première audience, lord Whitelocke devait être impressionné, comme tant d'autres. Installée majestueusement sous son baldaquin royal, au milieu d'un nombre imposant d'élégants gentilshommes, elle était elle-même habillée avec la dernière simplicité, une jupe grise sans aucun ornement, un justaucorps masculin, un bonnet de velours qu'elle souleva comme un homme et, au cou, un simple ruban noir comme en portaient alors les marins suédois. L'ambassadeur, qui était couvert de pierreries, se sentit intimidé.

Whitelocke lui plaisait et, avec sa spontanéité habituelle, elle le traita vite en ami. Tout de suite elle lui avait demandé s'il était marié.

— Je l'ai été trois fois, répondit-il.

— Trois ! Et combien d'enfants ?

— Un par femme.

— Par Dieu, vous êtes incorrigible !

Il trouva *in petto* qu'elle jurait beaucoup pour une reine, ignorant sans doute ce qu'insinuaient les mauvaises langues : un de ses protégés français l'avait persuadée qu'on parlait ainsi à la cour de France ! Cependant, elle lui plaisait aussi, et il fut bientôt le familier de tous les petits cercles. Ils discutaient, inévitablement, de l'immortalité de l'âme, elle lui confiait que peut-être Oxenstierna serait devenu son Cromwell à elle s'il n'avait eu, malgré tout, tant de fidélité aux Vasa. Il organisait pour elle des concerts de musique élisabéthaine, où il jouait lui-même, elle lui présentait, provoquant malicieusement ce grave puritain, sa « compagne de lit », Ebba Sparre.

— Parlez-lui donc, et dites-moi si, à votre sens, son intelligence égale sa beauté ?

La « belle comtesse » ne brillant pas, notoirement, par l'esprit, le diplomate se rabattit sur son bon sens et ses vertus. Christine rit et elle ôta les gants de son amie dont on admira les mains ; elle en donna un à Whitelocke, et l'autre à Pimentel et à Tott pour qu'ils se le partagent. L'Anglais répondit en *gentleman* à cette faveur : la comtesse reçut le lendemain une douzaine de gants blancs de Londres, réputés alors pour leur finesse.

Un jour enfin, la reine le prit à part pour lui révéler un projet dont elle n'avait, dit-elle, encore parlé à personne, c'est-à-dire son secret de Polichinelle, la prochaine abdication. Surpris, et ennuyé car une telle décision pouvait nuire à sa mission, il lui demanda si elle ne se moquait pas de lui.

— Non, dit-elle, j'y suis vraiment résolue. C'est mon amour pour mon peuple qui m'y pousse, il lui faut un gouvernement plus fort que celui d'une pauvre femme, et, d'autre part, je suis décidée à ne jamais me marier.

Comme il lui faisait voir quelles difficultés l'attendaient si elle s'abaissait au statut de personne privée, elle répliqua avec audace :

— Oh ! Je puis me contenter de très peu, un laquais et une femme de chambre.

Elle était arrivée là où elle voulait en venir, et son amitié pour l'Anglais était aussi intéressée que soudaine. Il s'agissait de mettre un nouveau fer au feu, au cas où ceux qui chauffaient à Madrid et à Paris viendraient à s'attiédir. Pourquoi, puisqu'elle était encore protestante, ne s'assurerait-elle pas d'un secours auprès de Cromwell ? Aussi proposa-t-elle à Whitelocke un plan ébouriffant : on prendrait la Zélande au Danemark, elle s'y installerait en toute suzeraineté, laissant aux Anglais le commandement de la flotte et des armées. Et lorsque, au début d'avril 1654, un traité de commerce, et non politique comme le redoutait Mazarin, fut signé entre l'Angleterre et la Suède, elle suggéra à Whitelocke, de plus en plus abasourdi — et cette fois choqué — d'y ajouter un article secret, selon lequel Cromwell se réservait de le rompre si le gouvernement suédois ne respectait pas les arrangements financiers qu'elle allait exiger. L'ambassadeur, « très troublé », s'en tira de son mieux par des propos lénifiants sur la bienveillance connue du « Protecteur ».

*

Le lundi 23 février 1654, devant son Conseil au complet, la reine avait annoncé son intention, désormais irrévocable, d'abdiquer. D'une seule voix, les sénateurs se récrièrent. Elle balaya toutes les objections, se justifiant d'une phrase sibylline :

— Avec le temps, on connaîtra mes raisons, mais Dieu les connaît dès maintenant.

Et comme on invoquait ses devoirs religieux, elle répliquait, de manière imprudemment explicite :

— Et si c'était l'archevêque qui devait lui-même recommander mon abdication ?

Sans rien ajouter de plus, elle leva la séance. S'étant concertés, les sénateurs déléguèrent alors quelques-uns d'entre eux pour lui présenter de nouvelles sollicitations. Elle leur dit qu'ils perdaient leur temps et feraient mieux de réfléchir aux formes convenables de transmission du pouvoir. Et, d'un commun accord, une réunion des états fut fixée au 26 mai suivant.

> Cette nouvelle a fait sensation, écrit Pimentel au roi d'Espagne, car même si auparavant on avait parlé du projet de la reine d'abdiquer, on n'y croyait pas trop, et maintenant on est sûr qu'elle est décidée à le faire.

Christine n'oublia pas de prévenir personnellement son ami Chanut, confident de sa détermination dès le début.

> Dans l'espace d'un si long temps, tous les incidents ne m'ont jamais fait changer. J'ai réglé toutes mes actions vers ce but, et je les ai conduites à cette fin sans balancer. A cette heure, que je suis prête d'achever mon rôle pour me retirer derrière le théâtre, je ne m'inquiète point du *Plaudite*. Je sais que la scène que j'ai représentée n'a pu être composée selon les lois communes du théâtre. Il est malaisé que ce qu'il y a de fort, de mâle, de vigoureux, puisse plaire... Je suis en sûreté, et mon bien n'est pas au pouvoir de la fortune, je suis heureuse, quoi qu'il puisse arriver.

La réponse de Chanut, le 2 mars, est un solennel témoignage des véritables intentions de la reine :

> La première et plus forte considération qui a porté Votre Majesté à former cette pensée a été le bien de ses sujets et la sûreté de son Etat, en prévenant les confusions et partialités difficiles à éviter après le décès des princes souverains qui sont considérés comme les derniers d'une maison royale, c'est le motif qu'il plut à Votre Majesté de me découvrir il y a près de six ans. Le coup est néanmoins si hardi qu'il étonnera tous ceux qui ne savent pas que la retraite que Votre Majesté se prépare est plus grande que tous les royaumes de la terre et qu'elle a dans son âme des trésors de bonheur et de joie.

Un autre confident de Christine dit la même chose, le comte de Montecuculli, envoyé de l'empereur, grand admirateur de Gustave-Adolphe qu'il avait affronté sur les champs de bataille de la guerre d'Allemagne. Il écrit alors à l'un de ses correspondants :

> Ne voulant pas se marier, et voyant que le Palatin ne peut se marier avec les avantages qu'il pourra avoir étant roi, elle constate que le royaume court le risque de demeurer sans successeur cer-

tain, et donc exposé à l'élection qui bien souvent pousse les Etats à la guerre civile.

C'est avec ce même Montecuculli, nouveau venu mais tout de suite fort intime, comme d'habitude chez la reine, qu'elle se rendit auprès de Charles-Gustave pour l'informer de sa résolution. Le prince, désormais tout près du trône, feignit plus que jamais de ne pas s'en soucier et ne lui répondit que par des protestations du plus brûlant amour. Le général autrichien en fut impressionné :

> Il est très familier et populaire, et bon buveur, qualités qui plaisent beaucoup dans les climats du Nord.

On se souvient que le père Casati était retourné à Rome avec la mission d'y préparer l'établissement de la reine. Dès le mois d'août précédent, elle l'avait averti qu'elle lui envoyait sa bibliothèque. Son conservateur, Trichet du Fresne, avait embarqué sur le navire bien nommé *La Fortune* une énorme cargaison de tout ce qu'il y avait de précieux au palais des Trois-Couronnes. Elle voulait y ajouter, à l'intention de Mazarin, un *Hercule* de bronze, mais comme ce déménagement spectaculaire suscitait des murmures, elle y renonça.

Enfin, le père Casati, transporté, reçut, datée du 26 février 1654, une lettre « toute pleine d'allégresse », par laquelle Christine lui apprenait sa renonciation au trône. De son côté le père Guemès était arrivé à Madrid pour confirmer « de bouche » la nouvelle, et le père Malines, muni de messages de recommandation de Philippe IV, partait pour Rome le 16 avril. Il ne devait cependant les remettre au pape qu'après un avis exprès de la reine. On voit que jusqu'au bout elle agit avec une grande circonspection.

Quant à Pimentel, il n'avait plus aucune raison de s'attarder à Stockholm, ayant obtenu qu'après son abdication Christine irait s'installer dans les Pays-Bas espagnols pour y attendre la décision du souverain pontife. S'il y avait entre eux un grand roman d'amour, ce n'était pas lui le plus ardent. Dès le 21 février, il avait demandé à son souverain d'être remplacé « par un autre envoyé qui rendrait plus de services que lui ».

A son audience d'adieu, le 29 mars, il fit, comme à son arrivée, le pâle et le tremblant, balbutiant des phrases émues que Tott traduisait au fur et à mesure. Et la veille de son départ, elle donna au château de Jakobsdal une fête magnifique, *le Ballet des fadaises.* Elle dansait, déguisée en bohémienne, tandis qu'Antonio qui, officiellement parti, ne pouvait participer au bal, l'admirait derrière une tenture. Au cours de la soirée, elle vint le rejoindre et lui remit un superbe diamant de sa coiffure, que, dit-elle, elle craignait de perdre.

— Votre Majesté est bien imprudente de confier un tel joyau à un soldat, peut-être pillard, plaisanta-t-il.

— Gardez-le-moi, je vous le redemanderai tout à l'heure.

Et elle retourna vers ses hôtes. Mais quand, quelques heures plus tard, il voulut le lui rendre, elle lui dit de le conserver, « en souvenir de la bohémienne ».

Toute la magnifique libéralité de Christine était dans ce geste : elle récompensait en souveraine celui qui l'avait servie, mais l'opinion l'interpréta dans un tout autre sens. Enfin il partit, en lui promettant de la revoir bientôt, à Anvers, et cette fois il prit soin de ne pas faire naufrage. La lettre très enthousiaste, du 6 avril, que la reine adressait à Philippe IV allait le précéder à Madrid :

> Depuis que l'amitié naturelle de nos deux royaumes, après l'apaisement des troubles de la guerre d'Allemagne, a commencé à refleurir, rien n'a plus contribué à affermir et renforcer nos liens que le fait d'avoir voulu nous déléguer le seigneur Pimentel, si remarquable par sa grande loyauté à son roi, sa connaissance des affaires publiques, sa prudence, son habileté, enfin, pour tout dire, il est né pour l'union et la conciliation. Ici, pour tout le temps qu'il a séjourné auprès de nous, il s'est comporté de telle manière qu'il a montré tous les caractères d'un ministre fidèle et prévoyant. Nous jugeons donc qu'il serait indigne de son mérite si, à présent qu'il est rappelé, nous ne le recommandions pas auprès de Votre Majesté, afin que, parmi les principales charges des offices royaux, il soit récompensé justement pour avoir contribué avec zèle au bien public. Et veuille Votre Majesté, par cette occasion donnée audit Pimentel, tenir compte de son intercession dans notre affaire. A cause de cette intégrité qui lui est habituelle, nous ne doutons pas que Votre Majesté n'écoute ledit Pimentel et n'ajoute foi à ses dires.

Tout n'était pas encore joué cependant, car avant de quitter la Suède, elle devait s'assurer de ressources suffisantes, et qui pussent résister à la colère nationale lorsqu'on apprendrait sa conversion.

Ses exigences étaient exorbitantes. A un pays qu'elle avait contribué à ruiner, elle demandait deux cent mille riksdals de revenus annuels et la pleine souveraineté d'immenses domaines en Poméranie. Cela réveillait le spectre des réductions. Les sénateurs firent front. La seule reprise qu'ils consentirent fut l'île d'Ösel, puisqu'elle avait été confisquée à La Gardie ; encore y avait-il là un précédent fâcheux.

Christine était secondée dans ses négociations par le successeur de Magnus aux Finances, Herman Fleming, qui lui était dévoué. Lui aussi voyait dans ces attributions l'amorce de l'inévitable retour à la Couronne des biens aliénés, mais il s'en réjouissait comme d'une mesure nécessaire à l'intérêt de l'Etat. Quant au prince Charles-Gustave, il n'opinait pas, inquiet à coup sûr des difficultés inextricables qui l'attendaient.

La reine brusqua la décision en se présentant à l'improviste, suivie de Fleming, à une réunion des sénateurs chez Erik Oxenstierna qui avait succédé à son père au poste de grand chancelier. Un long silence consterné suivit la lecture que leur fit Fleming du *recès d'abdication* qu'elle entendait leur faire signer.

Pierre Brahe prit alors la parole pour lui reprocher son injustice : elle voulait reprendre à ceux qui l'avaient le mieux servie les terres qu'ils avaient gagnées « avec leur sueur et leur sang » et qu'ils avaient fait fructifier de leurs deniers. Ce serait, dit-il, un reniement très grave de sa signature qu'un souverain doit toujours considérer comme sacrée, et cela sur le conseil d'hommes « malveillants et violents qui se donnent l'apparence de la fidélité ».

Fleming se sentant visé, la séance allait se terminer en pugilat ; la reine coupa court en réitérant son ordre, mais les sénateurs déclarèrent avec la dernière fermeté qu'ils n'accepteraient le recès que s'il était voté par les états. Cependant, elle obtint satisfaction par sa ruse habituelle. Convoquant les représentants des quatre ordres séparément, elle fit croire à chacun d'eux que les autres avaient accepté. Les états exigèrent seulement que les terres concédées ne lui seraient pas données en toute propriété, mais seulement en apanage, sa vie durant, et qu'elles reviendraient à la Couronne à sa mort. On voulait éviter ainsi, au cas bien improbable où elle se marierait, que la Suède ne fût dépossédée. Les bourgeois et les paysans demandèrent encore qu'elle ne quittât pas le royaume, afin que ses revenus soient dépensés sur place, mais elle refusa de s'y engager.

Elle éluda de même le serment de rester luthérienne que voulait lui imposer le clergé, et, pour parer à toute nouvelle offensive des nobles, elle nomma quinze conseillers dont elle était sûre, portant ainsi leur nombre à quarante, comme sous le règne de son arrière-grand-père, prétexta-t-elle. Les sénateurs obtinrent cependant que la spoliation à son profit des terres de Poméranie ne serait en aucun cas le prélude d'une réduction générale. Elle en donna l'assurance solennelle, tout en faisant savoir secrètement à Charles-Gustave qu'il pourrait agir comme il l'entendrait. Il dut malgré tout promettre aux seigneurs dépossédés de les rembourser des frais d'entretien de ces biens. Son règne était ainsi obéré avant de commencer, mais il était prêt à tout pour satisfaire une femme aimée... ou pour supprimer les derniers obstacles le séparant du trône.

La réunion des états avait eu lieu quelques jours plus tôt, le 26 mai, à Uppsala. Axel Oxenstierna était présent, mais son attitude exprimait l'amertume et l'indignation. Il refusa de prononcer l'allocution d'ouverture :

— J'ai promis au père de Votre Majesté de tout faire pour maintenir sur sa tête la couronne de Suède, je trahirais ce serment sacré si, de quelque manière, je me prêtais à une mesure qui en est le contraire.

Et, au milieu d'un profond silence, il revint à sa place. Elle se leva alors et, après avoir salué profondément les députés, elle annonça sans aucun embarras sa résolution d'abdiquer, récompense qu'elle estimait méritée après dix années au service du pays. Son chambellan prononça ensuite un long discours exposant les motifs de sa décision. Les assistants s'exclamèrent et, dans le tumulte des voix la suppliant de rester, un paysan s'approcha d'elle :

— Par Dieu, qu'allez-vous faire, Mademoiselle notre reine ? Vous allez nous quitter, nous qui vous aimons si sincèrement ?

Il lui baisa la main en pleurant, mais elle répéta, impassible, que son parti était pris, qu'elle n'y reviendrait pas, même si, à celle qu'elle avait déjà, on ajoutait une autre couronne.

Lord Whitelocke assistait à la scène, et il lui en parla le lendemain avec émotion.

— Quoi, s'écria-t-elle, vous avez cru à cette clownerie ?

Approchant de l'acte décisif de sa vie, elle le désacralisait avec le cynisme qui avait toujours été sa meilleure arme.

— Je pense que cet homme a parlé selon son cœur, reprit gravement l'Anglais.

Après un moment de silence, elle murmura :

— Oui, c'est vrai, il m'a montré son affection, mieux que bien d'autres, plus haut placés que lui !

Le 1er juin, le recès d'abdication était signé à Uppsala. Le trait essentiel en était qu'elle ne renonçait pas à sa condition royale et ne se reconnaissait sujette de personne, souveraine absolue des domaines de sa dotation : la ville de Norrköping, les îles de Gotland, d'Öland et d'Ösel, la ville de Wollgast, et de nombreux territoires en Poméranie. Là elle disposerait sans contrôle, avec la seule restriction de ne jamais nuire à la Suède, des pouvoirs exécutif, législatif et judiciaire. Elle abandonnait toutes ses dettes personnelles à la Couronne, réclamant en revanche les « sommes de satisfaction », c'est-à-dire les créances qui avaient été prévues par les traités de Westphalie et encore impayées. Le seul devoir qu'elle voulait bien se reconnaître consistait à appliquer chez elle les lois du pays, de ne jamais vendre ni hypothéquer ses propriétés qui, à sa mort, retourneraient ainsi à la Suède. On voit à quel haut prix elle mettait sa renonciation au trône de ses pères.

*

L'imminence de l'abdication excitait la curiosité générale. Le ferait-elle, ne le ferait-elle pas ? Personne n'arrivait à y croire. Il paraissait invraisemblable, surtout aux intellectuels qui avaient admiré de près ses talents exceptionnels, qu'elle pût cesser de les mettre au service d'un peuple encore arriéré. De La Haye, Chanut attendait les nouvelles avec inquiétude, l'« esprit abattu de mille craintes », écrit-il à Brienne, son ministre. Il voyait Christine sur le bord du précipice, et il espérait encore qu'avant d'y tomber elle se ressaisirait et que, « pour tout châtiment d'avoir voulu quitter son poste, elle se trouve forcée d'épouser Monsieur le prince de Suède ».

A Stockholm, un climat de fin de règne s'emparait de la Cour. La reine congédiait sa maison et faisait empaqueter ses derniers objets précieux au point qu'après son départ il ne restait pas une épingle dans ses appartements. Charles-Gustave, en s'installant, ne trouva que de vieilles tapisseries hors d'usage, et il dut même emprunter à ses amis des pièces d'argenterie pour le banquet de son couronnement.

Dans son agitation hystérique, elle semblait s'appliquer à laisser derrière elle les plus mauvais souvenirs possibles. Et ses favoris profitaient de ses ultimes extravagances. Steinberg et Schlippenbach étaient faits comtes, quant à Tott, elle voulait à tout prix le nommer duc, titre encore jamais porté dans l'aristocratie suédoise. Comme Charles-Gustave n'était pas marié et que, s'apprêtant à partir pour la guerre, il pouvait être tué au combat sans avoir assuré sa descendance, elle entendait, par cette élévation, assurer des droits dynastiques à Tott — qui était un peu Vasa, par bâtardise éloignée. Elle se heurta à une opposition catégorique : les grands n'allaient pas multiplier à ce point les obstacles les écartant de la monarchie élective ! Pour les amadouer, elle leur proposa inutilement de faire également ducs Erik Oxstentierna et Pierre Brahe. Les intéressés refusèrent. Si elle se dépouillait de son pouvoir, ce n'était pas pour faire des ducs intempestifs !

Tott n'y perdit pas trop. Elle lui attribua le fief d'Ekolsund qu'elle avait repris à La Gardie. Cette fois, ce fut le tour de Charles-Gustave de protester, puisqu'il l'avait racheté. « Il peut bien donner un beau domaine, quand il reçoit une belle couronne », fit-elle, péremptoire. Elle assigna en outre à Tott une somme de vingt-quatre mille écus, mais, le banquier Bidal ayant entre-temps fait faillite, il ne les toucha jamais ; il eut la galanterie de ne pas les réclamer.

Les inconséquences de leur souveraine démissionnaire commençaient à effarer à présent les Suédois et, après l'avoir naguère suppliée de rester, ils avaient hâte désormais qu'elle s'en allât. Elle faillit provoquer de nouveaux incidents diplomatiques en donnant l'ordre de bombarder la ville de Brême, coupable de prétendre au statut de ville libre d'après les accords d'Osnabrück, et surtout en infligeant un affront retentissant à l'ambassadeur du Portugal auquel elle déclara publiquement qu'elle ne reconnaissait pas son souverain, Jean III, qui n'était à ses yeux qu'un usurpateur, et qu'elle le désignerait dorénavant comme simple duc de Bragance.

L'affront ricochait sur la France, alliée du Portugal, qui avait soutenu, en 1641, son indépendance ; aussi vit-on dans cette foucade une retombée des méfaits de Pimentel. Mais, pour Christine, il s'agissait sans doute d'une satisfaction de pure forme qu'elle accordait à Philippe IV, qui allait lui être si nécessaire. Elle n'y attachait aucune importance puisque, dans le même temps, elle faisait savoir à son cousin qu'il n'aurait pas à en tenir compte.

Tout était donc prêt pour son départ.

4

L'ÉTOILE POLAIRE

Enfin ce fut le grand jour. Le mardi 6 juin 1654, à 7 heures du matin, la reine entrait au sénat en compagnie du prince Charles-Gustave et se revêtait des insignes royaux, un manteau doublé d'hermine grise, couronne de perles brodées sur la tête avec dans une main le sceptre, dans l'autre le globe d'or. Puis elle se rendait dans la salle des états, suivie de « vénérables vieillards », les uns soutenant sa traîne, les autres portant l'épée et les clefs, des officiers de sa garde, des gentilshommes de sa maison, des sénateurs, de toute la Cour.

— Je crus voir une victime couronnée et l'appareil d'un sacrifice, note le diplomate Picques qui la regardait passer.

L'amphithéâtre était rempli sur quatre gradins, avec une estrade aménagée au milieu. Elle y monta et s'assit sur le trône d'argent qu'autrefois lui avait offert Magnus-Gabriel. Le prince héréditaire se tenait debout, un peu plus bas. Après que le chambellan eut lu l'acte d'abdication, Charles-Gustave fit le serment d'honorer Christine comme sa « mère », titre qu'il lui donnerait désormais, de ne jamais prétendre à aucun pouvoir sur sa personne, de ne pas s'ingérer dans sa conduite, de lui laisser partout et toujours liberté entière.

Elle ôta alors son manteau et apparut en simple tunique de taffetas blanc, un éventail à la main, « belle comme un ange », se souvint Pierre Brahe. Sur une table recouverte d'un précieux tapis, où des coussins de soie d'or avaient été préparés à cet effet, furent déposés les clefs, le globe, le sceptre et l'épée. Personne n'ayant consenti à lui enlever sa couronne, elle dut le faire elle-même, après quoi elle s'avança au bord de l'estrade et prononça un long discours, parlant pendant près d'une heure,

« magnifiquement », dit encore Brahe. L'éloquence était héréditaire chez les Vasa, et l'on n'avait pas encore oublié celle de Gustave-Adolphe, surnommé l'« Hercule oratoire ». Sa voix pourtant se brisa à plusieurs reprises, et beaucoup, parmi les assistants, ne pouvaient retenir leurs larmes.

Elle descendit les marches, alla vers son cousin et le présenta aux députés comme leur nouveau souverain en le recommandant à leur fidélité. Elle redit la tendresse et l'amitié qu'elle avait pour lui, mais elle ajouta que jamais cette affection n'aurait suffi pour lui remettre son pouvoir, si elle ne lui avait vu tant de vertus et de mérites. Elle termina par des vœux ardents pour le succès de son règne, pour le bonheur de ses sujets, et pour le sien propre, là où elle allait.

Lui prenant la main, elle le conduisit vers le trône. Il baisa le bas de sa robe, puis il prit la parole à son tour avec un talent et un « bien-dire » qui surprirent tout le monde, et même Christine. Son couronnement eut lieu aussitôt, « à la luthérienne », selon Picques, c'est-à-dire simplement. Les prêtres eurent soin de lui faire jurer sur la Bible qu'il ne souffrirait jamais que des protestants aillent au sermon des catholiques, comme on le tolérait depuis deux ans, et qu'il n'autoriserait la messe qu'aux seuls ambassadeurs et à leurs serviteurs.

La reine n'avait pas assisté à la cérémonie, mais lorsqu'il traversa les rues d'Uppsala au milieu des acclamations, on la vit à une fenêtre, l'applaudissant aussi.

Elle participa cependant au banquet où les pasteurs, satisfaits sans doute d'être enfin débarrassés d'elle, firent d'« étranges libations ». Assise à côté de Pierre Brahe, elle l'enchanta de ses propos enjoués, mais lorsqu'il la supplia de demeurer en Suède, elle répondit :

— Comment voulez-vous que je vive ici, où j'ai commandé en souveraine et où je verrais un autre revêtu de toute mon autorité ?

Elle avait hâte en effet de partir et ne resta qu'un jour à Uppsala, occupée à écrire plusieurs lettres, dont l'une à Condé, où elle assurait que jamais elle ne ternirait une action si belle « par un lâche repentir si commun aux âmes faibles et sans principes », et une autre à l'Académie française. Dans celle-ci, elle se disait certaine que ses membres l'aimeraient dans l'obscurité comme ils l'avaient aimée sur le trône et leur promettait de consacrer son repos aux belles-lettres.

Après un dernier repas pris en compagnie de son cousin, où ils rivalisèrent d'égards, elle quitta la ville à minuit. Le roi, qui lui avait remis généreusement cinquante mille écus pour son voyage, tint à l'accompagner avec une nombreuse suite jusqu'à Flottsund. Là elle le conjura de s'en retourner, et ils se séparèrent. Cependant, Charles-Gustave ne pouvait se décider à la laisser. Il fit volte-face et l'escorta encore jusqu'à Märsta, et ce fut alors leur dernier adieu. Tous deux pleuraient, Charles-Gustave surtout. Ils ne devaient plus se revoir.

A Stockholm elle ne demeura que le temps d'acheter une maison, comme pour bien montrer qu'elle reviendrait, et d'assister à un service luthérien, afin de démentir les bruits courant déjà sur son abjuration. Enfin, le 12, elle s'en alla. Picques était très déçu. Elle lui avait offert seulement sa fameuse chaîne d'or « au lieu d'une boîte de diamant qu'on donne au moins à un ministre du plus grand roi du monde ».

*

Ainsi elle l'avait accompli, cet acte extraordinaire ! Et Pierre Brahe commentait dans son journal : « C'est donc arrivé ! Avec quelle inspiration ? Par le conseil de qui ? Avec quel résultat ? Dieu seul le sait et en jugera. »

Après un moment d'émotion légitime, les Suédois se consolèrent. Au lieu d'une jeune excentrique, ils avaient un homme. « Enfin un roi ! » se disaient beaucoup d'entre eux. Elle était surtout regrettée des intellectuels qui, avec son départ, craignaient de perdre leurs pensions et privilèges. L'un des professeurs d'Uppsala, Scheffer, publia un touchant message :

> Adieu, Christine, adieu, très excellente princesse qui agissez à présent contre le vœu de tous, mais qui ne pouvez faire que ce qui est digne de vous, puissent les orages se taire sur votre chemin, adieu, Christine !

Les députés, quant à eux, murmuraient déjà contre le nouveau roi qui avait choisi comme exergue à la médaille gravée pour son couronnement *A Deo e a Christina*, indiquant ainsi que ce n'était pas à eux qu'il devait la couronne. Le souverain de Pologne, Jean-Casimir, protesta également, puisqu'il n'avait pas renoncé à ses droits au trône de Suède et qu'on ne l'avait pas consulté avant de désigner ce nouvel usurpateur. Magnus-Gabriel au contraire, ainsi que sa famille, donnèrent libre cours à leur joie. L'ancien favori devait revenir bientôt à la Cour, bien que Charles-Gustave se fût déclaré décidé à ne favoriser aucun de ceux qui étaient en mauvais termes avec la reine.

En France, ce n'était pas le concert de louanges escompté. Certains allaient jusqu'à dire qu'elle avait été chassée de Suède par la banqueroute. Le poète Chapelain en particulier, qui n'avait jamais réussi à bénéficier de ses largesses, était prêt à la calomnier autant qu'il l'avait encensée, mais Urbain Chevreau, un des rares Français restés à Stockholm, le rappelait sévèrement à l'ordre :

> Ne vous avisez pas, s'il vous plaît, de croire avec beaucoup d'autres qu'elle a quitté ce qu'il n'était plus en son pouvoir de conserver ou de soutenir. Jamais action n'a été si volontaire que celle-là, et peut-être même serait-il à souhaiter qu'elle eût été moins concertée et moins libre.

Ses plus fidèles la blâmaient :

> Le cœur me saigne quand je pense que la reine se prive volontairement de tant de moyens de faire le bien qui, une fois hors de ses mains, n'y reviendront plus. Elle s'en repentira mille fois quand il ne sera plus temps, écrivait Bochart à Vossius, exprimant là une opinion généralement répandue.

Et Vossius lui répondait, tout attristé :

> Dans quel temps vivons-nous si les reines déposent leur sceptre et veulent vivre en particulières, pour elles et pour les Muses.

Si elle ne regrettait pas déjà sa décision, elle sut bientôt ce que c'était que d'avoir abandonné le pouvoir. Comme elle avait proposé à Heinsius de la suivre dans sa retraite en qualité de secrétaire, il refusa sèchement. Elle lui devait encore dix mille florins, en traitements et en avances pour achats de livres, il répondit donc qu'il ne la rejoindrait que s'il était payé, et il ajouta en conclusion :

> Croyez-moi, Madame, quoique quantité de gens vous aient adressé leurs louanges, la plupart ont révéré votre état plutôt que votre personne. Plusieurs ont loué la reine, mais peu de gens Christine... Pensez en quittant le trône que tout le monde osera censurer vos actions avec la dernière rigueur, puisque vous vous êtes dépouillée de la prérogative royale.

Elle n'allait pas tarder à vérifier cette cruelle et insolente vérité. Cependant, la réaction dominante à son propos, c'était surtout la curiosité. On cherchait vainement « la vraie cause de cette folie », comme le dit, à Paris, Guy Patin. Certains la traitaient de présomptueuse : elle avait voulu étonner l'univers et la postérité en montrant qu'elle avait l'âme plus haute que les privilèges dont l'avait comblée la fortune. D'autres, évoquant des cas de démence dans ses ascendants, paternels et maternels, virent dans cette hérédité la meilleure explication. Tout sembla s'éclairer, surtout chez les catholiques, lorsqu'on apprit quelques mois plus tard sa conversion, et elle-même, à la fin de sa vie, laissait entendre que c'était là la cause de sa renonciation au plus glorieux des trônes protestants. Nous avons vu cependant que, si les deux démarches étaient liées pour des raisons autant politiques que religieuses, il n'en reste pas moins sûr que la décision d'abdiquer précéda de beaucoup celle de se convertir. Si elle changea de foi, ce fut surtout pour rendre plus facile un renoncement qu'elle avait longuement mûri, et à ce renoncement, qui lui fut peu aisé, on ne doit voir qu'une raison, celle qu'a exprimée si clairement Chanut, le témoin de sa jeunesse : l'impossibilité pour elle, par suite de son refus du mariage, de remplir les obligations de la royauté. Au milieu de toutes ses extravagances, il paraît légitime de créditer Christine de ce noble motif.

*

Très attentionné, le nouveau roi Charles X avait organisé dans le moindre détail le voyage de sa « Madame Mère ». Un appartement somptueux lui avait été installé à Borgholm, capitale de l'île d'Öland, si elle désirait y séjourner. Dans le cas où elle préférerait passer aussitôt en Allemagne pour aller prendre les eaux à Spa comme elle l'avait annoncé, une flotte de douze vaisseaux, sous les ordres du maréchal Wrangel, l'attendait à Kalmar, de l'autre côté du bras de mer. En réalité, son dessein, mûri de longue date, était de se rendre dans les Pays-Bas espagnols, pour y retrouver Pimentel qui devait la rejoindre avec un message de Philippe IV. Prétextant sa propension au mal de mer, elle se dirigea donc vers le Danemark, à marches forcées, avec une faible escorte, et habillée en homme, comme une échappée de prison. Ce train sans gloire, elle devait le justifier quelque temps plus tard auprès de son ami Chanut par la crainte d'être arrêtée et mise en demeure de rester en Suède.

Charles-Gustave avait lancé à ses trousses le maréchal de Linde, introducteur des ambassades, pour lui transmettre une énième proposition de mariage, espérant bien l'éclat de rire qui en fut la réponse. Le changement de son itinéraire ne l'inquiéta pas outre mesure :

— Qu'elle aille au diable ! dit-il à Urbain Chevreau, devenu son secrétaire.

Partout où elle passait, elle suscitait une vive curiosité qu'elle attisait à plaisir par ses excentricités. Véritable tourbillon, se délestant à chaque étape de quelques Suédois, elle traversait le Danemark en six jours, pour arriver au début de juillet à Hambourg. Et là, au lieu d'accepter le palais proposé par les magistrats de la ville, elle s'établit chez un riche banquier israélite, Diego Texeira. A ceux qui s'en choquaient, elle répliquait que Jésus-Christ, lui aussi, était juif. Cependant les Texeira, séfarades portugais, n'étaient pas n'importe qui. Outre leur immense fortune, qui ne comptait pas pour peu dans l'amabilité de la reine, le mécénat éclairé qu'ils exerçaient sur les arts et les lettres leur assurait la première place dans la bourgeoisie de Hambourg. De plus, ils avaient une nièce superbe, et si la reine consentit chez eux à abandonner ses habits d'homme, ce fut pour s'afficher, étroitement enlacée à cette Rachel, dans le carrosse de ses hôtes. Cela n'apaisa pas la malveillance, non plus que sa désinvolture aux cérémonies luthériennes où la prudence lui commandait de paraître. Elle partit avant la fin d'un fastidieux sermon, bien que le pasteur, sans trop savoir pourquoi, l'eût comparée à la reine de Saba. Pour prix de son éloquence bizarre, il reçut une chaîne d'or, mais il dut constater ensuite que le livre de prières oublié par sa pénitente sur son prie-Dieu n'était qu'un très païen recueil de Virgile.

Tout le monde savait déjà qu'elle avait écrit à son successeur pour l'avertir qu'elle ne reviendrait jamais en Suède, « n'étant point personne à faire les choses à demi », commente Chanut, de La Haye :

> *Nescis heu ! perdita, necdum Laomedontae sentis perjuria gentis* [1].
> Pardonnez-moi cette saillie de grammairien qui n'est point trop hors de propos, puisque Virgile l'a dite d'une reine qui avait donné trop de créance à un étranger, et c'est en ce point que j'entends arrêter la comparaison, sans la faire plus entière.

Le bon Chanut se refuse donc énergiquement à voir en Pimentel l'amant de la reine, tout en le comparant à Enée. Cette laborieuse allusion provient peut-être du fait que l'Espagnol était né à Palerme, ville fondée par les Troyens.

La présence de Christine chez Texeira n'empêchait personne de s'empresser à sa table, fastueuse. Elle reçut ainsi tous les généraux suédois en poste en Allemagne et de nombreux princes, en particulier ses cousins, frère et sœur de Charles-Gustave, Adolphe-Jean et Eléonore, devenue par son mariage princesse de Hesse. Cependant, sans prendre congé de personne, elle partit à l'improviste, de nouveau habillée en homme, justaucorps sombre, bottes à la cavalière, épée au côté et béret « étrange » sur l'oreille, en se faisant passer pour un « voyageur du Nord ». Cet incognito cousu de fil blanc ne trompait personne, surtout pas les jésuites qui la démasquaient avec autant de perspicacité qu'elle-même lorsqu'ils se présentaient à sa cour déguisés en gentilshommes. Le supérieur du collège de Münster qu'elle visita au passage reconnut tout de suite la « Minerve du Nord » lorsqu'elle se mit à inspecter sa bibliothèque. Elle y fit une brillante démonstration de sa science en critiquant la présence de Suarez [2] au milieu des scolastiques et l'absence de l'encyclopédie des conciles que Sirmond [2] venait de publier à Paris.

---

1. « Hélas, ignores-tu, malheureuse, les parjures accoutumés de la race de Laomédon ? »
2. Deux érudits jésuites célèbres à cette époque.

Curieuse de tous les savants et savantes se trouvant sur son itinéraire, elle ne pouvait éviter l'incontournable Anne-Marie de Schurman qu'avaient visitée avant elle la reine de Pologne, Vossius, Mme de Longueville, Descartes et bien d'autres illustres voyageurs faisant halte à Utrecht. Il s'agissait, selon l'expression du grave Bochart, d'une « merveilleuse fille » qui connaissait toutes les sciences, parlait toutes les langues, faisait des vers et des gravures, taillait le bois et ciselait les pierres précieuses, sans oublier, à la différence de Christine, la broderie.

Arrivée à Anvers au début du mois d'août, elle y reçut, comme à Hambourg, l'hospitalité d'un Israélite, don Garcia de Yllan, ami de Pimentel, qu'avant son abdication elle avait nommé son résident et titré baron. Là elle fut happée par un tourbillon de festivités. Le général Montecuculli, qui l'avait rejointe, comparait lyriquement sa résidence « à une de ces îles fortunées qui, au milieu des flots, jouissent d'une parfaite tranquillité, ou à une de ces hautes montagnes qui voient au-dessous d'elles les neiges et les nuées sans que la sérénité de leurs cimes en soit troublée ».

Elle décrivait sa vie à *Belle*, l'amie lointaine, avec la même euphorie et quelque peu d'exagération :

> Mes occupations sont de bien manger et de bien dormir, étudier un peu, causer, rire... Enfin je n'écoute plus les sermons, je méprise les orateurs, après ce que dit Salomon, car chacun doit vivre content, en mangeant, buvant et chantant. Mon bonheur serait incomparable, s'il m'était permis de le partager avec vous.

Elle se grisait de théâtre. Mazarin, pour se faire pardonner, lui avait envoyé des comédiens, elle-même en avait engagé, à grands frais, et l'on jouait tous les soirs chez elle Corneille, Scarron et Scudéry. Se comportant comme si elle avait emporté sa cour avec elle, elle continuait à relancer artistes et savants. Ménage, qu'elle invitait à la rejoindre enfin puisqu'elle avait fait la moitié du chemin, se récusait de nouveau : Anvers était encore trop froid pour ce douillet Parisien. Bourdelot se présenta, mais elle n'avait plus besoin de médecin puisqu'elle était enfin heureuse.

Cependant, elle ne se montrait pas à tout le monde, car elle avait établi une étiquette à l'espagnole, qu'elle maintiendrait toujours et partout, et qui ferait sourire de cette souveraine sans couronne. C'était pourtant le seul moyen qui lui restait de conserver sa qualité de reine de Suède, telle qu'elle l'avait expressément mentionnée dans son recès d'abdication. La reine de Bohême et sa fille Elisabeth, la fameuse amie de Descartes, ne purent donc la voir que de loin, au cours d'un bal. Le prince de Condé, alors au service de l'Espagne, apprit aussi à ses dépens qu'on ne l'approchait pas si facilement, même si on était considéré par elle comme un dieu. Il était à coup sûr très curieux de rencontrer « cette femme qui a abandonné si facilement la couronne pour laquelle nous autres combattons et courons toute notre vie sans l'obtenir », comme il le disait avec esprit.

Cependant, Christine, en dépit de son admiration pour lui, ne le considérait nullement comme son égal. S'il voulait être admis auprès d'elle, il devait suivre le mode d'emploi et paraître debout, et découvert. Cette prétention outra Condé qui entendait bénéficier du même traitement que l'archiduc Léopold. Ce dernier, fit-elle répondre, était fils de roi, tandis que Condé en était seulement le cousin. « Ou tout ou rien », répliqua le vainqueur de Rocroi, mais elle tint bon. Ils étaient malgré tout très désireux de faire connaissance, aussi eurent-ils recours à une rencontre à la sauvette aux environs de la ville, assez ridicule pour des héros de Corneille.

Condé devait lui en garder rancune, d'autant plus que, toujours indiscrète, elle voulait se mêler de le réconcilier avec Louis XIV. Il se joignit vilainement au concert des malveillants qui, depuis l'arrivée de Pimentel à Anvers, redonnaient de la voix :

> Elle s'enferme avec lui dix heures par jour, il l'accompagne partout avec une familiarité qui fait déjà pester ici contre l'un et l'autre, écrit-il à l'un de ses amis.

Il ajoute que jamais les prêtres ne cautionneraient sa proposition de le raccommoder avec son souverain, parce qu'elle ne connaissait ni Dieu ni religion et n'avait même pas un ministre de la sienne à sa suite. Christine, en effet, avait commis la faute de se débarrasser de son aumônier luthérien avant de passer au Danemark, alors que, selon les usages royaux auxquels elle tenait tant, un souverain devait toujours être accompagné de son chapelain. Sans ministre protestant à ses côtés, et n'ayant pas encore fait connaître son intention de se convertir au catholicisme, elle se maintenait d'elle-même dans un *no man's land* où elle recevait des coups de tous côtés. Et elle n'y prêtait que trop le flanc avec les « Par la mort Dieu » appris des libertins français, dont peut-être elle ne saisissait pas tout à fait le sens, car il est ardu pour une Suédoise, même supérieurement douée, de parler le français dans ses subtilités les plus incongrues. Ces écarts de langage qu'elle se permettait comme de plaisants défis à l'opinion publique étaient autant de scandaleux blasphèmes pour ceux qui l'entendaient. Dès qu'elle était arrivée dans les Pays-Bas, où ne la protégeait plus le prestige du pouvoir absolu, une campagne d'une incroyable grossièreté s'était déchaînée contre elle. Ces pamphlets que Mazarin lui-même refusait de lire et traitait d'« horribles et détestables satires » n'épargnaient ni son physique, ni sa personnalité, ni sa conduite, ni son entourage. Elle y était décrite comme vulgaire, difforme, bossue, boîteuse, avec un nez plus grand que le pied. Avec sa perruque noire choisie pour plaire à son amant espagnol et son accoutrement ridicule, elle avait l'air d'un singe déguisé pour distraire la compagnie. Sa prétendue culture n'était qu'un galimatias de pédanterie. Elle savait par cœur les plus sales passages de Pétrone et les odes les plus dissolues de Martial, parlait comme un charretier, ayant constamment le mot « bordel » à la bouche et traitant de la sodomie avec plus d'effronterie que si elle l'avait apprise au Colisée de Rome.

Elle payait ainsi bien des imprudences, ne comprenant pas que tout ce qu'elle avait perdu de majesté en quittant le trône, elle aurait dû le compenser par un redoublement de dignité, et que les reparties paradoxales dont elle émaillait tous ses propos, même les plus publics, étaient ce qui convenait le moins à la singularité de sa situation. Mais elle expiait surtout le tort qu'elle avait fait à la France en se donnant ostensiblement à l'Espagne, car ces libelles émanaient tous de sources françaises et circulaient surtout à Paris.

*

Les échos en parvenaient à Chanut qui s'en montrait consterné. Il commença par ne pas y croire et faire la sourde oreille, sous prétexte que, n'étant plus un personnage public, sa conduite ne regardait qu'elle. Mais les bruits de la mauvaise conduite de la reine lui arrivaient avec une telle persistance qu'il ne pouvait plus les négliger.

> Je ne vous dis rien de la reine de Suède, écrit-il à son ministre, car je vous assure que je ne me puis décider à parler de l'état où cette pauvre princesse va être réduite et dont elle ne s'aperçoit pas encore sans tomber dans le plus grand chagrin du monde, l'ayant honorée à un point que je suis désespéré de voir que sa perte est irréparable pour s'être laissée aller légèrement aux cajoleries d'un homme qui n'a d'autre but que de satisfaire à sa vanité et à son intérêt particulier. Je prie Dieu que je sois mauvais prophète mais je crains que cela ne soit connu bientôt de tout le monde. Je sais des choses très précises là-dessus, mais il me reste encore trop de respect pour cette reine pour les croire.

Mais sa « merveille du siècle » allait le décevoir encore plus amèrement. Le sachant si proche, elle lui avait demandé de venir la rejoindre ; il accepta avec empressement, et à peine était-il arrivé auprès d'elle que son charme agit encore, plus puissant que jamais. Toutes ses préventions tombèrent ; s'il la trouva, comme d'habitude, un peu trop anticonformiste dans son allure comme dans ses propos, il n'eut plus aucun doute sur son innocence. D'ailleurs, affirme-t-il naïvement au ministre Brienne, les gentilshommes qui l'accompagnaient étaient très surpris de voir la reine « si différente de ce qu'on leur a dit ».

Elle n'eut donc aucune peine à se justifier auprès de lui de son amitié avec le roi d'Espagne, prince fort digne, qui lui avait donné des marques de respect et d'affection. Personne ne pouvait critiquer sa conduite puisqu'elle avait quitté le gouvernement et n'engageait qu'elle-même. Elle entendait dire avec déplaisir qu'elle espérait de ce prince des secours, mais Chanut devait être le premier à savoir « qu'elle n'avait point le cœur porté à ces bassesses et qu'elle ne serait jamais à la charge de personne, son dessein étant d'aller à Rome pour y finir ses jours ». Si elle séjournait dans les Pays-Bas espagnols, c'était seulement parce que, lui avait-on assuré, le transport de ses bagages se ferait plus aisément que par la France.

Le bon Chanut, complètement rasséréné, ne demandait qu'à croire tout cela, bien que, dit-il cependant, « les obligations que j'ai à cette princesse puissent me ciller les yeux ».

Malheureusement, la reine ne put s'empêcher, comme avec Condé, de se mêler de ce qui ne la regardait pas, et Chanut, qui pensait lui avoir fait une simple visite de courtoisie, apprit en revenant à La Haye qu'on le disait envoyé par Mazarin pour obtenir les bons offices de la reine de Suède auprès de Philippe IV. Mécontent, il la pria de démentir ces bruits. Comme elle s'y refusait, il fit imprimer et répandre la lettre d'invitation de la reine. Cela donna lieu entre eux à un échange très vif de correspondances. Christine lui assura que l'Espagne n'avait aucun intérêt à demander la paix, mais que la France aurait certainement celui d'en rabattre sur son arrogance. Chanut riposta âprement que les inconstants n'étaient pas là où elle les voyait et que si la France lui paraissait autre que naguère, c'était qu'elle la regardait de Bruxelles, au travers d'un nuage fort épais. Et chacun campa quelque temps dans sa fâcherie.

*

Christine était en effet arrivée à Bruxelles le 23 décembre, invitée par l'archiduc Léopold, au milieu d'un enthousiasme indescriptible attisé à souhait par les canonnades, feux d'artifice et autres réjouissances populaires. Le peuple ignorait encore qu'il acclamait là la plus sensationnelle recrue que les jésuites eussent jamais amenée au catholicisme, car sa conversion, qui eut lieu le lendemain dans la chambre de l'archiduc, se déroula dans le plus grand secret. N'y assistèrent que quelques personnes, l'archiduc lui-même et l'un de ses ministres, don Agosto Navarro, don Pimentel, le général Montecuculli et le comte de Fuentès, général de l'armée des Flandres. Le père Guemès, revenu d'Espagne avec Pimentel, reçut son abjuration et sa profession de foi ; il devait désormais rester près d'elle à titre de confesseur.

Il importait beaucoup à Christine que sa conversion ne fût

pas connue tant qu'elle n'aurait pas disposé de ses revenus suédois, car elle pouvait craindre des mesures de rétorsion si on apprenait la nouvelle. Cette inquiétude était fondée car, si personne encore ne savait en Suède qu'elle était passée au papisme, sa façon de s'afficher sans prudence avec des diplomates et des prêtres catholiques était propre à éveiller les soupçons. Les murmures s'élevaient déjà si fort que les conseillers du roi imaginèrent de lui envoyer un ultimatum. Le jeune comte Tott, particulièrement habilité pour la convaincre en tant que dernier favori en date, fut donc chargé de la suivre partout pour l'empêcher de se faire catholique. La lettre dont il était porteur était en principe adressée par Charles-Gustave à sa chère *Frumoder, Madame sa Mère*, selon la bizarre formule qu'il avait adoptée. En fait, il en avait supprimé les passages les plus sévères, mais la mise en demeure n'en demeurait pas moins. On exhortait la reine à ne pas abandonner la foi de ses pères et à revenir dans sa patrie dès que son voyage en Europe aurait pris fin. Cette première semonce l'irrita, mais elle s'exaspéra encore davantage lorsque Tott lui remit des messages d'introduction auprès des souverains auxquels elle serait amenée à rendre visite. Elle répliqua qu'elle entendait vivre à sa guise, sans rendre de comptes à personne, et qu'elle n'avait nul besoin d'être recommandée aux autres rois puisqu'ils étaient ses égaux. Tott revint donc bredouille, et tout ce qu'il put dire au Conseil c'était que Christine s'amusait énormément dans les Flandres.

Elle sentait bien, à présent qu'elle était à l'étranger, à quel point était utopique et inexécutable son recès d'abdication. Il était indispensable pour elle de se rendre indépendante du gouvernement suédois pour n'avoir pas à en attendre ni récompenses, ni punitions. Peu après la visite de Tott, elle envoya son grand écuyer, le comte Steinberg, auprès de son cousin pour lui proposer une tractation définitive : elle lui céderait tous les territoires qui lui avaient été aliénés contre un versement unique de quatre millions d'écus, arrangement de toute façon irréalisable, étant donné l'état des finances de l'Etat. Charles-Gustave se contenta de le repousser gentiment. Elle se rabattit sur la vente de la ville de Norrköping pour un million deux cent mille écus, tout aussi absurde. Charles X, si amorphe naguère, s'apprêtait à se jeter sur le Danemark et la Pologne, il avait encore plus besoin d'argent qu'elle.

A Rome également on avait intérêt à garder encore secrète la conversion de la reine. Comme il s'agissait d'un événement capital propre à conforter la stratégie de la contre-réforme, il fallait que la cour pontificale fût en état de recevoir dignement la convertie sensationnelle. Or ce n'était pas le cas. Le pape Innocent X Pamphili terminait son règne dans l'intrigue et la corruption. Depuis Sixte-Quint, le trône de saint Pierre souffrait d'un mal endémique, le népotisme. Le pouvoir, surtout si le pape était âgé et malade — comme c'était souvent le cas —, était exercé en fait par les membres de sa famille, tout particulièrement par un de ses neveux, qu'on appelait le *cardinal neveu*, ou le *cardinal patron*.

Avec Innocent X, le système s'était encore dégradé. Il n'y avait pas de cardinal neveu, mais un cardinal belle-sœur, en la personne d'Olimpia Maidalchini, épouse de son frère. *Olim pia, nunc impia* [1], comme le disaient les pasquinades, elle avait un empire absolu sur le pontife, monopolisant toutes les nominations et charges qu'elle vendait au plus offrant. Elle passait de plus pour la maîtresse de son beau-frère, ce qui étonnait, car on le trouvait l'homme le plus laid qu'on eût jamais vu.

Il fallait donc, avant d'accueillir la nouvelle sainte, se débarrasser d'Olimpia. Celle-ci cependant ne manquait pas de points communs avec Christine. Elle aimait aussi la politique et l'équitation, et détestait la compagnie des femmes, n'ayant pas, tout comme la Suédoise, « de temps à perdre ». Heureusement, Innocent X disparut à temps, le 5 janvier 1655. Encore fallait-il élire un pape édifiant, ce qui fut fait quelques mois plus tard, le 7 avril. Le Siennois Fabio Chigi recevait la tiare sous le nom d'Alexandre VII.

La renommée lui attribuait toutes les vertus. Il était bon, austère, pieux, intègre, il portait un cilice, tenait un cercueil ouvert auprès de son lit, bannissait de sa table l'argenterie, se refusait à la vénération du Sacré Collège et, pendant les cérémonies, se prosternait au pied de l'autel, un crucifix dans les bras. Sa pre-

1. « Autrefois pieuse, aujourd'hui impie. »

mière mesure fut de mettre donna Olimpia au rebut. Elle en mourut bientôt de chagrin.

Tout était donc prêt pour la réception de la reine de Suède à Rome, mais il fallait qu'auparavant elle eût solennellement abjuré. Cette conversion, triomphe de l'Eglise, Alexandre VII, qui l'avait gérée dès le début, la considérait comme son affaire personnelle. N'était-ce pas lui le plus farouche adversaire de la Suède protestante ? Lui qui, par la bulle « *Zelo Domus Dei* » de novembre 1648, avait déclaré les traités de Münster et d'Osnabrück « perpétuellement nuls, vains, invalides, iniques, injustes, condamnés, frivoles et sans effet » ? La plus belle revanche eût certes été la conversion du royaume entier. Il devait se contenter de la fille du Grand Gustave, et, même si c'était une singulière victoire, il ne pouvait être question d'une abjuration confidentielle.

Christine cependant tergiversait, peu assurée par les nouvelles qu'elle recevait de Suède. Son impétueux cousin avait envahi victorieusement la Poméranie, ce qui menaçait directement ses revenus. Elle ne montrait d'ailleurs aucune hâte à s'engager dans une voie plus édifiante. Le tourbillon des plaisirs marchait de plus en plus fort, ne s'étant arrêté que pendant trois semaines, en mars, lorsqu'on avait appris à Bruxelles la mort de la reine douairière Marie-Eléonore. Christine s'était retirée pour évoquer le souvenir d'une mère pour laquelle elle avait, malgré leurs différends, éprouvé la tendresse protectrice d'une aînée pour une cadette futile. Elle ne montra en revanche guère de regrets pour Axel Oxenstierna qui s'était éteint quelques mois plus tôt, miné peut-être par les chagrins qu'elle lui avait causés :

— Je lui ai prédit qu'elle se repentirait de ce qu'elle faisait, mais elle est devenue folle, avait-il murmuré sur son lit de mort, avant d'ajouter, dans un dernier soupir : C'est pourtant la fille du Grand Gustave !

Christine cachait si soigneusement sa conversion qu'elle semblait plus impie que jamais. Elle se moquait de plus belle de l'immortalité de l'âme, répliquait aux pieux jésuites qui la comparaient à sainte Brigitte qu'elle préférait être comptée parmi les sages plutôt que parmi les saints, et redoublait ses acquisitions d'ouvrages impies. Elle avait enfin eu le bonheur de mettre la main sur l'*Heptaplomeres* de Jean Bodin qu'elle avait tant cherché, et elle protégeait « en résidence ordinaire auprès d'elle » un nouvel auteur sulfureux, Isaac Lapeyrère, dont les *Préadamites* étaient encore à l'état de manuscrit et qu'elle voulait absolument faire imprimer en Hollande. L'ouvrage parut effectivement en 1655, l'auteur condamné à la prison ecclésiastique ne put en sortir qu'en se faisant catholique.

L'internonce à Bruxelles, le cardinal Sforza Pallavicino, ne pouvait nier qu'elle se conduisait mal, et il blâmait sa liberté de propos et d'allure « qui n'est pas à proprement déplacée, mais pas du tout pieuse, ni prudente ». Elle cachait avec trop de soin qu'elle était catholique, et de là venait, selon lui, « la rumeur infâme qu'elle n'a aucune religion ». Quant à Chanut, qui voulait à toute force en rester à une Christine hautement spiritualisée, il avait recours à des justifications encore plus laborieuses. Si elle se montrait aussi mauvaise luthérienne, c'était pour se préparer à devenir une excellente catholique :

> On a plus tôt fait d'abattre un vieux logis et nettoyer la place pour en bâtir un neuf sur de bons fondements que de réparer une ancienne masure.

Et ce recueil païen qu'elle avait oublié sur son prie-Dieu au temple était très certainement un « livre d'église relié à la virgilienne ».

Pour convaincre le pape de sa sincérité, elle mit tout de même quelque mesure dans son comportement et demanda à son nouvel ami, le roi d'Espagne, d'intervenir à nouveau. Dans une longue lettre, adressée le 2 août à Alexandre VII, Philippe IV expliquait les raisons qui imposaient à la reine de tenir sa conversion secrète, jusqu'à ce que ses revenus suédois lui fussent assurés, mais le pape fut intraitable : il ne la recevrait avec honneur dans ses Etats que si elle était officiellement catholique. Il se méfiait déjà d'elle, de son inconstance, de ses foucades. « *E vana !* » dirait-il bientôt. Le 10 octobre, il l'informait de la prochaine arrivée de Luca Holstenius, protonotaire apostolique et préfet de la Bibliothèque vaticane, chargé de recevoir son abjuration publique.

Elle était déjà partie, le 22 septembre, suivie de deux cents personnes, laissant à Bruxelles cent mille écus de dettes, gagées sur sa vaisselle d'argent et ses bijoux qu'elle ne devait jamais revoir. Il n'y avait plus auprès d'elle que deux Suédois, Erik Appelman et Gustave Lilliecrona. Tous les autres, chambellans, officiers, gentilshommes, musiciens, secrétaires, valets, étaient espagnols, autrichiens, italiens, flamands ou français. Pimentel et Montecuculli l'encadraient, le premier ayant fait nommer aux postes de grand écuyer et de grande maîtresse le comte et la comtesse de La Cueva, ses protégés.

Arrivée à Francfort vers la mi-octobre, elle eut la surprise de voir se présenter devant elle le père Malines. Celui-ci, parti de Rome une semaine plus tôt avec Luca Holstenius, était dépêché à sa rencontre pour la prier d'attendre le légat à Innsbrück où devait avoir lieu l'abjuration. Poursuivant son voyage, elle passa par Augsbourg, et s'émut lorsqu'on lui montra la table où son père avait dîné en 1632 au cours de sa dernière campagne. Une superbe route toute neuve l'attendait dans le Tyrol, spécialement réparée à son intention par le gouverneur, l'archiduc Ferdinand-Charles, pourtant besogneux. Il devait d'ailleurs achever de se ruiner en fêtes somptueuses en l'honneur de son hôte. En attendant d'entrer à Innsbrück, elle s'arrêta encore deux jours dans le monastère voisin de Seefelt, alors fameux pour les miracles qui s'y produisaient. Elle reçut là la visite du couple archiducal et, de nouveau, celle du père Malines qui devait lui soumettre le formulaire d'abdication.

Le pronotaire apostolique était en effet lui-même arrivé à Innsbrück le 28, muni d'instructions très précises.

Il devait, *primo*, exprimer à la reine toute la joie de l'Eglise, *secundo*, exiger qu'elle abjure avec la plus grande publicité, *tertio*, qu'elle se prosterne aux pieds du recevant, c'est-à-dire Holstenius lui-même, *quarto*, qu'elle prononce solennellement devant trois témoins de qualité la formule exacte prescrite par Pie V au concile de Trente, avec l'énumération des erreurs du protestantisme. Il ne fallait pas moins qu'un confident éprouvé comme le père Malines pour faire admettre de telles exigences à l'orgueilleuse Christine. Cependant elle accepta tout, et le jésuite revint avec l'assurance qu'elle se soumettait entièrement aux volontés du souverain pontife.

L'archiduc n'était pas au courant de ce qui se préparait et lorsque le légat le lui apprit, il se montra rempli d'« étonnement et d'indicible allégresse » de ce que sa capitale eût été choisie pour une cérémonie aussi glorieuse. S'il l'avait su, ajouta-t-il cependant, son accueil eût été d'une simplicité plus convenable à cette manifestation religieuse, et moins coûteuse, dut-il se dire *in petto*.

Dans la soirée du 31 octobre, Christine entra dans la ville, plutôt en reine triomphante en effet qu'en humble catéchumène. Un somptueux cortège composé de toute la noblesse du pays et d'une garde vêtue de casaques d'or accompagnait la reine, tandis que résonnaient les trompettes de musiciens en velours rouge. Un Français qui se trouvait là communique ainsi ses impressions à l'un de ses amis parisiens :

> Je vis descendre de la litière un je ne sais quoi moitié homme moitié femme, vêtu d'un justaucorps avec une cravate et une jupe qui ne passait pas la cheville. La taille n'était pas plus majestueuse, en outre une bosse qui s'y faisait voir ajoutait à la petitesse.

Ce malveillant observateur n'a pas manqué de remarquer l'assiduité de l'« illustre Pimentelli, lequel, pour être chauve, ne laisse pas d'être assez bien fait », et le comportement de la reine qui ne cessait de chuchoter à l'oreille du galant Espagnol, « ce qui plaisait peu à la gravité que gardait l'archiduchesse ».

Pimentel en effet était si important qu'Holstenius, avant de solliciter une audience de la reine, crut bon de lui soumettre un exemplaire de la profession de foi et de la formule d'absolution, imprimée en capitales, afin que la reine, dont la vue était assez faible, pût les lire facilement. L'ambassadeur approuva et proposa au prélat de passer aussitôt chez Christine, mais Holstenius demanda la permission d'aller se changer car il portait un habit noir, approprié pour entretenir un diplomate, alors que le protocole romain exigeait du violet pour les princes.

La reine ne pouvait qu'être satisfaite d'une étiquette aussi subtile, aussi déploya-t-elle tout son charme. Elle n'attendit pas la troisième révérence d'Holstenius pour réduire la distance entre la porte et la table où elle s'appuya, fit trois pas dans sa direction, et l'écouta avec une douceur bienveillante dans ses grands yeux bleus. L'interrompant sur les détails de la cérémonie, puisqu'elle agréait tout, elle lui parla de lui, de sa personnalité, de ses études, sacrées et profanes, de ses fonctions à la Bibliothèque vaticane, du plaisir qu'elle aurait de la visiter sous sa conduite, de la reconnaissance qu'elle avait au Saint-Père de lui avoir envoyé un émissaire d'une telle qualité, le tout avec une grâce si convaincante qu'Holstenius, ébloui, la quitta au bout de trois quarts d'heure son ami pour la vie.

L'abjuration avait été fixée au mercredi 3 novembre, dans la chapelle royale, la *Hofkirche*. Christine, vêtue sobrement d'une robe de soie noire, et sans autre ornement qu'une croix de diamants, fut accueillie sous le porche par une longue procession d'ecclésiastiques chantant le *Veni creator*. L'archiduc et Pimentel, ses témoins, l'accompagnèrent jusqu'à l'autel où elle s'agenouilla sur un coussin de brocart. Le légat vint se placer en face d'elle, et elle lut alors, à haute voix et très distinctement, le formulaire prescrit par le concile de Trente. A chaque début de phrase, elle relevait la tête et regardait le prêtre bien en face, comme pour souligner encore davantage la solennité de l'instant. Son expression était si émouvante que les assistants ne pouvaient retenir leurs larmes.

> Moi-même, avec quelque violence, je les repoussais, pensant, entre autres, avec quelle tendresse aurait été émue l'âme de Sa Sainteté si Elle avait été témoin de cette action, la plus remarquable que j'aie jamais vue, note Holstenius.

Lorsqu'elle eut terminé, l'archiduc et Pimentel la reconduisirent à son prie-Dieu, « couvert noblement », pour écouter l'homélie de l'aumônier de la Cour qui ne craignit pas de citer un peu approprié verset du psaume quarante-cinq : « Ecoute, ma fille ! Vois, prête l'oreille ! Oublie ton peuple et la maison de ton père ! » Un concert de voix, d'orgues et de trompettes entonna le *Jubilato deo omni terra*, tandis que la reine quittait l'église et que, au-dehors, éclatait un tir nourri d'artillerie.

Les jours suivants furent consacrés à de magnifiques fêtes, dont un superbe opéra baroque, joué pendant six heures par les meilleurs virtuoses d'Italie, œuvre « dont je n'ai jamais vu de semblable, écrit Holstenius, surtout pour le décor et les changements de scènes, bien qu'en ayant vu de très belles ».

Tandis que le pronotaire apostolique, accablé de travail, passait son temps à recopier les documents de l'abjuration en quatre exemplaires destinés au pape, à l'archiduc, aux archives du Vatican, et à la reine elle-même, celle-ci écrivait également beaucoup. Dans sa lettre du 5 novembre au pape, elle manifestait une humilité encore bien ostentatoire, celle d'une pénitente, certes, mais d'une pénitente d'une espèce rare :

> J'ai manifesté au monde que, pour obéir à Votre Sainteté, j'ai laissé avec une grande allégresse ce royaume où le fait de La révérer est mis parmi les péchés inexpiables, et j'ai écarté tout respect humain pour faire savoir que j'estime beaucoup plus la gloire d'obéir à Votre Sainteté que celle du plus digne trône. Je supplie Votre Sainteté de me recevoir dépouillée comme je le suis de toute grandeur, avec la paternelle et habituelle bénignité qu'Elle a daigné me témoigner jusqu'ici. Je n'ai plus rien à sacrifier aux saints pieds de Votre Sainteté que mon infime personne, avec mon sang, avec ma vie, je l'offre tout entière à Votre Sainteté...

Avec son cousin, elle fut elle-même, c'est-à-dire directe et quelque peu effrontée. L'informant de ce qui était arrivé, sans y mettre beaucoup de précautions oratoires, elle ajoute :

> Vous devez aimer cette action, quand même vous croiriez que j'ai mal choisi, puisqu'elle vous est si avantageuse, et qu'elle n'a pas changé l'amour que je dois à la Suède, ni les sentiments d'amitié que j'ai eus pour vous.

Charles X était bien de son avis. Convertie au catholicisme, elle n'avait plus aucune chance, changeante comme il la connaissait, de revenir un jour sur son abdication. Il lui répondit avec la même raillerie enveloppée :

> Ma satisfaction s'étant toujours trouvée dans la vôtre, vous ne devez pas douter que la nouvelle de votre conversion ne m'ait été très agréable, puisqu'elle vous est utile, et je ne croirai jamais que les choses soient indécentes ou mauvaises, tant qu'elles seront dignes de votre choix, sachant bien que vos connaissances sont aussi particulières qu'universelles, et que la théologie n'a pas moins de mystères, ni la politique de secrets dont votre génie n'ait fait ses propos.

Ce qu'il pensait réellement de la démarche intempestive de sa cousine, il le manifesta en édictant une nouvelle ordonnance sur la religion de l'Etat, encore plus rigoureuse que les précédentes.

Parmi les Suédois, c'était la consternation, surtout chez les derniers fidèles qui l'avaient suivie jusque-là et qui se faisaient une fête de l'accompagner en Italie. « C'est incroyable comme ils ont été mortifiés d'une métamorphose aussi soudaine », s'étonne Holstenius. Le résident de Suède à Innsbrück, « perplexe et désolé », recevait leurs plaintes et leur promettait de les défendre, si on imaginait qu'ils pourraient à leur tour se laisser séduire. Lui-même d'ailleurs, n'imaginant aucune ferveur religieuse chez la reine, supposait qu'elle avait agi ainsi uniquement pour voir l'Italie et être reçue par un pape !

Un seul de ses compatriotes devait surmonter sa déception et l'accompagner jusqu'à Rome, Gustave Lilliecrona, qui, pourtant, lui baisant la main en pleurant, l'avait suppliée d'accepter sa démission, mais elle avait refusé.

Si les catholiques se réjouissaient de cette conversion qu'ils croyaient la cause de son abdication, il n'en était évidemment pas de même dans le monde protestant. On ne voyait dans cette démarche qu'une extravagance de plus, confirmant les derniers propos d'Oxenstierna mourant : elle était folle ! Le plus affligé était le bon *papa* d'autrefois, Johannès Matthiae :

> Un bruit effroyable s'est répandu jusqu'à nous, que cette auguste Christine, cette grande héroïne, cette incomparable fille de Gustave le Grand, cette reine respectée comme mère par Charles-Gustave, avait abandonné la religion de ses pères dans laquelle elle a été baptisée, à laquelle elle s'est à nouveau liée par un serment solennel à son couronnement, et qu'elle avait abjuré, prosternée humblement au pied des autels, les yeux fixés sur la terre, les mains jointes et élevées au ciel, en présence d'un clergé orgueilleux et farouche.

Cette sévère semonce, qu'il lui adressait le 7 décembre 1655, exprimait parfaitement l'humiliation ressentie alors par toute la Suède luthérienne devant ce qui était bien, de la part de la reine, une trahison. Matthiae essayait de se convaincre que, si elle s'était rendue à Rome, c'était pour travailler à réaliser le rêve de sa propre vie, l'union de toutes les Eglises, mais il eut le déplaisir supplémentaire de se voir retirer son évêché de Strängnäs. On l'accusait en effet d'être à l'origine, par son enseignement, de l'apostasie de son élève. Lorsqu'elle l'apprit, la reine eut à cœur de le défendre et de le dédommager par l'envoi d'importantes sommes d'argent. Mais le mal fait au cœur de son maître, comment l'eût-elle effacé !

D'autres influences ont été jugées déterminantes dans l'évolution religieuse de Christine, celle de Chanut et celle de Descartes. Le père Malines, dans son rapport ultérieur à ses supérieurs, les désigne à mots couverts :

> La nécessité qu'elle eut de s'entretenir avec quelques catholiques qui, à l'occasion d'ambassades ou autres affaires, allèrent à sa cour, et bien que tous les catholiques qui naviguent vers le Septentrion ne soient pas aptes à attirer les gens à leur foi, cependant il y eut des personnes de grand savoir et de bonté divine. Fut encore essentiel le fait de considérer que dans la foi catholique furent tant d'hommes de talent, enfin que l'observent les nations les plus civilisées et les plus sobres.

Le nombre d'hommes supérieurs qui depuis des siècles pratiquaient le catholicisme était en effet un thème récurrent dans les méditations de Christine, et ces mots de « sobre » ou de « civilisés » que Chanut emploie de son côté sont sans doute particulièrement révélateurs. Dans ses moments de colère, elle traitait ses Suédois de rustres et d'ivrognes, ce qui exprime bien l'éloignement qu'elle ressentait depuis l'enfance vis-à-vis de ses compatriotes, dont les plus éclairés étaient encore bridés par une foi trop rigide. Chanut et Descartes furent peut-être les premiers à lui offrir le modèle d'esprits à la fois ouverts à un savoir universel et profondément religieux.

Elle devait d'ailleurs le reconnaître publiquement, bien des années plus tard, en 1667. Il s'agissait alors de ramener en France la dépouille de Descartes qui, comme nous le savons, avait été provisoirement inhumé à Stockholm. Ses œuvres étaient à l'Index, et ses amis, craignant de ne pouvoir obtenir une sépulture religieuse, recueillaient des témoignages en sa faveur. L'un d'eux, Antoine de Courtin, d'ailleurs ancien secrétaire de Christine, fit donc appel à elle, et elle y répondit de la manière la plus solennelle :

> Nous certifions par la présente qu'il a beaucoup contribué à notre glorieuse conversion, et que la providence de Dieu s'est servie de lui et de notre ami Chanut pour nous donner les premières lumières, en sorte que sa grâce et sa miséricorde achevèrent après de nous faire embrasser les vérités de la religion catholique, apostolique et romaine que ledit sieur Descartes a toujours constamment professée et dans laquelle il est mort, avec toutes les marques de la vraie piété que notre religion exige de tous ceux qui la professent.

Sans doute s'agit-il ici d'un écrit de circonstance, et certainement, à l'époque où Descartes séjournait en Suède, il eût été imprudent et indiscret de sa part d'avoir des entretiens d'ordre religieux avec la souveraine d'un Etat protestant qui n'avait nullement encore manifesté l'intention de se convertir. Il a pu jouer un rôle cependant en lui donnant l'exemple d'un philosophe qui, remettant systématiquement en doute sa propre raison, n'avait pas pour autant cessé d'être un bon catholique, comme sa mort édifiante le prouva.

Il est de fait que la conversion de la reine scandalisa l'opinion publique et l'étonna, et pas seulement dans son pays, ni en son temps. Les penseurs des Lumières, un siècle plus tard, se montreraient sévères :

> Si Christine s'est faite catholique pour avoir plus à son aise des statues, elle ne mérite pas d'en avoir une, écrit d'Alembert, et si elle a renoncé pour des tableaux à faire du bien à ses peuples, elle est au-dessous des plus misérables monarques.

Voltaire pensait aussi, tout en l'admirant sincèrement, qu'elle avait embrassé le catholicisme pour pouvoir se fixer à Rome où l'attiraient ses goûts, et que, indifférente aux religions, elle n'avait eu aucun scrupule « à se conformer en apparence aux sentiments du peuple chez qui elle voulait passer sa vie ».

Nous avons vu en effet que le désir, l'opportunité et même la nécessité de s'établir à Rome avaient eu une influence déterminante dans sa résolution. Peu dévote, et même sceptique, comme elle le laissait souvent entendre, il est possible que sa profession de foi à Innsbrück n'ait été à ses yeux qu'une formalité sans importance. Sa véritable nature, et depuis son enfance, la portait vers l'absolu, le Dieu qu'elle s'était choisi se passait de toutes les formes de culte, et il lui était plus commode et plus agréable de préférer le Dieu romain, puisque c'était à Rome seulement que sa dignité royale lui permettait de se fixer.

On ne doit donc pas la juger hypocrite ou insincère. Et la meilleure réfutation aux calomnies auxquelles donna lieu son abjuration, elle la fournit elle-même en restant fidèle jusqu'à la mort, avec une persévérance souvent difficile, comme nous le verrons, à sa profession de foi d'Innsbrück. Laissons-lui de toute manière le mystère dont elle a voulu envelopper ce moment de sa vie puisque, lisant un jour un ouvrage consacré à sa conversion, elle nota impatiemment en marge :

« Celui qui en a écrit n'en sait rien, et celle qui sait n'en a jamais rien écrit. »

*

Alexandre VII avait donc obtenu ce qu'il désirait. Il n'était pourtant pas trop pressé de la voir arriver à Rome, car il voulait faire de sa venue le plus grandiose événement de son pontificat et les préparatifs n'en étaient pas achevés. On en était toujours, note le père Duneau, informateur de la cour de France, à fourbir « force peintures, statues, pyramides, obélisques et diverses poésies en toutes les langues que la reine connaît ». Et peut-être également les Romains n'étaient-ils pas encore assez vertueux pour édifier la nouvelle convertie. Le 15 novembre, réunissant le consistoire afin de nommer les deux légats qui iraient au-devant d'elle, Alexandre VII en profita pour le rappeler sévèrement :

— Vénérables frères, leur dit-il en substance, il y a déjà cinq ans que la reine Christine, fille de Gustave-Adolphe, vaillant homme de guerre certainement, mais effronté persécuteur de la vraie foi, tout comme son successeur, qui s'est déjà jeté sur la Pologne, projetait de passer au catholicisme. N'ayant pu convertir son royaume, elle a préféré abdiquer et se condamner à l'exil. Elle est restée quelque temps en Belgique pour négocier les revenus auxquels elle a droit par sa naissance, et ainsi ne pas dépendre de la perfidie sectaire... Son abjuration était donc restée secrète, mais elle devait, et a consenti à le faire, suivre le cérémonial public réservé aux souverains. Cela a eu lieu dans l'allégresse générale à Innsbrück, et maintenant elle est en route pour rejoindre Rome. Lorsqu'elle sera arrivée, rien ne doit la scandaliser, et tout doit réfuter les faux bruits répandus au-delà des monts. Il est incroyable en effet à quel point les mœurs de nos compatriotes sont examinées dans les moindres détails et en général critiquées dans les pays allemands. Je me souviens que, nonce à Cologne, j'eus entre les mains le journal de voyage d'un gentilhomme étranger à Rome. En voici un passage :

> Ce matin, j'ai rendu visite à deux cardinaux, après déjeuner à deux autres. Les uns discutaient sur le point de savoir quels étaient les meilleurs vins, ceux des collines romaines, ceux qui venaient de l'étranger, ou ceux qui voyageaient par mer. Les autres vantaient l'agrément des jardins, des chasses, des comédies et autres divertissements. Rien sur les Saintes Ecritures, rien sur l'Eglise, rien sur la conversion des païens et des hérétiques, rien sur Dieu.

— Voilà, vénérables frères, ce dont nous devrions avoir honte. De vos personnes, je n'ai certainement rien à craindre, puisque vous êtes les représentants des apôtres sur la terre, mais vous devez être particulièrement attentifs avec votre entourage, afin que rien ne ternisse, de notre part, l'éclat d'une conversion si manifestement voulue par Dieu pour l'édification de toute la chrétienté.

Quelques jours plus tôt, le 8 novembre, Christine avait quitté Innsbrück au début de l'après-midi. Le lendemain, Holstenius se mettait également en route, avec un cahier des charges tout aussi rigoureux que celui de l'abjuration. Il devait, *primo*, éloigner de la reine tout familier hérétique, *secundo*, ceux qui, suivant les usages des cours, seraient susceptibles d'attiédir son zèle, *tertio*, limiter ses séjours au strict nécessaire, *quarto*, éviter les villes trop profanes, comme Venise.

Elle visita donc, en compagnie du pronotaire apostolique, beaucoup de monastères et d'églises. A Stertzinska, elle vit les reliques de saint Ingénu, à Trente le corps de saint Siméon et l'autel où avaient été promulgués les fameux décrets du concile, devant lequel, agenouillée sur un coussin de brocart, elle baisa le crucifix. A Bologne, on lui montra les corps de saint Dominique et de sainte Catherine, à Ancône le pied droit de sainte Anne, donné en 1380 par le patriarche de Constantinople, et la pointe de fer de la lance qui ouvrit le pied du Christ, donné en 1492 par l'ambassadeur de Bajazet, empereur des Turcs, à Tolentino les bras et les mains de saint Nicolas, rival du Napolitain saint Janvier car son sang se liquéfiait lorsque arrivait une catastrophe comme la prise de Chypre par les Infidèles.

Mais Holstenius était aussi, et surtout, un érudit. En sa compagnie, elle prit donc connaissance de tout ce qu'il y avait de rare sur son chemin, comme, à Rimini, la fameuse bibliothèque de Sigismond Malatesta, remplie de codex en signes grecs et bulgares, de manuscrits hébreux, de chartes babyloniennes, d'incunables grecs. Pas un instant non plus on n'oublia, partout où elle passa, qu'elle était reine de Suède. Elle visita Trente sous un baldaquin royal, suivie de toute la cour tridentine à cheval. A Roveredo, elle fut saluée par les canons de la forteresse. A Rovero, elle traversa le Pô sur un pont illuminé de vingt-quatre torches tenues à bout de bras par vingt-quatre pages. A Mantoue eut lieu en son honneur un banquet « très noblement préparé », avec des « viandes délicates », des poissons de mer, confitures, pièces montées d'une grosseur extraordinaire, dont les figurines en sucre étaient si ingénieusement modelées qu'elle voulut le lendemain les revoir en détail.

Elle suscitait une vive curiosité. Son air majestueux en imposait, et on la trouvait la digne fille d'un aussi illustre père, mais un peu bizarre aussi. « Elle avait les lèvres d'une très belle couleur rouge qui pourraient passer pour celles de Vénus si, dans sa démarche, elle n'avait pas l'air de Mars », note un observateur. Le nonce Bentivoglio qui la rencontra à Ferrare la trouva agitée, coléreuse, altière, très dépensière tout en se plaignant sans cesse de sa pauvreté, détestant les jésuites qui se vantaient trop haut de l'avoir convertie, entièrement donnée aux Espagnols, perspicace pourtant, et difficile à duper. « S'il y avait quelque chose à désirer en elle, conclut-il, ce serait une dévotion plus apparente. »

Elle entrait le 21 novembre dans les Etats pontificaux, accueillie par quatre nonces, alors que les reines seulement épouses des rois n'avaient droit qu'à un seul. Elle les éblouit à leur tour par son intelligence et son savoir. Elle était au courant de tout ce qui se passait alors à Rome, manifestations artistiques ou intrigues mondaines. Elle savait que Pierre de Cortone et Bernini (le Bernin) étaient les meilleurs sculpteurs du moment, que Bonaventura, castrat réputé, chantait comme personne le *leggiadro*, que l'église Saint-Pierre l'emportait en splendeur sur toutes les cathédrales d'Europe, surtout depuis que celle de Saint-Paul à Londres était devenue « une écurie ».

Huit jours plus tard, elle passait le Rubicon, « avec plus de gloire que César », et le 2 décembre faisait halte à Pesaro. Elle rencontra dans cette petite ville ceux qui seraient bientôt ses mauvais génies, les frères Santinelli, Ludovico et Francesco. Descendant d'une noble et ancienne famille, ils étaient surtout remarquables pour leur habileté aux exercices physiques, leurs « acrobaties », dit même le chanoine Holstenius. Ils dansèrent si bien la *gaillarde* que la reine leur demanda d'enlever leur manteau et leur épée pour une exhibition de *canario*, danse alors à la mode, et elle assura ensuite qu'elle ne s'était jamais autant amusée. Francesco, de plus, était poète, et il montra un échantillon de ses talents en lui faisant remettre par le légat une longue pièce en vers à sa louange. A Fano, le soir suivant, il la régala d'une petite comédie ridicule, mais très enlevée, qu'il avait composée en une nuit. Enchantée des deux frères, elle devait, quelques jours plus tard, les prendre à son service comme gentilshommes de sa chambre.

Le 8 décembre, ce fut le rituel pèlerinage à Loreto où devaient se montrer tous les princes catholiques voyageant en Italie. Elle s'y soumit avec une piété exemplaire, descendit de son carrosse pour gravir la colline à pied et offrir à la Vierge une couronne et un sceptre ornés de pierres précieuses. A Assise, par un froid rigoureux, elle vénéra saint François, et à Foligno sainte Angèle, tandis qu'Holstenius examinait le tracé de l'antique Flaminia et les ruines de ses murs de soutènement qu'il trouvait admirables. Bientôt, d'ailleurs, à Castelnuovo, le chanoine devait la quitter pour la précéder auprès du souverain pontife auquel il devait rendre compte de sa mission.

Enfin, le 20 décembre, à 2 heures du matin, elle entrait dans la Ville éternelle, accueillie à la *Storta* par les cardinaux désignés le 16 novembre, tous deux de famille princière, Jean-Charles de Médicis et Frédéric de Hesse, ce dernier son cousin. Montés sur des mules, ils étaient escortés par la cavalerie légère de la garde pontificale et une imposante suite de carrosses. Le cortège passa par la porte *Pertusa*, murée depuis que Charles Quint l'avait franchie en 1527 et rouverte en l'honneur de la reine. Sur tout le parcours jusqu'au Vatican s'était massée une foule immense, ce qui la fit rire, car il était convenu que cette arrivée aurait lieu sans cérémonie.

— Est-ce donc là l'incognito à Rome ? s'écria-t-elle.

Lorsqu'on l'introduisit enfin dans la salle où l'attendait le pape, elle se conforma aux trois génuflexions d'étiquette et aux deux baisers, sur la main et sur le pied. Alexandre la releva avec empressement. C'était un homme de bonne mine, avec une moustache en pointe à la mode. Quant à elle, elle était encore en simple tenue de voyage, jupe grise et casaquin noir, avec une écharpe de taffetas destinée à masquer l'irrégularité de ses épaules.

On la regardait avec surprise, car elle semblait « ébauchée par la nature en homme et terminée en femme », peut-être parce que, seule coquetterie, elle portait une mouche « à la française » sur la joue. Mais elle était cependant si imposante que certains, emportés par un pieux enthousiasme, s'imaginaient la voir marcher les yeux baissés et les bras en croix, avec une auréole là où, naguère, se trouvait une couronne.

Elle fut tout d'abord, faveur exceptionnelle pour une femme, même à l'allure virile, logée au Vatican dans la *Torre delle Venti* où le pape avait veillé en personne à ce qu'elle fût meublée « à la royale ». Et, dès le lendemain, en compagnie d'Holstenius, elle visitait la fameuse bibliothèque et les jardins. On lui montra le carrosse qui lui était offert pour son entrée officielle, et le cavalier Bernini qui en avait réalisé la décoration somptueuse lui fut alors présenté. Elle le connaissait de réputation, comme nous l'avons vu, et savait qu'il venait de terminer deux chefs-d'œuvre, la fontaine de la piazza Navona et la statue de sainte Thérèse frappée par le dard de l'amour mystique.

— S'il y a quelque chose de mauvais dans ce carrosse, dit Bernini, c'est de moi.

— Dans ce cas, répliqua-t-elle, il n'y a rien de vous !

Ce matin-là commençait une fidèle amitié qui ne se terminerait qu'à la mort. Bernini occupait alors la plus grande place à la cour pontificale. Surintendant des bâtiments, architecte, décorateur, organisateur de tous les divertissements, il régentait la vie artistique du Vatican, allant jusqu'à dessiner les costumes ecclésiastiques. Ami intime d'Alexandre VII, il était reçu quotidiennement à sa table où il charmait les convives par une intarissable faconde.

Le surlendemain, c'était le grand jour. Rome recevait officiellement la reine de Suède avec un faste inouï qui devait inspirer d'innombrables brochures. Selon la consigne du pape, il fallait dépenser le plus d'argent possible. Certains cardinaux avaricieux eurent beau récuser l'honneur coûteux de participer à la fête, ils se ruinèrent tout de même. Alexandre VII, pour son compte, dépensa un million trois cent mille écus. Le duc de Terranova, ambassadeur d'Espagne, avait fait main basse sur tout le velours disponible dans la ville pour décorer son palais. Les nobles romaines couvertes de bijoux s'entassaient dans des carrosses scintillant d'or. Les mules du Sacré Collège étaient caparaçonnées de brocart. Les façades disparaissaient sous l'amoncellement de précieuses tapisseries. Tambours et trompettes retentissaient aux carrefours. Le peuple exalté hurlait son enthousiasme. Il avait plu tout d'abord, mais bientôt le soleil apparut, triomphant.

Christine avait fait une fausse sortie par la porte Angelica pour rentrer par celle du Peuple, décorée par les soins du Bernin, avec une inscription qui s'y trouve toujours : *Felici faustoqui ingressui anno Domini* MDCLV [1]. La reine montait le cheval de prix que lui avait offert le souverain pontife. Elle était suivie d'un immense cortège composé de tous les dignitaires, princes, cardinaux, diplomates, gardes pontificaux, estaffiers, pages, que comptait Rome. Enfin, on parvint à Saint-Pierre dont la beauté neuve était encore rehaussée d'une telle quantité de tentures et de luminaires que Christine, habituée à l'austérité des temples, en parut étonnée. La chapitre la reçut sous le porche et, au cours d'une messe solennelle d'action de grâces, elle reçut la communion de la main du pape. Deux jours plus tard, elle était également confirmée par lui et prenait en son honneur son deuxième prénom, Alexandra.

1. « Pour une entrée heureuse et propice en l'an de grâce 1655. »

Le 26 décembre eut lieu un banquet dans une des *stanze* du Vatican décorées par Raphaël. L'étiquette interdisait au souverain pontife de prendre aucun repas avec une femme, aussi la reine et lui dînèrent-ils sous le même baldaquin, mais à deux tables distinctes. Ses nouveaux favoris s'empressaient autour d'elle, don Antonio della Cueva lui présentait la serviette, le marquis Bentivoglio la coupe, et François Santinelli le reste, tandis que le père Oliva, jésuite à la mode, prononçait un de ces sermons dont elle croyait être débarrassée.

Dans la soirée, après un concert pieux, elle alla s'installer dans sa nouvelle résidence, le palais Farnèse, un des plus beaux de Rome, construit par San Gallo et Michel-Ange, décoré par Carrache, Guido Reni et le Dominiquin. Il appartenait au duc de Parme, Ranucce II, qui l'avait mis à sa disposition, non sans mal car le cardinal de Hesse l'occupait et n'entendait pas céder la place. Le duc tenait à donner l'hospitalité à la reine, car il espérait son intervention auprès du pape pour récupérer le duché de Castro confisqué par le précédent pontife. Après avoir réussi à évincer l'indésirable, le marquis de Gianmaria, représentant de Parme, put procéder aux aménagements nécessaires, en particulier la restauration des tapisseries qui lui coûta trois mille clous, se plaignit-il, et quatre chaudières pour la colle. Il n'oublia pas les insignes de la royauté, un trône avec baldaquin dans la salle d'audience et, à l'entrée du palais, une façade postiche, comme cela se pratiquait alors, avec les armes des Vasa.

Le pape, qui s'était inquiété de l'approvisionnement et du confort de la reine, vint lui rendre visite pour s'assurer qu'on avait exécuté ses instructions. Toujours sur ses ordres, les jours suivants ne furent alors qu'une succession de fêtes, les plus nobles et les plus riches familles de Rome rivalisant en l'honneur de leur hôte en luxe et somptuosité. Les Barberini donnèrent aussitôt le ton. Enrichis par le népotisme sous le pontificat de leur parent, Urbain VIII, leur fortune était immense comme leur propension à piller à leur profit les monuments antiques, ce qui leur avait valu la fameuse pasquinade : *Quod non fecerunt Barbari fecerunt Barberini.* C'est dans leur théâtre privé, célèbre pour sa machinerie extraordinaire, que fut représenté, le 31 janvier, *Le Triomphe de la piété* composé pour la circonstance par le cardinal secrétaire d'Etat Giulio Rospigliosi. Cet opéra plut tellement à Christine qu'elle demanda à le voir plusieurs fois. C'est que l'auteur, s'il avait glissé dans son livret quelques allusions à sainte Brigitte, s'était aussi répandu en éloges sur « la nouvelle étoile du Vatican », épithète qui allait s'ajouter à la litanie de la reine.

Les autres familles princières ne demeurèrent pas en reste, se dépensant en bals, carrousels et mascarades. Le prince Lorenzo Colonna était l'un des collectionneurs les plus raffinés d'Italie, et Christine put contempler dans sa « galerie » les tableaux dont elle rêvait depuis longtemps. Camilio Pamphili fit mieux, il lui en offrit un dès son arrivée. Sa mère, la maudite Olimpia, voulait le faire cardinal-neveu, mais il avait préféré épouser une autre Olimpia, la belle princesse de Rossano, veuve d'un Borghèse, avec laquelle, dans leur palais du Corso, il menait grand train. Ils donnaient également des fêtes très courues dans leur « vigne », c'est-à-dire leur propriété de campagne, le « Bel Respiro ». C'est là que Christine, ayant fort admiré un Carrache, le prince eut la galanterie de le faire porter chez elle le lendemain.

Les jésuites également étaient hommes de théâtre. Ils montèrent à son intention, au Collège allemand, *le Sacrifice d'Isaac*, et une autre grande machinerie à l'église Saint-Ignace où la reine de Suède était représentée agenouillée devant l'autel, entourée de ses vertus en carton, ce qui plut modérément à l'intéressée. Elle préférait les bibliothèques des jésuites à leurs pièces, et le disait.

Dès les premiers jours, elle avait montré la terrifiante activité qui la caractérisait. Tout ce qu'on devait voir à Rome elle le vit, monastères, églises, écoles, galeries, ruines, jardins, demeures, chaque fois accueillie comme une curiosité époustouflante. Les érudits lui produisaient leurs ouvrages, les collectionneurs leurs tableaux, les mécènes leurs virtuoses, les religieuses leurs dentelles au petit point. Au Collège de la propagation de la foi, les élèves la saluaient dans toutes les langues qu'elle était censée connaître. Quant à l'orientaliste Kircher, il lui remettait un obélisque gravé de vingt-trois idiomes — on en inventait presque pour elle.

Elle plaisait. Le père Sforza Pallavicino, intime du pape, et qui serait plus tard son biographe, ne tarissait pas d'éloges ; il lui trouvait « un grand sentiment de révérence et d'obéissance au

Saint-Père », ce qui n'était pas très sûr, et « une parfaite absence de toute ombre de vantardise », ce qui l'était encore moins. Elle lui avait certes montré des égards particuliers en lui faisant tout de suite savoir qu'elle avait grande envie de le connaître « pour la réputation de sa valeur et l'estime qu'en avait le pape ». Et lui-même lui donnait du *Votre Majesté* à toute occasion. Ils s'entendaient donc très bien. Et chaque jour davantage, disait-on, Rome s'attachait à elle.

*

Cette lune de miel dura peu. Christine, qu'elle fût catholique ou luthérienne, demeurait la même, orgueilleuse, hardie, excentrique et sûre d'elle. Elle n'avait ni les mains jointes ni les yeux baissés. On avait attendu une sainte à montrer partout, et bientôt on vit apparaître une démone qu'il fallait dissimuler. Alexandre, avant son arrivée, avait recommandé à ses cardinaux de se taire pendant les offices, elle riait et parlait plus fort qu'eux. Elle visitait certes beaucoup d'églises, mais c'était pour y admirer des œuvres d'art, et elle raillait les feuilles de vigne infligées aux statues. Elle lisait plus de poésies licencieuses que d'ouvrages de piété, portait des robes trop décolletées aux audiences pontificales, faisait interrompre les cloches d'un monastère pour mieux entendre une sérénade, et surtout plaisantait de tout. Un jour qu'elle se trouvait dans un musée, le cardinal qui l'accompagnait lui montra *La Vérité* du Bernin.

— Oh ! *La bella cosa !* s'exclama-t-elle.

— Dieu soit loué ! fit le maladroit prélat. Votre Majesté aime donc la vérité, que souvent les personnes de votre naissance ne peuvent souffrir.

— C'est que toutes les vérités ne sont pas de marbre, répliqua-t-elle.

Elle voulait bien respecter le pape, autorité suprême, donc le seul au-dessus d'elle, et avoir une certaine déférence pour les cardinaux qui ne formaient pas une aristocratie ordinaire, mais elle était insupportable pour tous les autres. Plus férue que jamais d'étiquette, elle n'exigeait pas moins que celle observée pour le souverain pontife lui-même, c'est-à-dire qu'on devait, en sa présence, se tenir debout et la tête découverte. Le duc de

Terranova, hidalgo particulièrement hautain, en était outré, car les grands d'Espagne avaient le privilège du chapeau, même en présence de leur roi. Quant aux sénateurs romains, la recevant au Capitole, ils parvinrent à conserver le leur, arguant que Charles Quint n'avait pas eu vis-à-vis d'eux la même prétention. Même dans les églises, elle exigeait le protocole le plus rigoureux. Dès le jour de Noël à Saint-Pierre, elle avait trouvé mauvais qu'on ne l'encensât point comme les cardinaux, et, nous raconte le père Duneau, « elle se laissa même échapper de dire que si elle était née reine catholique elle s'en fût retournée dès le lendemain, mais qu'étant convertie de fraîche date il lui fallait dissimuler ». Quelques jours plus tard, à Saint-Jean-de-Latran et à Sainte-Marie-Majeure, elle s'irrita encore hautement qu'on ne lui eût pas préparé, comme aux princes de l'Eglise, le *phato* habituel, c'est-à-dire un drap précieux pour prie-Dieu. Pimentel qui rapporta le fait au roi d'Espagne se plaignit en même temps que lui-même n'eût pas eu droit au coussin de prières réservé à ses fonctions, et il demanda à être dispensé de visites d'églises avec la reine. Avec les femmes de l'aristocratie romaine, elle usa bien entendu du même dédain discriminatoire qu'avec les Suédoises. Une seule eut grâce à ses yeux, mais elle était de sang royal, fille du duc de Savoie, et elle prit même la peine d'aller lui rendre visite dans son monastère. On en conclut aussitôt qu'elle s'était éprise d'une religieuse.

Avec les grandes familles romaines, elle avait cependant affaire à forte partie, car elles tenaient autant qu'elle-même à leurs privilèges. Leur distinction ne consistait pas comme la sienne d'être nées d'un roi, mais d'avoir engendré un pape, Clément VIII pour les Aldobrandini, Paul V pour les Borghese, Urbain VIII pour les Barberini. Il y avait bien, à chaque changement de règne, quelques turbulences. La parenté du pape défunt étant quelquefois dépouillée, ou même exilée par celle du suivant, mais tout ne tardait pas à rentrer dans l'ordre, et la généalogie prestigieuse demeurait. Cette aristocratie avait ses droits. Les Savelli avaient celui de grâce pour les criminels, une fois par an, et leurs femmes, telles des concubines orientales, ne quittaient jamais leur palais, sinon en carrosse fermé. Les Orsini et les Colonna avaient âprement combattu, pendant des lustres, la prérogative de s'asseoir à droite du trône pontifical. Cette compétition du « trône », qui les faisait appeler « princes du *soglio* », avait été réglée finalement par un tour de rôle. En 1656, le prince du *soglio* était le duc de Bracciano, vieil ami de Christine.

Christine, en traitant de haut ces puissances, n'avait pas tardé à perdre beaucoup de sa popularité. On lui en voulut d'avoir si mal répondu à l'empressement qu'on lui avait montré. Chez les Romains plus modestes, elle déplut tout autant. Ils aimaient passionnément le théâtre, elle s'y conduisait avec désinvolture, arrivant toujours en retard alors que, selon le protocole, on ne pouvait commencer sans elle. Un jour qu'on l'avait particulièrement attendue, elle fut sifflée. Nullement gênée, elle siffla à son tour, et pendant toute la représentation ne cessa, le dos tourné à la scène, d'interrompre les acteurs de ses plaisanteries bruyantes. Les mécontents, pour se venger, payaient des masques qui, profitant de l'impunité du carnaval, lui lançaient des lazzi injurieux lorsqu'elle passait dans les rues, mais, sans se décontenancer pour autant, elle répliquait par des obscénités.

Mais c'est surtout chez elle, au palais Farnese, qu'elle faisait scandale. Le marquis Giandemaria avait d'abord été impressionné par l'étrangeté de son hôte, ses yeux de feu, la vivacité de son esprit, ses saillies toujours imprévues et le cortège de prélats qui ne la quittait pas. Il déchanta bientôt, et sa correspondance avec son maître, le duc de Parme, n'est qu'une récrimination ininterrompue contre elle et sa domesticité. Ses serviteurs et favoris mettaient le palais en coupe réglée, pillant et volant, allant jusqu'à brûler le mobilier pour se chauffer : « Ils allument des fournaises comme s'ils étaient dans leur pays ! » crie Giandemaria, croyant dans son affolement avoir affaire à des barbares du Nord, alors que les plus effrontés sont ses compatriotes, les Santinelli qui font argent de tout, argenterie, linge, bijoux, tentures. Ces « faquins », s'estimant mal logés, multipliaient les exigences coûteuses. La reine non seulement ne surveillait pas son personnel mais prenait sa part des dégâts. Lorsqu'elle voulut s'emparer, pour le placer dans sa chambre, d'un crucifix d'ivoire sculpté par Michel-ange, le malheureux intendant réussit à maintenir le crucifix dans la chapelle en prétendant qu'il s'agissait d'une disposition testamentaire du précédent duc.

Alexandre lui faisait la leçon en vain. Elle lui répondait que, née reine, elle n'avait d'ordres à recevoir de personne, qu'elle se refusait à dire ostensiblement son chapelet comme il l'en priait, que jamais elle ne tomberait dans une bigoterie imbécile. Tout ce à quoi elle consentait, c'était d'assister aux offices et de donner chez elle, de temps à autre, des concerts de musique religieuse. Et le pape, en désespoir de cause, dut se contenter de prêcher la piété à ses domestiques. Il commençait à se dire que la conversion de la reine de Suède, somme toute, était une mauvaise affaire. Loin de donner le bon exemple, elle incitait au relâchement. Jusqu'à présent d'ailleurs, un seul hérétique l'avait imitée en se faisant catholique, l'obscur marquis de Sultzbach.

C'est que la Rome réelle ne correspondait pas à celle qu'elle avait imaginée, et elle ne voulait pas trouver dans sa nouvelle foi l'étroitesse d'esprit et la mesquinerie de l'ancienne puisque, si elle en avait changé, c'était précisément par goût de la liberté. Elle s'était convertie une fois, de la manière la plus spectaculaire, la plus utile au catholicisme, en bafouant son pays, ses compatriotes, ses ancêtres, son Grand Gustave, cela suffisait ! Qu'on ne lui demandât pas, en plus, de se convertir tous les jours !

*

Alexandre et Christine avaient cependant tout pour s'entendre. Descendant du richissime banquier siennois *Augustin le magnifique*, ami de Raphaël, le pape aimait les arts et les lettres, et son mécénat allait avoir la plus grande part dans la splendeur de la Rome baroque. Comme Christine, il achetait les livres par bibliothèques complètes et collectionnait tableaux et médailles. Ces passions se répercutaient sur la ville tout entière où, à son exemple, se multipliaient bibliophiles, numismates et bâtisseurs. Princes laïcs, hauts dignitaires de l'Eglise, augustins, dominicains, oratoriens, jésuites, ils l'étaient tous, et Rome, où commençait à s'élever, triomphante, la colonnade du Bernin, passait pour la capitale intellectuelle de l'Europe. « Il faudrait être disgracié de la nature pour ne pas trouver sa satisfaction dans une des mille variétés de cette ville merveilleuse », écrit un voyageur enthousiaste.

Le pape d'ailleurs avait changé. Il n'était plus l'ascète de ses débuts. Lors de son « exaltation », il avait fait graver une médaille avec, pour exergue, *Népotisme et athéisme vont la main dans la main.* Cette belle résolution n'avait pas tenu longtemps. Dès les premières semaines de son règne, son siège avait été fait par tous ceux qui regrettaient les intrigues de naguère. Son ami, le père Oliva, lui avait donné le coup de grâce avec un argument tout jésuitique : les ambassadeurs étrangers se fieraient beaucoup moins à un simple ministre qu'à un parent du pape. Alexandre, qui n'aimait pas le pouvoir et ne demandait pas mieux que de s'en remettre à une famille dévouée, avait consulté le consistoire et, devant son approbation unanime, avait appelé les Chigi restés à Sienne. Au printemps 1656 arrivait son frère, don Mario, ancien magistrat, surnommé l'« Apollon de Delphes » parce que, encore beau malgré ses soixante-quinze ans, il ne s'exprimait que par sentences. Comme il était décoré de la croix de Malte, les pasquinades prédirent la suite : « Voilà la croix, il y aura bientôt toute la procession. » Nommé « général de la Sainte Eglise et commandant en chef des armées pontificales », il fut vite rejoint par son fils, don Flavio, qui entra dans les ordres pour être cardinal-neveu et secrétaire d'Etat. Un autre neveu, don Agostino, épousa une Borghese, fille du premier mariage de la princesse de Rossano qui, nous nous en souvenons, s'était remariée avec Camilio Pamphili. Deux népotismes s'agloméraient donc, qui allaient générer une fortune immense. Trait remarquable, et abondamment commenté dans la société romaine, la reine Christine, non seulement reçut ces nouveaux venus avec bienveillance, mais elle les traita d'*Excellences*, et leur permit de se couvrir en sa présence !

Pasquin ricanait toujours : *E homo factus est* [1] pouvait-on lire en graffiti sur les murs de la ville. Et, de fait, le saint au cercueil était devenu élégant et douillet. Se reposant des affaires sur le cardinal Rospigliosi, il passait beaucoup de temps dans sa propriété de Castel Gondolfo occupé de belles-lettres, assez médiocrement d'ailleurs puisqu'il fondait un prix littéraire pour la meilleure traduction en latin du mot *chaise-roulante*, ce qui lui valait d'être brocardé par les Français comme *minimus in maximis e maximus in minimis.* « Il n'a ni savoir ni vertu solides, mais

1. « Et il s'est fait homme. »

une apparence ecclésiastique qui n'est qu'illusion et grimaces », pouvait-on lire dans les rapports des chancelleries. On n'oubliait pas au Louvre son attitude comme nonce à Francfort pendant les négociations des traités de Westphalie, et Mazarin lui en voulait de ne pas l'avoir soutenu au moment de son premier exil. Alexandre VII, quant à lui, n'ignorait pas que la France avait tout fait pour l'empêcher de monter sur le trône pontifical, et, s'il n'était pas particulièrement proespagnol, il était à coup sûr antifrançais.

Au moment de l'arrivée de Christine à Rome, cette antipathie avait été ranimée par un différend à propos du cardinal de Retz. Celui-ci, longtemps l'âme de la Fronde, n'avait pas été compris dans l'amnistie générale et s'était réfugié à Rome en 1654. Innocent X l'avait pris sous sa protection, pensant même un moment le nommer neveu. Alexandre VII, lui succédant, s'empressa de l'imiter et, comme lui, refusa d'ôter au cardinal l'archevêché de Paris, ainsi que l'en pressait instamment Mazarin.

Le représentant de la France, le futur grand ministre Hugues de Lionne, n'obtenait donc aucun résultat quand Christine, qui estimait que sa qualité royale lui donnait le droit et le devoir de jouer un rôle politique, décida de s'entremettre. Elle manifesta beaucoup d'intérêt pour le cardinal de Retz et offrit à son service un pouvoir qu'elle avait abdiqué, en ne faisant de Lionne qu'une bouchée.

> Elle a la rare qualité de dire des choses agréables de la manière la plus délicieuse, écrit-il, ravi, à Mazarin.

Il crut qu'elle disposait d'une grande influence auprès du pape que, par ailleurs, elle lui décrivait comme un personnage insignifiant, entouré de gens cupides uniquement occupés à s'enrichir. Mazarin, à distance, se montrait plus clairvoyant. Il connaissait bien Christine. Il répondit donc sèchement que la reine de Suède n'avait qu'à se mêler de ce qui la regardait. Retz garda son chapeau, mais la politique française avait cependant obtenu un résultat, celui de démasquer en Alexandre VII un ennemi avéré du roi Très-Chrétien. Ce n'était qu'une première escarmouche.

En ce qui concerne Christine, la conséquence de cette intrigue était que, aux yeux de Rome, elle était devenue toute française.

La comédie et la collation dont l'avait régalée l'ambassadeur avaient fait grand bruit, comme l'affabilité étonnante qu'elle montrait à la marquise de Lionne en lui permettant de s'asseoir en sa présence. Il est vrai que la jeune femme était enceinte et qu'elle allait accoucher d'un fils dont Christine voudrait être la marraine.

Ces succès des Français mettaient en rage les Espagnols jusque-là détenteurs exclusifs de la convertie glorieuse. Elle-même d'ailleurs, toujours changeante, commençait à se dégoûter d'eux. Ils avaient voulu croire que son voyage à Rome était seulement une visite de politesse due au chef de la chrétienté et qu'elle reviendrait ensuite s'établir dans les Pays-Bas espagnols. Mais, quelques semaines après son arrivée, elle signifia à Pimentel son intention de se fixer dans la Ville éternelle dont le climat lui convenait, tout en lui proposant d'y rester lui aussi, à son service particulier. Don Antonio, qui sans doute n'avait jamais été sur la même longueur d'ondes passionnelle, s'en effraya et supplia de nouveau son souverain de le rendre à son ancien métier, les armes. Il donnait comme prétexte son tempérament peu approprié aux usages de la cour romaine, « lesquels sont si opposés à la franchise et à la sincérité que nous, soldats, avons apprises à la guerre ».

Ce favori était d'autant plus enclin à se retirer qu'un autre se présentait, le jeune cardinal Decio Azzolino. Celui-ci n'avait qu'un seul défaut, du point de vue de l'amour, la pourpre dont il était revêtu. Pour tout le reste il était le plus séduisant des hommes, et il n'eut qu'un regard à jeter pour occuper le terrain. Né en 1623, donc de trois ans l'aîné de Christine, il était issu d'une famille de petite noblesse de Fermo, dans les Marches, qui avait déjà donné deux cardinaux à l'Eglise. Il devait une brillante carrière à une intelligence hors pair, une habileté d'intrigues toute romaine, une conversation étincelante, une plume enchanteresse — même pour les plus ingrats rapports —, des façons d'homme du monde, le goût — indispensable alors dans son état — des belles-lettres, enfin, une beauté noble et virile qui lui assurait l'appui des femmes. Le pape Innocent X qui avait fait sa fortune l'appelait « mon aigle », par allusion au messager de Jupiter Capitolin.

« Il a l'esprit d'un démon, la vertu d'un ange, le cœur grand et noble comme Alexandre », dirait un jour de lui Christine. Ce n'était pas l'avis de ses adversaires qui, loin de lui trouver des vertus hautement morales, le disaient fourbe, soupçonneux, menteur, arriviste. Certains ajoutaient même qu'il devait son succès à la délation et à l'appui de la sulfureuse donna Olimpia. Bien qu'ayant été longtemps en poste à Madrid comme adjoint du nonce, il n'en était pas revenu espagnol. Il s'était joint au contraire à une dizaine de cardinaux hostiles à toute dépendance du Saint-Siège vis-à-vis des puissances temporelles, et il était devenu l'animateur de ce groupe qu'on appelait l'« escadron volant » car, dans les conclaves, son vote, se portant sur une faction ou sur une autre, déterminait une majorité décisive.

L'assiduité du beau cardinal au palais Farnese ne passa pas inaperçue. Christine avait déjà ensorcelé un autre cardinal, Francesco Colonna, qui s'était rendu complètement ridicule en sonnant de la guitare sous ses fenêtres, les cheveux couverts de poudre de Chypre, alors que la cendre, disait-on, eût été plus convenable à un religieux. Elle s'était contentée d'en rire, et ce soupirant malchanceux avait dû bientôt disparaître, sévèrement sermonné par le pape. Il n'en était pas de même d'Azzolino qui s'imposa immédiatement comme un amant heureux.

Mais Azzolino dans Rome
Sut charmer ses ennuis
Elle eut sans ce grand homme
Passé de tristes nuits

Tel était l'éloquent couplet qui courait alors les rues, avec quelque fondement peut-être car Azzolino avait souvent été crédité de succès féminins, et on lui attribuait même une liaison avec la belle princesse de Rossano, Olimpia Aldobrandini.

En tout cas, il dut, sur ordre du pape, espacer ses visites au palais Farnese, et il tint à se justifier auprès du cardinal Sforza Pallavicino à propos des bruits qui couraient sur son compte :

> J'assure Votre Excellence, sur la foi d'un homme d'honneur et d'Eglise, que depuis les discours que Votre Excellence me fit au sujet des murmures qui s'étaient répandus là-dessus depuis le carnaval, je n'ai point écrit à la reine, ni reçu d'autre billet d'elle,

> sinon celui que j'envoie ci-joint à Votre Excellence, qui m'est arrivé avec six lettres de Sa Majesté aux autres cardinaux.

Les Espagnols étaient les premiers mécontents de la faveur accordée au chef de l'escadron volant, et ils la ressentaient comme une insulte personnelle.

— Réellement, nous n'avions pas mérité cela ! soupiraient-ils auprès de Philippe IV.

Christine, loin de les ménager, avait au contraire à cœur, selon son mauvais génie, de les irriter en toute circonstance. Elle faisait habiller sa maison « à la française », remplaçait son confesseur, le père Guemès, par un aumônier de la pénitencerie française, refusait de monter dans le carrosse du duc de Terranova, et, surtout, l'exigeait découvert lors de ses visites. Pour les Espagnols férus de leurs préséances, c'était cette question du chapeau qui leur était la plus tourmentante, mais le feu fut mis aux poudres lorsqu'ils prétendirent défendre à la reine d'assister à la représentation d'une pièce de Corneille chez l'ambassadeur de France. Ce fut la rupture. Le duc de Terranova ne savait qu'inventer pour dénigrer la reine, il trouvait sa frénésie « insupportable, indescriptible et inendurable ». Il allait même jusqu'à soutenir qu'elle n'avait aucun droit royal puisqu'elle descendait de Gustave Vasa, rebelle au roi de Danemark, alors souverain légitime, et de Charles IX, également usurpateur. Et sa dissipation, ajoutait-il, était telle que tout Rome la méprisait, ce qui d'ailleurs avait été expressément prédit par sainte Brigitte. Pimentel renchérissait : d'après lui, Alexandre cherchait à s'en débarrasser par tous les moyens, quitte à l'enfermer dans un monastère, la canicule la rendant folle. Oui, confirmait Terranova, « l'Italie convient aussi peu à Christine que Christine à l'Italie ».

Quant au grand écuyer Antonio de La Cueva, qui se croyait un droit d'ancienneté dans la faveur, il détestait Santinelli embauché plus tard. Aussi fut-il le chef d'orchestre d'une ignoble campagne qui n'avait d'égale que celle répandue à Bruxelles par les Français. Ceux-ci racontaient alors que la reine pratiquait l'amour saphique dans les bras de la belle Mme de La Cueva, et c'était à présent le tour de La Cueva d'aller partout répétant qu'elle était « la plus grande putain du monde ». On la punissait de n'être plus espagnole comme on l'avait punie un an auparavant de l'être trop.

L'affaire explosa lorsqu'un jour La Cueva trouva sa place dans le carrosse royal prise par Santinelli et qu'il osa s'en plaindre. Et, le 13 mai, eut lieu une réplique de la scène jouée autrefois avec Magnus de La Gardie. La reine fit entrer chez elle les principaux membres de sa maison, dont les Santinelli et Gustave Lilliecrona qui passait pour son frère naturel et dont on disait que, n'ayant pas réussi à le faire catholique, elle allait le renvoyer en Suède. Puis, s'étant assise sous le dais de velours rouge du grand salon, elle fit appeler les La Cueva.

— J'entends, dit-elle au comte, que vous avez eu la hardiesse de parler mal de moi comme un infâme et un coquin ; je vous chasse, et s'il vous avise de recommencer, en quelque part du monde que vous soyez, je vous ferai mourir sous le bâton.

A la comtesse elle déclara d'un ton moqueur que, femme, elle ne comptait à ses yeux pour rien et qu'elle avait bien eu tort de l'accompagner jusqu'à Rome.

La Cueva eut beau demander sa grâce à genoux, elle resta inflexible. Ce renvoi de nobles espagnols traités comme des laquais scandalisa la société romaine, mais elle domina ce tumulte, et si elle écrivit au duc de Terranova ce ne fut pas pour se justifier mais pour l'assurer, au contraire, que seule la considération du roi d'Espagne l'avait retenue de faire administrer à son grand écuyer la correction qu'il méritait. De plus, pour prévenir tout rapport tendancieux de l'ambassadeur, elle envoya à Madrid son ancien aumônier le père Guemès, chargé d'une lettre personnelle à Philippe IV. Comble de désagrément, le malheureux Terranova dut rédiger lui-même une recommandation pour ce messager.

Ses récriminations n'étaient cependant pas reçues en haut lieu avec la complaisance qu'il escomptait. Le roi et ses ministres le rendaient responsable de l'éloignement désormais montré par la reine pour l'Espagne. Il obtint donc un rappel qu'il n'avait pas songé à demander. Quant à Pimentel, qui réclamait tellement une autre affectation, il fut pris au mot et renvoyé à son régiment des Flandres. On le retrouverait en 1659 l'un des négociateurs de la paix des Pyrénées, il serait ensuite gouverneur de Cadix et mourrait en 1670, mais cela n'aurait d'importance que pour lui, car Christine l'oublia aussitôt qu'il partit, deuxième *exit* de sa vie.

5

LA GOTHIQUE

Le pape, irrité de voir sa capitale transformée en champ clos, « montra les dents ». Cependant il ne pouvait guère enfermer sa convertie incommode dans un cloître, comme le suggéraient les Espagnols. La renvoyer était impossible, après l'éclat de sa venue, et d'ailleurs un retour en Suède pouvait signifier un retour au luthéranisme. Quant à la garder, c'était difficile, coûteux aussi, car il craignait d'être bientôt obligé de l'entretenir. Christine en effet dépensait sans mesure, l'avarice étant selon elle « le plus bas et le plus misérable » des vices pour un prince qui se devait d'être toujours magnifique. Ses ressources diminuaient pourtant. Elle n'avait touché qu'une faible partie de ses revenus suédois, certains devant être payés en nature, bois ou blés, ce qui en rendait le recouvrement illusoire. Plusieurs hommes d'affaires géraient ses intérêts, les Texeira en Hollande. don Garcia de Yllan en Belgique, à Paris Pierre Bidal, et d'autres encore, de moindre importance, et aussi de moindre intégrité. Tous les intermédiaires eussent-ils été honnêtes que les sommes adressées finalement à Christine auraient été encore réduites par les frais de change que comportait un si long acheminement.

Aussi avait-elle dû réduire son train, comme le note le père Duneau, « à des personnes qui se contentent de peu pour n'être pas d'une naissance et d'une condition sortables ». On n'était plus au temps où les plus grands personnages de Rome défilaient chez elle, ses antichambres étaient vides, elle s'ennuyait, et ennuyait les autres car son prestige diminuait avec sa munificence, mais non pas sa hauteur, ce que déplore l'informateur de Mazarin :

> Par ses piquantes railleries, elle se fait des ennemis de tous ceux avec qui elle traite, n'épargnant qui que ce soit, et étant trop aise quand elle peut dire un bon mot pour pouvoir s'en empêcher.

Cette conversion, vue par Alexandre VII comme l'apothéose de son pontificat, tournait donc au cauchemar. La peste qui venait du Midi et menaçait Rome le tira d'affaire. Devant ce danger, la reine avança la réalisation d'un projet qu'elle nourrissait depuis le début de l'année : aller relancer son cousin, alors à son quartier général de Pologne, afin de convenir avec lui d'un arrangement financier. Charles-Gustave ayant porté la guerre en Poméranie, elle pouvait craindre la perte de ses revenus dans cette province dont une partie lui avait été assignée par son recès d'abdication. Déjà, en janvier, elle lui avait envoyé l'un de ses secrétaires pour traiter de la question, mais n'en recevant pas de nouvelles, elle se décidait à agir en personne.

A la fin de juin, elle écrivit donc à Mazarin en lui demandant de faciliter son passage en France. Son intention était d'aller directement à Calais et de s'y embarquer pour Hambourg, mais elle désirait cependant « avoir la satisfaction de voir Votre Excellence en quelque endroit pour pouvoir l'entretenir et l'assurer de bouche de l'état que je fais de son amitié ».

Ces effusions souhaitées recouvraient d'autres mobiles. La reine visait toujours les mythiques « sommes de satisfaction » de la paix de Westphalie, et surtout elle était tenaillée par une nouvelle chimère, redevenir reine. Précisément l'occasion se présentait d'un trône catholique. Le royaume de Naples, possession espagnole gouvernée par un vice-roi était alors en pleine effervescence. La population aspirait à recouvrer son indépendance, et Mazarin y travaillait depuis longtemps. En 1647, un premier soulèvement avait eu lieu, fomenté par un simple pêcheur d'Amalfi, Tommaso Aniello, dit *le Masaniello*, doué surtout d'une voix tonitruante, mais le pouvoir avait perturbé cet humble tyran et l'avait porté à de tels excès qu'au bout de quelques jours il était lynché par ses propres partisans. Le vice-roi était sorti de sa geôle juste à temps pour voir le cadavre de son ennemi traîné dans les rues par une foule sauvage. L'ordre n'en fut pas rétabli pour autant. Masaniello eut des émules qui se contentaient de s'égorger successivement, et la république, proclamée en 1650, ne put se maintenir. Les patriotes modérés voulaient un roi prestigieux et ils demandèrent à Mazarin le duc d'Anjou, frère cadet du roi, mais comme celui-ci n'avait pas encore fait souche, le jeune prince devait rester en France pour assurer éventuellement la descendance royale. Le cardinal proposa Condé, qui refusa. Henri de Lorraine, duc de Guise, s'offrit, alors qu'on ne lui demandait rien, et il entreprit par ses propres moyens d'aller prendre possession de son Etat. Il était accompagné d'un ancien de la cour libertine de Stockholm, Marc-Duncan de Cérisantes, prétendu noble de souche écossaise, grand voyageur sceptique, mahométan à Constantinople, protestant en Suède, désormais catholique. Il avait autrefois succédé à Grotius comme ambassadeur à Paris, mais sa faveur auprès de Christine n'avait pas survécu à une querelle avec le comte de La Gardie, et il était allé chercher fortune à Rome. Les prétentions du duc de Guise et de son acolyte tournèrent court, le duc, frappé de la malédiction napolitaine, se mua comme ses prédécesseurs en despote sanguinaire et finit à son tour en prison. Le vice-roi restait en selle. Pourtant l'opiniâtre Mazarin n'abandonnait pas la partie. En 1654 encore, il organisait une nouvelle flotte de débarquement que la tempête obligeait à revenir au port.

Christine, lorsqu'elle était encore sur le trône, s'était intéressée à la question napolitaine, et elle avait accueilli des rebelles antiespagnols à sa cour. Même lorsqu'elle eut changé de camp, il fut toujours question de Naples : Pimentel lui en avait fait miroiter la souveraineté. A Rome, elle ne tarda pas à aimanter les adversaires de Philippe IV, et parmi eux les plus notoires patriotes napolitains, dont le prince de Gallicano et le marquis de Palombara dont la vaste culture lui plaisait. C'est dans leur cercle qu'elle fit la connaissance d'un gentilhomme aventurier, très engagé déjà dans la révolution de Naples, le marquis Gian-Rinaldo Monaldeschi. Il est question de lui dès le mois de janvier 1656 dans la correspondance du père Duneau :

> Comme je pense que Son Excellence l'a appris, Monaldeschi est vu avec eux, et on sait combien il est fidèle pour la France.

Sans doute en effet ce noble Italien, originaire d'Orvieto, était-il déjà au service de Mazarin. Il avait fait partie du corps expéditionnaire de 1654, et c'est sur la recommandation expresse du cardinal, « mon très libéral protecteur » écrit-il, qu'en mars 1656, sans emploi, il proposait ses services au duc de Modène, allié de la France. Celui-ci, n'envisageant pas de nouvelles levées, l'éconduisit malgré son insistance. Monaldeschi dut donc rester à Rome, mais il continua sa correspondance avec François d'Este, à titre d'informateur, lui adressant des bulletins périodiques de renseignements sur la cour pontificale. Il semble que ce soit à cette époque, vers la fin de mars 1656, qu'il entra, faute de mieux, dans la maison de la reine de Suède, comme grand écuyer, poste laissé vacant par la déconfiture de La Cueva.

Ainsi Christine avait-elle à nouveau de grandes espérances mais elle manquait de moyens pour les soutenir. Elle eut donc recours aux expédients qui caractérisaient tous ses départs, elle engagea ses bijoux, vendit ses chevaux à moitié prix et sollicita ses amis. Le cardinal Barberini voulut bien ainsi recevoir en dépôt le fameux carrosse du Bernin, contre une copieuse avance, mais c'est le pape qui se montra le plus généreux. Il lui donna une lettre de change de dix mille écus et mit à sa disposition quatre galères de sa flotte personnelle « pour la protéger des corsaires ». Elle le remercia d'une plaisanterie : après avoir baisé les pieds du Saint-Père, elle n'avait « nulle dévotion d'aller baiser ceux du Grand Seigneur ».

*

Enfin, dans la nuit du 19 au 20 juillet, elle quittait Rome, avec beaucoup de mélancolie, nous assure Giandemaria qui prétend l'avoir vue embrasser en larmes un mystérieux portrait qui, selon lui, ne pouvait être que celui du cardinal Azzolino. Celui-ci l'accompagna jusqu'à Palo où elle devait s'embarquer, et là, elle vit pour la dernière fois son ami le duc de Bracciano qui devait mourir quelque temps plus tard.

Elle était suivie d'une soixantaine de personnes, parmi lesquelles le marquis Monaldeschi, grand écuyer, le comte Francesco Santinelli, grand chambellan, et son frère Louis qui n'était que gentilhomme de la chambre, le jésuite Malines son aumônier, plusieurs gentilshommes italiens, un secrétaire français et un autre suédois, et de nombreux serviteurs dont un singulier personnage qui lui sera fidèle jusqu'à sa mort, Clairet Poissonnet. Fils d'un cabaretier de Pontoise, il avait été introduit à la cour de Stockholm sur la recommandation de Bourdelot. D'abord confiturier et garde-linge, il avait réussi à se faire remarquer de Christine en se déguisant en femme au cours d'une mascarade. Il ne savait ni lire ni écrire, ce qui ne l'empêchait pas de parler toutes les langues car il avait une prodigieuse mémoire, talent qui lui permettait en outre de retenir tout ce qui se disait autour de lui. Espion hors ligne, il était d'une discrétion extrême, même lorsqu'il était ivre, excellant au contraire à faire boire les autres pour leur extorquer des confidences, au point que l'ambassadeur de France interdisait à son personnel d'avoir aucun rapport avec lui. Ombre fidèle, il suivait partout la reine.

Elle laissait peu de regrets derrière elle : « Elle est venue à Rome comme espagnole, comme catholique, comme vierge et comme riche, elle est partie comme française, comme athée, comme femme et comme mendiante », disait la malveillance. Même le petit peuple s'en était détourné. Misérable et vivant de la générosité des grands, il attendait beaucoup de cette étrangère splendide qui lui était arrivée avec tant de magnificence, et, de sa déception, la gloire de Christine pâtissait. Quant au marquis de Giandemaria, il croyait à peine à son bonheur et s'attendait toujours à la voir au détour d'un couloir. Elle avait d'ailleurs négligé de lui faire ses adieux. « On m'a conseillé de ne pas m'en tourmenter, puisqu'il s'agit d'une personne barbare », écrit-il au duc de Parme.

*

La galère papale, *La Padrona*, était aménagée avec tout le luxe qu'en pouvait attendre l'hôte d'un prince de l'Eglise, surtout dans sa partie résidentielle, la poupe, réservée aux officiers, une quinzaine, et à la suite de la reine. Christine disposait pour son compte d'une cabine et d'un salon tapissés de damas de soie rouge, où l'on pouvait admirer un fauteuil trône en velours de Naples avec baldaquin de toile, autour duquel étaient groupés les pliants en même tissu dont devaient se contenter ses gentilshommes. La chère était abondante et exquise et le vin exagérément précieux pour cette buveuse d'eau notoire, mais malgré tout on se trouvait à l'étroit, avec plus de quatre cents personnes à bord, dont deux cent soixante-dix forçats à la terrifiante promiscuité, et la mer était mauvaise, mais Christine n'avait jamais eu peur de rien.

On arriva d'ailleurs sains et saufs à Marseille le 29 juillet. Quinze coups de canon tirés au château d'If annoncèrent l'arrivée de la reine étrangère et portèrent à son paroxysme l'excitation populaire, bientôt amortie par la crainte que cette flotte, venue d'Italie, n'apportât la peste, comme le bruit commença à en courir. Aussi M. de Lesseins, le délégué du roi chargé d'accueillir la visiteuse, était-il très embarrassé en montant l'échelle de coupée de *La Padrona.* Il avait à lui proposer, de la part des consuls marseillais, de débarquer en felouque avec quelques domestiques, dont les bagages comme les siens auraient préalablement été désinfectés à l'infirmerie. Elle répliqua hautement qu'elle débarquerait en galère ou pas du tout. Après d'âpres négociations au milieu d'une foule grondante, Lesseins obtint enfin que seule *La Padrona* aurait le droit de s'approcher des appontements et que, aussitôt délestée de ses occupants et de leurs colis, elle regagnerait le large.

A peine la reine eut-elle mis pied à terre que pendant de longues semaines elle dut subir l'immanquable succession de harangues, présentations de clefs sur coussins dorés, cortèges, arcs de triomphe, couplets dithyrambiques sur ses vertus, audiences ininterrompues, banquets interminables, exhibitions bizarres, enfin tout ce à quoi étaient astreints les rois en voyage. Elle avait pourtant refusé à l'avance toute cérémonie parce qu'elle voulait aller vite, mais Mazarin avait donné des ordres en sens contraire, et, ravie finalement d'être ainsi traitée en véritable souveraine, elle s'en accommoda. En carrosse, à cheval ou en coche fluvial, elle traversa donc toute la France, laissant derrière elle à chaque étape une énorme masse d'imprimés relatant son séjour. Elle fut, comme d'habitude, Sémiramis, Zénobie, Pallas et Minerve, mais en plus, puisqu'on était chez les Français, Clothilde et Blanche de Castille. En tant que pieuse célèbre, elle eut droit à toutes les églises, à tous les monastères et, bien entendu, à toutes les reliques — comme en Autriche et en Italie. A Marseille le crâne de saint Lazare et les os de saint

Victor, à Avignon un morceau de la vraie Croix, à Valence une épine de la Couronne. En tant que savante fameuse, elle connut tout ce que les provinces parcourues recelaient de savants, et elle impressionna ses interlocuteurs autant par sa dévotion que par son savoir.

Cela n'alla pas sans quelques ratés. A Vienne on avait confié le discours d'accueil au poète Pierre de Boissat, membre de l'Académie française, qui avait déjà publié des odes à la gloire de Christine. Au lieu du lettré de cour qu'on attendait se présenta une espèce de loqueteux hirsute qui déclama une philippique sur les vanités du monde. Ce goût masochiste de la pénitence lui venait d'une ancienne mésaventure : s'étant moqué de la duchesse de Lesdiguières au cours d'un bal à Grenoble, il avait été rossé par les domestiques et mis à la porte. Christine, mécontente, s'écria :

— Ce n'est pas là le Boissat que je connais mais plutôt quelque prédicant qui emprunte son nom.

Après un tel affront, le poète n'eut plus qu'à pousser plus loin encore l'esprit de pauvreté, « jusqu'à des signes extérieurs que les bienséances du monde ont peine à souffrir ». Heureusement pour Vienne, l'abbé Argout racheta la balourdise de son confrère par un discours d'une flagornerie outrée où il comparait l'illustre visiteuse non aux héroïnes mais aux héros de l'Histoire. Il ne reçut pas une chaine d'or, seulement une médaille ; la reine était pauvre.

A Dijon, le littérateur de service était Claude-Barthélemy Morizot, avocat au Parlement, auteur d'une vingtaine d'ouvrages « qui ont fait à l'époque autant de bruit que des coups de canon, tout en étant aussi passagers qu'eux », assure un méchant. Ayant entendu dire que Christine appréciait les plaisanteries égrillardes, il tint des propos « dont le sel était plus gaulois qu'attique ». Pour toute réponse, elle lui tourna le dos. Il n'eut pas de médaille d'or.

Il y en avait de plus adroits. A Lyon, sous le prétexte d'un hommage à Gassendi, mort depuis peu, l'imprimeur lui lut une dédicace délirante sur « son esprit merveilleux, son adresse dans tous les exercices de la galanterie », et « la beauté qui brille comme un trône dans ces yeux charmants où la douceur mêlée avec la sévérité inspire l'amour et la vénération tout ensemble ».

Dans cette même ville, elle eut l'occasion de céder à son goût si peu royal de la moquerie. Recevant l'historien Monestier connu pour sa mémoire extraordinaire, elle le mit à l'épreuve en lui soumettant une liste de trois cents mots inventés de toutes pièces et particulièrement barbares qu'il devait répéter après une seule lecture. Monestier les récita sans aucune hésitation ni erreur, dans les deux sens, et proposa même, si elle le voulait, de recommencer, par le milieu. Elle avait trouvé son maître.

C'est le duc de Guise qui l'avait reçue dans la capitale des Gaules le 14 août, par une chaleur suffocante. Ce messager, outre qu'il était le mieux au fait du projet sur Naples, était bien celui qui devait offrir à la voyageuse l'image la plus séduisante de la cour de France, comme le proclamait la renommée en vers :

Prince rempli d'accortise
Gracieux, civil, éloquent,
Charmant esprit par conséquent
Bien fait de taille et de corsage.

Deux anciens amis de la reine l'accompagnaient, au milieu d'une suite brillante, Chanut et Bourdelot. La présence de ce dernier dément le bruit d'une disgrâce répandu en Suède. En fait le médecin ne devait jamais cesser de jouir de sa faveur. Elle le soutint dans quelques différends qu'il eut avec le chevalier de Terlon et dans un long procès intenté par ses moines de Massay, lui fit jouer un rôle auprès de Mazarin pendant ses séjours à Paris, et essaya même de l'attirer en Italie, sans succès. Bourdelot se récusa, tout comme l'avait fait Huet, invité lui aussi : ils préféraient aimer Christine à distance.

A Fontainebleau, elle reçut un message de Mlle de Montpensier, la cousine du roi, qui purgeait en exil à Saint-Fargeau ses excentricités de frondeuse. Christine ne demandait pas mieux que de la rencontrer, après les lettres exaltées qu'elle lui avait naguère adressées. *Mademoiselle* avait tout pour lui plaire. Elle était *Grande*, tout comme Gustave-Adolphe et Condé, elle se déclarait hostile au mariage et savait tirer des coups de feu. De plus elle se montrait fort vétilleuse, elle aussi, sur les questions d'étiquette. Pour visiter la reine, elle exigea et obtint les honneurs dus à une princesse du sang, une chaise à dossier.

L'entrevue eut lieu le 6 septembre à Essonne, chez un riche magistrat dont Christine était l'hôte. Mademoiselle, à qui on avait tant parlé de la bizarrerie de la Suédoise, craignait de ne pouvoir retenir un fou rire à sa vue. Elle fut au contraire impressionnée par cette petite femme qui la regardait d'un air à la fois doux et fier, et lui souriait d'une bouche fraîche aux lèvres bien modelées.

« A tout prendre, écrit-elle dans ses Mémoires, elle me parut un joli petit garçon. »

En présence de cette héroïne romanesque, petite-fille de Henri IV, la reine eut à cœur de montrer toutes les facettes de son talent. Elle se répandit en gracieusetés, parla en abondance de la cour de France dont elle semblait connaître tous les secrets d'alcôve, récita des vers, jura de temps à autre, agita les jambes, les passa par-dessus le dossier de sa chaise. Pendant la représentation de ballets qu'on lui offrait, elle faisait semblant de dormir, puis se réveillait brusquement en lançant quelque plaisanterie. Mademoiselle se croyait devant une actrice de *commedia dell'arte* qui en aurait fait trop. A l'entracte, comme on se promenait dans le parc pour y admirer un feu d'artifice, une fusée éclata d'un peu trop près et Mademoiselle eut un sursaut.

— Quoi, fit la reine, déjà persifleuse, une demoiselle qui est allée aux occasions et qui a fait de si grandes choses aurait peur ?

Elle faisait ainsi allusion aux deux faits d'armes de son interlocutrice, la défense d'Orléans et le canon de la Bastille.

Mademoiselle, sans plus se démonter, répliqua que c'était précisément aux occasions qu'elle montrait de la bravoure et que cela lui suffisait.

*

Le 8 septembre, vers 7 heures du soir, dans un nuage de poussière et un concert de trompettes, la reine de Suède faisait son entrée dans la capitale. La curiosité était vive, de part et d'autre. Christine connaissait sa réputation. Elle savait, avait-elle dit à Lesseins, « qu'on avait dit beaucoup de bien et beaucoup de mal d'elle en France, et qu'on lui rendrait présentement justice, et pour l'un et pour l'autre, et qu'on verrait qu'il n'y avait en elle ni tant de bien ni tant de mal qu'on avait dit ». Ce fut en effet ce qui se passa.

L'affluence était donc grande tout au long du parcours que devait suivre le cortège de la porte Saint-Antoine jusqu'au Louvre, ce que nous explique le poète Loret :

Plus de trente et quatre duchesses
Environ quarante comtesses,
En habit assez éclatant
Des marquis trois fois autant
(Car à présent il est en France
Des marquis en abondance)
Et pour d'autres diverses gens,
Comme moines, prêtres, régents,
Auteurs, esprits académiques,
Critiques, chimistes, comiques,
Notaires ou tabellions
On les comptait par millions.

La reine, entourée d'une foule de valets et de pages, vêtue d'une jupe de serge grise et d'un justaucorps d'écarlate brodée, coiffée d'une perruque blonde et d'un grand chapeau à plumes noires, chevauchait la « Licorne », cheval blanc du duc de Guise qu'on avait choisi « comme le plus beau par ses démarches et ses courbettes » et qu'on avait revêtu bien plus élégamment que la reine, de brocart, de velours rouge et de dentelles d'or. A ses côtés se trouvaient le duc de Richelieu, qui venait de la recevoir magnifiquement à son château de Conflans, et le duc de Guise, dont la foule pouvait apprécier de tout près « ce front et ce port qui le font passer pour un Mars sur les champs de bataille, et un dieu plus doux dans les assemblées composées de l'illustre beau sexe ». Il portait un habit brodé d'or et d'argent, parsemé de diamants. Un interminable cortège suivait, si long qu'il se perd, sur les estampes le représentant, dans un infini de perspectives fuyantes.

Au Louvre, où elle s'installa dans un vaste appartement de l'aile nouvelle, remeublé à son intention, elle reçut de nombreuses visites : la reine exilée d'Angleterre, Henriette, fille de Henri IV, avec laquelle elle s'entretint longtemps ; l'évêque de

Grasse, Godeau, qui l'engagea, puisque finalement elle s'était convertie, à évangéliser les peuples du Nord ; les échevins de la ville de Paris qui lui apportèrent douze boîtes de confitures ; le duc de La Rochefoucauld, très curieux de la voir ; Mlle de Scudéry, sa correspondante d'autrefois ; le premier président de la Cour des aides qui lui adressa une interminable harangue sur la nécessité pour elle de faire le tour du monde afin de recevoir les respects du plus grand nombre de peuples possible ; enfin tous ceux qu'on pouvait remarquer à Paris pour leur « haute culture et leur commerce de bonne compagnie ». Quant aux députés du Parlement, ils réussirent le tour de force qu'elle leur donnât audience debout et la tête découverte. Ils ne viendraient, avaient-ils prévenu, qu'à cette condition, car ils tenaient à faire la distinction entre les princes étrangers et le roi de France qui seul avait droit, en leur présence, au chapeau et au fauteuil.

Elle visita, comme d'habitude, églises et bibliothèques, et parmi celles-ci, celle du roi, du président de Thou et des frères Dupuy, bibliophiles de premier ordre dont elle avait beaucoup entendu parler. Ménage lui présenta tous les écrivains importants, en particulier Chapelain qui n'eut pas plus de succès *de visu* que par correspondance. Sachant qu'elle parlait italien, il lui déclama un vers de Pétrarque : *Beati gli occhi chi la vida viva* [1], qui ne lui plut sans doute pas plus que *La Pucelle*, car elle se détourna sans un mot. D'ailleurs, elle commençait à en avoir assez :

— Monsieur Ménage connaît bien des gens de mérite ! remarqua-t-elle avec impatience.

Elle ne négligea pas davantage les galeries. Mazarin, prévenu qu'elle désirait voir ses collections, s'en inquiéta :

> Je vous prie de prendre garde que la foule n'entre pas dans mes cabinets, car on pourrait prendre mes petits tableaux, recommanda-t-il à Colbert.

Elle resta plusieurs heures chez lui, admirant particulièrement ses Corrège, et termina sa journée chez un autre grand collectionneur, le duc de La Vrillière, dont l'hôtel était « l'un des plus enrichis du royaume en peintures », et au palais du Luxem-

1. « Heureux ceux qui la virent en chair et en os ! »

bourg, alors palais d'Orléans pour y voir la suite de Rubens consacrée à la vie de Marie de Médicis.

Le 15 septembre, elle quittait Paris, laissant derrière elle des impressions diverses. Les Parisiens, comme toujours imbus de leur supériorité sur les étrangers, lui reprochaient de les avoir traités de haut. On la trouvait extravagante, capricieuse, pédante ; plus belle cependant que l'annonçaient ses portraits. Chapelain, rancuneux, déclarait « que la contrainte qu'elle s'est donnée pour un peu de temps n'eût pu durer à la longue ». C'était aussi l'avis du savant Bouilliau, qui écrivait à Huet :

> Elle a assez bien composé son personnage, mais comme l'on ne peut se composer toujours, elle commençait à reprendre ses habitudes et il en parut un échantillon au Louvre, la veille de son départ, en pleine assemblée, où une réplique à M. de Guise fut jugée *un poco libera.*

D'autres étaient plus indulgents, comme Guy Patin, qui revenait de ses préventions :

> Elle a l'esprit fort perçant et fort présent, elle n'est ni bête ni bigote, elle n'aime ni femmes ni filles, elle entend bien le latin, et en sait bien plus que beaucoup de gens qui en font profession.

Elle arriva à 7 heures du soir à Chantilly où le cardinal Mazarin l'attendait, mais elle lui avait déjà envoyé en émissaire son ami Chanut, et plusieurs billets pour « le convier à pousser avec chaleur les avantages que vous savez », c'est-à-dire à mettre à exécution le plus tôt possible l'expédition napolitaine :

> Il y va de votre gloire à maintenir le duc de Modène et il importe trop à la cause commune de conserver ce que vous avez conquis. Excusez ma hardiesse et attribuez au zèle que j'ai pour le service du roi l'incommodité que je vous donne.

Dès le premier regard, elle le perça à jour avec la perspicacité qui la caractérisait lorsqu'elle ne cédait pas à ses foucades. Et elle le décrit ainsi à Azzolino :

> « C'est un homne prudent, adroit et fin, il fait profession d'être homme d'honneur et le contrefait assez bien quelquefois, modéré

dans toutes ses passions, ou plutôt l'on peut dire qu'il n'en a qu'une seule, qui est la plus belle, et c'est l'ambition, il fait servir les autres à celle-là et n'a d'amour ni de haine qu'autant qu'il convient à son intérêt, qui n'est autre qu'un immense désir de régner. »

A peine était-elle installée dans le magnifique appartement qui lui était réservé qu'affluèrent les courtisans. Parmi eux se trouvaient deux jeunes gens de dix-huit et seize ans, habillés simplement, qui baisèrent comme les autres le bas de sa robe. C'était Louis XIV et son frère le duc d'Anjou. Impatients de voir la célèbre *amazone*, ils n'avaient pas attendu la rencontre officielle prévue pour le lendemain. Pour passer inaperçus, ils avaient ôté leur décoration de l'ordre du Saint-Esprit, mais la reine les reconnut aussitôt, renouvelant à sa manière l'exploit de Jeanne d'Arc à Chinon. Elle n'ignorait pas leurs traits, expliqua-t-elle en riant, et elle sortit de sa poche une miniature les représentant.

Celui qui serait un jour pour elle un coriace partenaire ne l'impressionna guère en cette première entrevue, elle vit seulement en lui un adolescent bien élevé, courtois mais timide, plein de bonne volonté mais pas aussi beau qu'on le disait, en somme plutôt apathique et peu capable de passions violentes. Il en avait pourtant une alors, pour Olympe Mancini l'une des nièces de Mazarin. Là encore, la reine jugea fort bien la situation, même si la conclusion qu'elle en tire dans sa lettre à Azzolino, ne sera valable que pour une autre Mancini et quelques années plus tard :

> Il est amoureux de Mlle Mancini, mais c'est avec une telle modération et vertu que je ne pense pas qu'il se soit jamais émancipé de lui toucher le bout du doigt... Je ne crois pas que Mazarin voudra exposer sa fortune à une épreuve si dangereuse et qui seule peut causer sa perte, car du reste il n'a rien à craindre, s'il ne se rend cet amour fatal en lui donnant sa nièce. Il le peut s'il le veut, mais je le tiens perdu s'il le fait, car cet amour ne peut être durable.

En 1659, en effet, Mazarin, malgré les prières de Louis XIV et les pleurs de Marie Mancini, les contraindraient à se séparer afin d'unir la France et l'Espagne par un mariage d'Etat.

Il restait à Christine à faire connaissance avec la reine Anne, mère du roi. Celle-ci redoutait cette rencontre avec une femme dont la réputation scabreuse ne s'accommodait guère avec sa piété devenue étroite et formaliste, car on n'était plus au temps où le séduisant duc de Buckingham se jetait aux genoux d'une jeune princesse étourdie. L'entrevue eut lieu au château du maréchal de La Mothe-Houdancourt, célèbre pour ses armoires en argent doré massif, pour les joyaux de la maréchale, et pour la maréchale elle-même, d'une beauté notoire.

Le premier abord causa quelque surprise. Mme de Motteville, dame d'honneur d'Anne d'Autriche, raconte que Christine avait l'air » d'une Egyptienne dévergondée qui par hasard ne serait pas trop brune ». Mais la reine de Suède avait, nous le savons, l'art de se faire aimer quand elle le voulait. Elle fut donc éblouissante d'esprit et de gaieté, d'une assurance souveraine, et elle peaufina la conquête d'Anne en louant ses mains, réputées les plus belles du monde.

Quant au jugement qu'elle-même porta sur son hôtesse, il était rempli de bienveillance :

> Je vous jure sur tout ce qu'il y a de plus saint et de plus sacré que la médisance a fait tort à la vertu de cette princesse, écrit-elle au cardinal Azzolino. C'est la plus vertueuse du monde, d'une piété singulière et exemplaire, incapable de manquer aux lois de l'honneur, à telle fin qu'on ne peut la soupçonner sans se rendre coupable d'une injustice manifeste, et si elle a fait pour Mazarin des choses extraordinaires en établissant son autorité, c'est qu'elle a conçu sa fidélité et sa capacité à bien servir le roi.

Il est plutôt piquant de voir Christine considérer comme un déshonneur une liaison entre une reine et un cardinal alors qu'elle s'adresse précisément au cardinal qui passait pour son amant, mais peut-être est-ce là une preuve indirecte qu'il ne l'était pas.

Son séjour à Compiègne ne fut qu'un tourbillon de fêtes, de comédies, de bals, de chasses, de banquets où Mazarin, connaissant son aversion pour le vin, lui faisait servir de nombreuses variétés d'eaux, au jasmin, au citron ou à l'orange. Les jésuites la régalèrent également de théâtre. On sait qu'elle ne les aimait pas parce qu'ils se vantaient trop haut de sa conversion et que leur général n'était pas venu la complimenter à son arrivée à Rome. Aussi leur dit-elle qu'elle trouvait leur pièce nulle et qu'elle ne les choisirait jamais « ni pour la confession ni pour la tragédie ».

Elle n'oubliait pas d'ailleurs de soutenir sa réputation par quelques plaisanteries salaces. Voyant les jeunes curieuses affluer autour d'elle, elle s'exclamait : « Qu'ont-elles donc toutes ces péronnelles ? Me prennent-elles pour un homme ? » Elle faisait une cour spectaculaire à la belle Mme de Thiange et lui proposait de la suivre à Rome, car, selon elle, c'était une sottise « de s'amuser à son mari, que le meilleur ne valait rien, et qu'il était fort à propos de le quitter ». Ainsi, beaucoup étaient convaincus, et le répétèrent dans leurs Mémoires, que la reine de Suède n'était qu'une lesbienne libidineuse. Elle se perdait ainsi elle-même par ses propos cyniques et provocateurs. Comme l'avait dit le peintre Bourdon, à Stockholm, pourtant peu suspect de complaisance pour elle : « Elle parle crûment de l'amour, mais n'est pas libertine. »

On s'habituait cependant à elle, à ses manières, à ses vêtements, et il devint même à la mode de s'habiller comme elle. Ce fut la favorite du moment, Olympe Mancini, qui lança la vogue du justaucorps et de la jupe courte, comme le dit la chanson :

La nymphe Mancine
Fort bien vêtue à la Christine,
D'une amazone avait les traits.

Christine d'ailleurs, pour les soirées de gala, avait la courtoisie d'adopter la robe « à la française », comme à la fête du 19 septembre, sa traîne tenue par la première femme de chambre de la reine Anne, au milieu de dames, dont — nous citons la délirante *Gazette* du lendemain —, « quelques-unes avaient à leurs coiffures des enseignes de diamants d'un prix inestimable, et tant d'autres pierreries sur leurs habits qu'elles paraissaient autant de soleils qui, renvoyant aux flambeaux beaucoup plus de lumière qu'ils n'en recevaient, formaient seuls le jour qui éclairait une si belle assemblée où était Son Eminence ».

Nullement étourdie par cette débauche de lumière, Christine n'en poursuivait pas moins ses objectifs et parvenait à ses fins, puisque le 22 septembre était conclu le « traité de Compiègne » selon elle, simple « projet de convention » selon Mazarin. Il était convenu par cet acte que la reine se mettrait à la tête d'une armée composée de troupes françaises et italiennes, celles-ci commandées par le duc de Modène. Christine s'engageait à utiliser toute l'influence dont elle disposait auprès du pape pour la réussite du plan et à équiper, avec des subsides versés par le roi, deux compagnies, dont l'une serait sa garde personnelle, en échange de quoi elle occuperait sa vie durant le trône de Naples, qui reviendrait au duc d'Anjou après sa mort. Le roi, quant à lui, devrait armer une flotte et fournir quatre mille hommes d'infanterie et quinze cents cavaliers. Le débarquement, dont le lieu serait déterminé par la reine, prendrait place au plus tard en février 1657.

Elle fut évidemment moins heureuse sur la question des subsides dont Mazarin, estimant avoir payé aux Suédois plus que son dû, ne voulait plus entendre parler. Tout ce à quoi il consentit, ce fut d'envoyer un messager au roi de Suède pour appuyer les réclamations de sa cousine et, afin de se montrer bon joueur, il lui prêta, sur sa cassette personnelle, cinquante mille écus.

Celui qui se réjouissait le plus de l'accord, c'était le marquis Monaldeschi, nommé maréchal de camp dans l'armée du duc de Modène. Malheureusement, il ne pouvait se mettre immédiatement à son service car il devait raccompagner la reine en Italie, et il se désolait, ne rêvant que de gloire guerrière.

Enfin, le 23 septembre, de très bon matin, Christine quittait Compiègne, accompagnée jusqu'à La-Croix-Saint-Ouen par la famille royale, puis, pendant une dizaine de lieues sur la route de Melun, par le cardinal. Son itinéraire la conduisait à Lagny. où la tradition veut, sans preuves déterminantes, qu'elle ait rencontré la célèbre Ninon de Lenclos, alors retirée dans un monastère, et qu'elle soit intervenue pour la réconcilier avec le roi. Il est plus sûr qu'elle fut à Melun l'hôte du surintendant Fouquet qui la traita avec cette magnificence royale qui bientôt le perdrait.

Mlle de Montpensier ayant demandé à la revoir, elles se retrouvèrent à Saint-Fargeau où résidait la princesse. La reine, descendue dans une simple auberge, la reçut en toilette de nuit, à peine éclairée d'une chandelle, avec une serviette roulée sur la tête en guise de bonnet, et le lit recouvert « d'une vilaine couverture verte ».

— Elle ne me parut pas jolie en cet état, note la visiteuse, déçue.

Le lendemain cependant, vêtue d'un justaucorps neuf, poudrée, propre, très gaie, Christine lâcha ses dernières fusées sur la princesse. Elle plaisanta à propos des dévotions romaines, de l'amour absurde du roi pour Olympe Mancini, et en profita pour vitupérer une fois de plus le mariage et son épouvantable conséquence, les enfants, mais, ce qui troublait le plus Mademoiselle chez la « reine gothique », selon l'expression de Mme de Motteville, c'était qu'elle voyageât sans dame d'honneur : « Rien n'est si bizarre, songeait-elle en revenant chez elle, que de voir une reine sans pas une femme. »

Le 9 octobre elle passait la frontière, après avoir donné à Lesseins un magnifique diamant comme cadeau d'adieu. La tâche du gentilhomme n'était pas achevée pour autant, elle le chargea d'un énième message pour le cardinal :

> Les nouvelles menacent le monde d'un grand calme, moi qui aime la tempête, je crains la bonace, mais vous qui avez si bonne connaissance de toute chose, vous me pouvez consoler de cette crainte, au nom de Dieu, n'oubliez rien de ce qui peut contribuer à votre gloire.

Autrement dit, Mazarin n'était pas au bout de ses peines.

*

Dans les Etats de la duchesse de Savoie, Christine de France, fille de Henri IV, où elle passa quelques jours, elle ne devait pas laisser que des regrets.

Enivrée peut-être par sa prochaine souveraineté, elle exigea une étiquette féroce, répartissant ses visiteurs selon un *distinguo* connu d'elle seule en trois catégories, ceux qui avaient droit à une chaise à dossier, ceux qui devaient se contenter d'un tabouret, et ceux qui n'avaient qu'à rester debout. Comme elle n'arrivait pas à obtenir satisfaction elle finit par faire la malade, afin de recevoir le moins de gens possible.

Elle ne pouvait regagner Rome, la peste y sévissant toujours, aussi s'installa-t-elle à Pesaro, la ville des Santinelli. Sa cour, ou plutôt la clique d'aventuriers qui en tenait lieu, était dominée par deux influences rivales, celle de Francesco Santinelli et celle de Monaldeschi. Ce dernier avait tout de suite été renvoyé à Paris pour y tenir Mazarin en haleine. Restaient le capitaine Tenderini, qui commandait une prétendue garde suisse, formée surtout de chenapans, et deux dames d'honneur, car on ne pouvait toujours éliminer les femmes. Elles étaient d'ailleurs aussi laides l'une que l'autre. La comtesse Rangoni avait « des cheveux plus morts que vivants » et une dent noire. Quant à la comtesse Orsini, qui n'avait rien à voir avec le prestigieux duc de Bracciano du même nom, elle n'avait plus de dents du tout et dissimulait sa décrépitude sous une grotesque couche de fards. D'après le vice-légat Lascaris, auteur de ces descriptions, elle ressemblait « à un de ces vieux étendards qu'avait autrefois le landgrave de Hesse ».

Lascaris, vieil ami du cardinal Azzolino, se faisait un devoir de lui fournir des rapports détaillés sur la vie à Pesaro. A force de surveiller la reine, il avait fini par en tomber amoureux. Il décrit ainsi une soirée en sa compagnie :

> C'était à rendre fou, surtout lorsque, prenant sur la table une certaine comédie française, elle se mit à la lire à la lueur d'une bougie, écrit-il au cardinal Azzolino. Elle lisait si bien le rôle de Diane amoureuse d'Endymion que plusieurs fois je fus sur le point de lui dire : — Madame, quoiqu'on m'appelle *lasca*, je crois qu'en vérité je ressemble au *cefalo*.

Il se retint heureusement car, même si elle appréciait parfois les plaisanteries gaillardes, il eût dépassé les bornes, *lasca* et *cefalo* signifiant la loche et le mulet, mais *cefalo*, en outre, le sexe masculin.

A elle, les soirées paraissaient bien longues. Elle ne se tenait plus d'impatience, la rapidité d'exécution lui semblant la meilleure arme pour couper court aux mesures que n'allaient pas manquer de prendre les Espagnols, s'ils se doutaient d'une attaque sur Naples. Le marquis Monaldeschi, éperonné sans trêve, harcelait le cardinal :

> Le temps avance, lui écrit-il le 11 janvier ; il faut quarante

> jours pour faire parvenir des fonds à la reine. Puisqu'il paraît que la peste s'améliore, ce serait un grand avantage de se porter aussitôt pour trouver l'ennemi désarmé et pénétrer facilement dans les Abruzzes.

Ce qui exaspérait Christine, c'était de ne pas recevoir l'argent prévu au traité de Compiègne, en particulier les sommes accordées pour l'achat de chevaux, et elle soupçonnait déjà son malheureux émissaire de se les être appropriées ; aussi suppliait-il Mazarin de les lui fournir le plus tôt possible :

> Le retard me nuirait beaucoup auprès de Sa Majesté qui, dotée d'un esprit résolu, demande toujours à ses serviteurs une extrême diligence.

Pour accélérer les négociations, elle envoya à son tour Santinelli à Paris, mais ils ne réussit pas mieux que Monaldeschi et tous deux revinrent à Pesaro avec seulement quinze mille écus et une réponse encore dilatoire : l'entreprise était ajournée de quelques mois. Christine, furieuse, remercia ironiquement Mazarin, en lui conseillant de débourser à l'avenir « des sommes plus robustes » s'il avait vraiment l'intention d'aboutir à un résultat. Et elle ajoutait, après quelques flatteries outrancières :

> Que Votre Eminence se souvienne qu'elle est italienne, et membre du Sacré Collège, et depuis peu cardinal, donc quelque fortune qui lui arrive, tout autre part qu'en Italie sera toujours inférieure à son mérite. Votre Eminence me comprend, et je la salue.

Autrement dit, soutenez un peu mieux mes projets et je vous fais pape.

*

Si Mazarin faisait ainsi le sourd, c'est qu'il avait un nouveau plan, celui de Naples n'ayant jamais été que secondaire dans sa stratégie. Pour en finir avec l'Espagne il lui fallait un allié plus puissant que la chimérique reine de Suède, et, dès le mois de mars 1657, il obtenait, à la suite d'un traité avec Cromwell, l'entrée en guerre des forces anglaises. Christine, bien entendu, l'ignorait, et elle continuait, avec une rage croissante, à guetter un feu vert qui ne s'allumait pas.

Enfin, n'y tenant plus, elle quittait Pesaro le 22 juin avec Monaldeschi et Louis Santinelli. Francesco avait été envoyé à Rome afin d'y régler les affaires privées de la reine. Une intervention du duc de Modène paraissant utile pour stimuler la « pondération » de Mazarin, elle s'arrêta dans sa capitale le 14 juillet, sans l'y trouver, le duc étant alors occupé au siège d'Alexandrie. Louis Santinelli lui fut dépêché, il rejoindrait la reine plus tard à Paris.

Les arguments qu'elle répétait inlassablement dans les nombreuses lettres qu'elle adressait à Mazarin, tout en poursuivant son voyage, ne manquaient pas de poids. Les Espagnols, disait-elle, avaient peu de cavalerie, leurs alliés de la péninsule, ruinés par la peste, n'étaient pas en mesure de les soutenir, Naples était en ébullition, un chef de brigands répandait la terreur dans les Abruzzes, c'était le moment d'attaquer par surprise.

Le 10 octobre, malgré les messages réitérés de Mazarin qui s'était décidé à lui écrire, mais pour la prier de ne pas venir, elle arrivait à Fontainebleau et s'installait dans le bâtiment de la conciergerie, relié au château par la galerie des Cerfs. Le cardinal souffrant de la goutte ou faisant semblant, elle dut se contenter de le talonner par correspondance. Comme elle avait engagé des sommes considérables pour équiper sa maison de future reine de Naples, achetant sans beaucoup de prudence de magnifiques uniformes napolitains pour ses gens, elle était fort à court et pleurait misère, assez peu fièrement :

> Je vous assure que si j'avais autant d'argent que le plus riche de mes amis que je connais, je l'emploierais au centuple ! Epargnez-moi la peine d'aller moi-même à Paris !

C'est dans ce climat d'exaspération et d'humiliation qu'elle allait commettre l'acte qui entacherait irrémédiablement sa réputation, le meurtre de Monaldeschi.

De ce drame subsistent plusieurs relations, l'une de la reine elle-même, version officielle aussitôt diffusée et sur laquelle elle ne varierait jamais ; une autre du père jésuite Le Bel, prieur du couvent des Mathurins de Fontainebleau, qui tint un rôle important dans l'affaire tout en ignorant ses motivations profondes, car il ne connaissait ni la reine ni son entourage, et quelques-unes émanant d'Italiens présents alors à Paris, peut-être partiaux en faveur de leur compatriote.

Dans les semaines précédant le meurtre, les nuages s'amoncelaient à la cour de Christine. Celle-ci, déjà irritée par les atermoiements de Mazarin. commençait à craindre d'être trahie. Sans voir qu'elle y avait elle-même contribué par ses imprudences, elle savait que le secret de l'expédition napolitaine n'en était plus un. Des bruits avaient filtré à Paris où l'on en parlait ouvertement, mais aussi à Madrid. Des contingents de renfort étaient partis pour Naples où l'on faisait construire de nouvelles fortifications. Surveillant le courrier qui venait d'Italie, elle acquit la conviction que son grand écuyer avait révélé ses plans aux Espagnols et que, pour perdre son rival tout en dissimulant son crime, il avait contrefait l'écriture de Santinelli dans une lettre où la culpabilité de celui-ci apparaissait clairement. Mais avant de le condamner, elle voulut le lui faire avouer. Aux premiers mots, il s'écria :

— Certainement Votre Majesté est trahie, soit par Santinelli, soit par moi-même, car nous étions seuls au courant de ses négociations, et je la supplie de ne pas pardonner un tel crime.

— Et que mérite-t-il donc, d'après vous ?

— La mort, et je m'offre pour l'exécuter.

— Bien, rappelez-vous ces paroles. Pour moi, je vous déclare que je ne pardonnerai pas.

Cette conversation figure seulement dans le récit de la reine. Suivons à présent celui du père Le Bel. Le 6 novembre, elle le fait appeler en sa qualité d'aumônier du château et lui remet un paquet cacheté et sans souscription, lui demandant de n'en parler à personner et de le lui rendre aussitôt qu'elle l'en prierait. Quatre jours plus tard, le 10, elle l'envoie chercher, « comme on achevait de me faire le poil », dit-il. Il prend le dépôt et se rend dans la galerie des Cerfs où il est convoqué. Il y trouve la reine en compagnie de quatre hommes, le marquis Monaldeschi, Louis Santinelli et deux gardes.

La reine décachète l'enveloppe que lui tend le jésuite, en sort quelques lettres et les présente à Monaldeschi, en l'appelant « traître ». Le grand écuyer, d'abord troublé, reprend ses esprits en constatant que ce sont des copies, de l'écriture de la reine. Il nie énergiquement, mais elle sort les originaux, et le marquis, confondu, se jette à ses pieds. Elle fait fouiller ses poches. On y trouve encore deux lettres, l'une à elle-même, l'autre à lui où — rendons la parole à Christine — elle apprend une nouvelle trahison, plus noire encore, « dont il voulait se servir pour confirmer la mauvaise impression qu'il avait tâché de donner de son ennemi ». Il s'agissait en effet de documents injurieux sur la conduite de la reine, avec une écriture imitée de celle de Santinelli.

Suivons à présent l'un des témoins italiens, Cesare Capitoni, adressant un rapport aux sénateurs d'Orvieto, ville natale de Monaldeschi. Ce dernier, écrit-il, nourrissait contre Santinelli une haine rendue avec usure, et il voulut profiter de son absence pour le perdre. Sachant que la reine se méfiait et faisait ouvrir le courrier d'Italie, il imagina d'y glisser de fausses lettres de son rival, calomnieuses pour Christine, afin « de mettre le feu à une mine destinée à pulvériser tous ses projets ». Malheureusement il s'y prit maladroitement, et la reine n'eut pas de peine à déceler la falsification.

Devant l'évidence de son forfait, Monaldeschi est contraint d'avouer. Pour se défendre, il jure qu'il a agi ainsi par zèle pour sa souveraine. Comme les lettres de Santinelli étaient par trop offensantes pour sa vertu, il n'a pas cru devoir les laisser *in extenso*, mais il en a copié des extraits, afin qu'elle fût au courant et pût réparer son honneur ainsi bafoué par l'indigne objet de sa faveur.

Plaider ainsi, auprès d'une femme comme Christine, c'est se perdre plus sûrement. Elle l'écoute pourtant avec attention, appuyée sur un petit bâton d'ébène à la poignée ronde, comme le remarque le père Le Bel. A celui-ci, elle dit calmement :

— Je me retire, et vous laisse à cet homme, disposez-le à la mort, et ayez soin de son âme.

Le marquis, épouvanté, crie grâce et demande l'exil dans quelque coin d'Europe où on n'entendra plus parler de lui. Elle lui répond qu'il vaut mieux mourir que vivre longtemps dans le déshonneur.

— Dieu vous fasse miséricorde, comme je vous fais justice.

A peine est-elle sortie que Monaldeschi se précipite aux pieds du père Le Bel, le suppliant d'intervenir. L'aumônier, très ému, se rend chez la reine et déploie pour sauver le malheureux toutes les ressources de son éloquence. Il lui dit ce qu'il doit dire, le tort qu'elle se fera en ordonnant sans jugement une exécution capitale, l'offense faite au roi et à son hospitalité, la nécessité chrétienne du pardon, et enfin, il lui conseille de s'en remettre à la justice royale en lui livrant le marquis.

Elle répond que c'est en elle seule que réside le droit de justice souveraine sur ses sujets, qu'on a envoyé à la roue des criminels moins coupables que ce traître, qu'elle a en main les preuves de sa perfidie, écrites et signées de lui, qu'elle n'est en France « ni captive ni réfugiée » et n'a donc de comptes à rendre à personne.

— Je ne puis, en conscience, accorder ce que vous demandez, conclut-elle.

Ce qui trouble le plus son interlocuteur, c'est le calme qu'elle montre, sans une manifestation de colère qui pourrait, à la rigueur, expliquer son attitude.

Il doit donc revenir dans la galerie pour confesser le condamné qui commence un monologue éperdu, en plusieurs langues à la fois, entrecoupé de gémissements et d'appels au secours. Comme arrive le père Passerini, son ami intime et aumônier de la reine, il se relève et court à lui. Les deux hommes se tiennent longuement embrassés, après quoi Passerini sort afin d'aller lui aussi implorer la reine. Louis Santinelli, qui n'a guère envie d'exécuter l'ordre, le suit, mais, au bout de quelques instants, il revient consterné :

— Marquis, dit-il, cette fois il faut mourir, es-tu confessé ?

Il lui porte un premier coup et le blesse seulement à la main. Pressentant peut-être son sort, Monaldeschi a revêtu une cotte de mailles, ce qui, au lieu de le protéger, va rendre son supplice plus long encore. Ses bourreaux s'acharnent. Il crie, demande pardon de ses fautes, se cite en exemple du châtiment qui attend les félons et conseille aux autres de ne pas se conduire comme lui. C'est ce qu'on lit dans le rapport de la reine qui avait intérêt à mettre l'accent sur la contrition de sa victime, de même qu'elle accuse Monaldeschi, dans ce récit, d'avoir également trahi le pape, dont il était le sujet, en répandant à son propos d'odieuses pasquinades. Elle prenait ainsi ses précautions en vue de son retour à Rome.

Enfin, après un dernier coup à la gorge, le pauvre marquis tombe sur le carreau, se tourne vers le mur et, au bout de longues minutes encore, rend le dernier soupir. Toute la scène a duré plus de trois heures. Le corps est aussitôt transporté dans l'église d'Avon où devaient avoir lieu les funérailles. La reine donna cent livres pour faire célébrer des messes, elle obéissait à sa logique.

*

Elle envoya immédiatement le capitaine de ses gardes, Tenderini, annoncer au cardinal et au roi l'exécution de son grand écuyer. Mazarin répondit aussi promptement, exprimant son extrême surprise devant « cet étrange accident », lequel, ajouta-t-il, « portera assurément grand préjudice à l'affaire qui est sur le tapis ». Il lui suggérait d'étouffer sans tarder l'événement en faisant répandre le bruit d'un duel entre ses gentilshommes et en renvoyant les assassins au plus tôt.

C'était mal la connaître. Ayant donné au condamné toutes les garanties possibles pour son salut éternel, elle n'éprouvait aucun remords. Elle avait agi conformément à son droit de souveraine, expressément mentionné dans son recès d'abdication. L'argument selon lequel, ce pouvoir souverain, elle l'avait exercé précisément dans un lieu où elle ne disposait d'aucune souveraineté, elle le réfutait de même : elle était reine absolue de sa maison partout, créant par sa propre présence son droit de territorialité.

Le bruit de l'assassinat venait de se répandre dans la capitale, suscitant colère et horreur. Mazarin lui adressa alors Chanut, chargé de lui peindre ces réactions populaires de la manière la plus propre à la dissuader de venir à Paris. Il n'y réussit pas, mais dut transmettre à Mazarin la lettre la plus explicite de la véritable nature de la reine, écrite par elle-même. Si Chanut, l'un de ses meilleurs amis, disait-elle, n'était pas parvenu à lui inspirer une terreur panique, ce n'était certes pas faute d'éloquence, mais :

> Nous autres, gens du Nord, sommes un peu farouches et naturellement peu craintifs. Je vous prie de croire que je suis capable

> de tout pour vous plaire, hors de craindre. Vous savez qu'un homme qui a passé trente ans ne craint guère les sornettes, et moi je trouve beaucoup moins difficile d'étrangler les gens que de les craindre. Pour l'action que j'ai faite avec Monaldeschi, je vous dis que si je ne l'avais pas faite, je ne me coucherais pas ce soir sans la faire, et je n'ai nulle raison de m'en repentir, mais j'en ai plus de cent mille d'en être ravie.

Chanut avait reçu un billet personnel, où elle renchérissait encore :

> Je ne connais personne assez grand, ni assez puissant, pour me faire démentir mes sentiments, ni pour m'obliger à désavouer mes actions. Je ne vous dis pas cela comme un secret que je confie à un ami, mais je vous le dis comme un sentiment que je suis prête à déclarer à toute la terre, et l'on ne pourra m'empêcher de l'avoir, ni de le déguiser [*sic*] qu'en m'empêchant de vivre.

Elle ne permit à personne de la justifier. Lorsque, le 15 novembre, elle écrit à Santinelli pour qu'il répande à Rome sa version de l'événement, elle lui interdit de prendre d'aucune manière sa défense :

> Je prétends ne rendre compte qu'à Dieu seul, qui m'aurait punie si j'avais pardonné au traître son énorme délit, et que cela vous suffise !

Bien des années plus tard, elle se fâcha presque avec Heinsius qui avait été incarcéré à Münster pour avoir plaidé sa cause à propos de cette vieille histoire. Elle intervint pour le faire libérer, mais en lui enjoignant de ne plus jamais parler d'elle, ni en bien ni en mal, parce qu'il ne pouvait dire que des bêtises et parce que, de toute manière, elle se moquait de ce que la Westphalie pensait de l'innocence de Monaldeschi.

*

Le roi, la reine et le cardinal étaient plutôt embarrassés que consternés. D'ailleurs, si Christine avait daigné se justifier, n'aurait-elle pu évoquer les prédécesseurs du jeune Louis ? Sans remonter aux Valois et à Henri III faisant abattre sous ses yeux le duc de Guise, le père même du roi, Louis XIII, n'avait-il pas éliminé le maréchal d'Ancre, Concini, favori de sa mère, de la même manière et avec aussi peu de précautions juridiques ?

Loin d'envisager la moindre mesure de rétorsion, Mazarin continuait au contraire à s'employer pour l'aider dans son contentieux financier avec la Suède. Il est significatif que quinze jours après le meurtre de Fontainebleau il s'adresse à l'ambassadeur de France auprès de Charles X-Gustave pour qu'il appuie une énième demande d'argent :

« Je serais très aise de servir cette princesse », écrit-il, et, dans la même lettre, il l'informe « avec un grand déplaisir [que], par quelque mauvais conseil », la reine de Suède a fait tuer son grand écuyer. Après lui en avoir donné le détail, il conclut que « le roi et la reine lui ont fait savoir qu'ils n'approuvaient pas cette action, mais en même temps lui ont donné toutes les marques d'affection qu'elle pouvait désirer ».

Quel que fût leur mécontentement, le roi et son ministre se devaient de ménager Christine. La Suède, sous l'impulsion de son nouveau maître, redevenait une grande puissance militaire. Après avoir conquis la Pologne en trois mois, Charles X menaçait le Brandebourg, engageait la guerre avec le Danemark et, « nouveau Moïse », il allait réussir l'exploit de faire traverser à son armée le Belt gelé, — au risque de voir se briser la glace sous le poids des chevaux — suivi par l'ambassadeur de France plus mort que vif. Le siège de Copenhague aboutirait à la déconfiture du Danemark qui signerait, en février 1658, une paix désastreuse. Au début de cette année 1657, un nouveau traité avait resserré la vieille alliance franco-suédoise ; de plus Mazarin, qui connaissait parfaitement les affaires de Suède par les rapports substantiels que lui envoyait naguère Chanut, n'ignorait pas l'attachement de Charles-Gustave pour sa cousine.

Après une petite quarantaine convenable, Louis XIV et son frère, escortés d'une foule de courtisans, se rendirent donc à Fontainebleau. La visite dura une heure, après quoi, reconduits par Christine jusqu'à leurs carrosses, les deux princes regagnèrent la capitale sous les acclamations populaires.

D'autres curieux se montrèrent, dont l'incorrigible Mademoiselle, toujours à l'affût de sensations fortes. Elle les eut car la galerie portait encore les marques de ce qui s'y était passé, mais la reine elle-même n'avait changé ni en assurance ni en gaieté :

« Elle me parut aussi jolie que la première fois que je l'avais vue. »

L'opinion parisienne était toujours très montée contre elle. Le gouvernement avait interdit un pamphlet meurtrier, *Métempsychose de la reine Christine*, qui la dépeignait en Sémiramis faisant tuer de simples soldats après avoir couché avec eux, mais l'hostilité n'était pas désarmée pour autant. Les plus consternés étaient les Italiens séjournant à Paris, partagés entre l'humiliation et la colère. Leurs compatriotes en effet ne sortaient guère grandis de l'affaire. Monaldeschi s'était conduit lâchement, quant à Santinelli et à ses aides, ils allaient valoir aux Transalpins, déjà réputés empoisonneurs, la qualité supplémentaire de « sicaires ». L'un écrit que la « bestialité » de la reine scandalise tout le monde, d'autant plus, ajoute-t-il, qu'elle se vante de son acte, montrant même le parquet ensanglanté à ses visiteurs. Un autre vitupère cette « reine sans royaume, princesse sans sujets, libérale sans argent, politicienne sans raison, formidable sans force, chrétienne sans foi, artisan finalement de sa propre ruine ». Et il conclut : « Il faut plus de vertu pour vivre en personne privée parmi les gens raisonnables de l'Europe méridionale qu'à faire la reine dans les froides régions du Septentrion. »

Certains, pourtant, philosophes ou juristes, la défendaient à grand renfort d'arguties. Dans de nombreuses universités parurent de pédants débats sur le point de savoir si un souverain ayant abdiqué était fondé à se faire justice chez un monarque étranger, et tous, même Leibniz, concluaient par l'affirmative. Cent ans plus tard, cela outrait d'Alembert :

« La postérité trouvera bien étrange qu'au centre de l'Europe, dans un siècle éclairé, on ait agité sérieusement si une reine qui a quitté le trône n'a pas conservé le droit de faire égorger ses domestiques sans autre forme. Il aurait fallu se demander plutôt si Christine, sur le trône même de Suède, aurait eu ce droit barbare. »

*

La raison pour laquelle Christine fit exécuter son grand

écuyer n'a finalement jamais été éclaircie. Un seul homme, dit-on, la connaissait, Clairet Poissonnet. Nous savons qu'il était d'une discrétion à toute épreuve, il a donc emporté ce secret dans la tombe. La version de la reine a prévalu, selon laquelle Monaldeschi l'avait trahie en révélant ses plans au gouvernement espagnol. Pourtant, Monaldeschi était un patriote napolitain, il avait dejà combattu pour cette cause et ne demandait, toute sa correspondance le prouve, qu'à s'engager de nouveau dans l'armée du duc de Modène à la famille duquel il était dévoué de longue date. Le duc lui-même l'estimait et, prévoyant un changement dans la faveur de Mazarin au cas où l'affaire de Naples échouerait, il lui proposait son appui, si l'on en croit la copie d'un billet qu'il lui adressait le 16 octobre 1657 :

> La partialité que vous avez pour la France mérite d'être payée de retour. Je vous assure cependant que, quand vous viendriez à ce sujet à subir quelque persécution, je vous donnerais refuge dans mes Etats et vous procurerais de plus une situation à ma cour pour assurer votre subsistance.

On ne voit pas pourquoi Monaldeschi eût trompé cette confiance et se fût renié en devenant l'espion de Madrid. Christine prétendit toujours qu'il avait avoué. Elle est seule à le dire, comme nous l'avons vu. En fait il reconnut seulement avoir inventé, en falsifiant l'écriture de Santinelli, des rumeurs injurieuses pour la reine. Un autre témoin italien, l'abbé Ercole Manzieri, résident de Modène à Paris, va plus loin en affirmant qu'il s'agit là d'un prétexte inventé de toutes pièces par la reine pour se justifier :

> On a encore trouvé de dire, pour mieux sauver la reine, que Monaldeschi était en correspondance avec les Espagnols, écrit-il au duc de Modène le 16 novembre, et qu'il leur a révélé ses affaires, mais finalement elle s'est grandement discréditée en cette action qui pouvait être exécutée ailleurs et d'une manière plus appropriée, quand même les circonstances l'y auraient portée.

Diplomate en fonctions, l'abbé Manzieri devait être informé des agissements de Monaldeschi, et on voit qu'il ne croyait guère à cette version des événements. En fait l'inculpation de trahison servit à justifier un acte qu'on ne voulait pas expliquer autrement. Il n'y a pas lieu pour autant d'adopter une autre interprétation, pourtant relevée par quelques contemporains, selon laquelle il se serait agi d'une rivalité entre les deux amants de la reine, Santinelli et Monaldeschi. Le vice-légat de Pesaro, Lascaris, qui surveillait les faits et gestes de la reine pour les rapporter à son ami Azzolino, n'eût pas manqué de lui faire part, s'il en avait, de ses soupçons. « La reine n'aime qu'elle-même », écrit-il au contraire. Que ces Italiens peu recommandables n'aient été pour elle que des amuseurs, son orgueil en est le garant. Elle qui autrefois avait sacrifié une ardente passion pour l'un des plus grands seigneurs de Suède n'allait pas s'encanailler avec des hommes de petite noblesse, d'autant plus qu'elle avait au cœur un autre amour, celui auquel elle serait fidèle jusqu'au bout.

En fait, le meurtre de Monaldeschi reproduit un scénario déjà joué à deux reprises, avec pour victimes La Gardie et La Cueva. Dans les deux cas, le favori assure sa perte par sa prétention à avoir des droits sur la reine, elle le châtie aussitôt et, loin de se repentir de son acte, de le dissimuler ou de s'en justifier, le revendique publiquement. La Gardie avait été chassé de la Cour et privé de ses charges, La Cueva faillit recevoir des coups de bâton, Monaldeschi paya sa faute plus chèrement, mais cela relevait du même code. La reine, forte de son droit souverain, pouvait tout se permettre. A eux, les subalternes outrecuidants, d'apprendre à leurs dépens jusqu'où ils pouvaient aller trop loin.

*

La visite du roi et de son frère n'avait été qu'une demi-rentrée en grâce, destinée à sauver les apparences. En réalité, on la tenait à distance, sous le double prétexte de l'Avent, peu propice aux réjouissances, et de la goutte du cardinal. Sa seule ressource était la correspondance, dont elle ne se privait pas. Les messagers ne cessaient d'aller et venir entre le Louvre et Fontainebleau.

> Je ne vous prescris point le temps dans lequel je souhaite d'être délivrée du purgatoire où je suis, écrit-elle à Mazarin, mais je vous prie de considérer que je ne puis retourner en Italie avec

> honneur sans vous avoir parlé ni sans retourner à la tête de l'armée que vous m'avez promise.

Et elle insinuait, plutôt maladroitement, qu'elle se fiait toujours à lui, en dépit des avertissements qu'elle avait reçus, mais le cardinal n'était pas homme à s'émouvoir de ce genre de flèches. En ce qui concernait les négociations financières avec la Suède sur lesquelles elle le harcelait aussi, il se contentait de bonnes paroles, tout comme les envoyés de Charles-Gustave, le comte Tott et le diplomate Courtin. Ceux-ci informaient la reine de sa part qu'il lui cédait de bon gré le reliquat des « sommes de satisfaction » dues par la France. Plus réaliste qu'elle, il savait bien qu'il n'avait aucune chance de les toucher. Cette générosité lui coûtait donc peu, et pas davantage à Mazarin qui était déterminé à ne rien payer, tout en faisant valoir hautement ses services.

Cela ne le débarrassait pas pour autant de l'importune que, le carnaval venant, il fallut bien recevoir à Paris. Espérant l'inciter à un bref séjour, il lui offrit son propre appartement au Louvre, se réduisant lui-même à un cabinet exigu, mais comme cela lui paraissait la moindre des choses, elle restait, d'ailleurs ragaillardie par l'odeur délicieuse des subsides, et s'amusait comme une folle, courant les bals masqués sous les déguisements les plus étranges, ridicule au dernier point, nous dit Mademoiselle. Chez les princes, c'était à qui ne l'accompagnerait pas, mais le public se pressait pour voir de près l'excentrique célèbre. Deux jeunes voyageurs de passage à Paris, racontant leurs impressions, nous disent combien il ont été frappés par le regard fier de ses beaux yeux bleus, si étincelants « qu'il faut être bien hardi pour soutenir sa vue lontemps ». Ils ont noté aussi sa démarche singulière de danseuse de « passades en demi-volte » et cette posture, campée le pied en avant, que Chanut soulignait autrefois « lorsqu'elle parlait d'action ».

L'Académie française se devait de recevoir celle qui avait été sa plus illustre correspondante. Elle en avait exprimé le désir, disant « qu'elle croyait qu'on pardonnerait à la curiosité d'une fille qui avait souhaité de se trouver en une compagnie de tant d'honnêtes gens pour qui elle avait toujours eu une estime et une affection particulières ». On voit ici cette curieuse et peut-être révélatrice manie qu'elle avait d'employer à son propos le mot de *fille* plutôt que celui de *femme*.

Le 11 mars, elle arrivait donc à l'hôtel Séguier escortée de son amie Mme de Brégy, épouse d'un ancien ambassadeur en Pologne, et de Bourdelot qui ne la quittait pas. Elle remarqua tout de suite que son portrait, envoyé pendant son règne, ne s'y trouvait pas. Elle s'étonna ensuite de ne pas voir Ménage, et encore plus lorsqu'on lui répondit qu'il n'y était pas parce qu'il n'en était pas digne. Ménage en effet était en froid avec la compagnie pour s'être copieusement gaussé de son Dictionnaire.

Elle fut encore plus surprise en constatant que les académiciens demeuraient assis, et elle dut se satisfaire du précédent de Henri IV, lequel n'obligeait nullement les gens de lettres à demeurer debout en sa présence. La séance ayant commencé, chacun eut à cœur de débiter ses propres ouvrages. Cotin lut sa traduction de Lucrèce, Bois-Robert un sonnet, Pellisson « une petite ode d'amour » et le président proposa un *Traité sur la douleur*, « sujet assez propre à lui faire connaître la douleur de la compagnie de ne se pouvoir pas mieux acquitter de ce qui était dû à une si grande reine et de ce qu'elle devait être si tôt privée de sa vue par le prompt départ de Sa Majesté ».

Jusque-là tout restait convenablement ennuyeux. Les choses se gâtèrent lorqu'on aborda le Dictionnaire. Comme le mot *mélancolie* ne convenait pas à l'allégresse des assistants, on préféra celui de *jeu*, et, pour en expliquer l'emploi, on eut recours au dicton : « Ce sont là jeux de prince qui ne plaisent qu'à ceux qui les font. » Etait-ce là gaffe de balourds ou reproche feutré de spirituels professionnels ? La reine en rougit de dépit, se força à sourire, et leva la séance.

Quant à la famille royale, elle ne pouvait plus souffrir l'agitation de son hôte qui bousculait à plaisir les habitudes de la Cour, se couchait tard, se levait tôt et surgissait dans la soupente de Mazarin à n'importe quelle heure du jour et de la nuit, masquée en turque ou en bohémienne, pour l'entretenir de l'expédition de Naples. Malgré tout, elle n'arrivait pas à ses fins et s'abouchait avec le représentant du duc de Modène à Paris pour qu'il fît savoir à son maître, comme elle l'écrit à celui-ci, « les graves considérations qui m'obligent d'avoir recours à vous pour obtenir assistance pour l'exécution de mes projets et buts ».

La reine Anne, excédée, finit par dire qu'elle s'en irait si la reine ne partait pas, et le cardinal, pour s'en débarrasser, dut débourser une partie des subsides, comme il l'annonce au chevalier de Terlon, alors ambassadeur à Stockholm :

> Dites au roi de Suède que je me suis appliqué avec soin et succès à empêcher cette reine de lui aller tomber sur les bras, et que cela coûte quatre-vingt mille écus au roi.

Enfin, le 18 mars, Christine quittait enfin Paris et Mazarin guérissait miraculeusement de la goutte.

*

Ce fut d'abord sur les bras du duc de Modène qu'elle tomba. Elle fit un détour pour passer par ses Etats, comme elle le lui annonçait de Lyon, le 27 mai, afin d'« avoir la satisfaction de voir Votre Altesse et conférer avec Elle de plusieurs affaires importantes qu'Elle ne sera peut-être pas fâchée d'apprendre ».

Le pape lui non plus ne la vit pas revenir avec satisfaction. L'« accident » de Fontainebleau était à présent connu à Rome et, selon le père Duneau, la reine y était en « abomination ». Personne n'ajoutait foi à sa version du meurtre de Monaldeschi, en particulier les parents de la victime, dont le cardinal Cafarelli, qui criaient leur colère. Les cardinaux Azzolino et Barberini l'accueillirent seuls à son arrivée, et Alexandre se garda bien de quitter Castel Gondolfo où il séjournait. Il se contenta de lui adresser, porté par quatre-vingts laquais, un superbe *rinfresco* de bienvenue qui fit du bruit :

« Le pape lui a envoyé des rafraîchissements, à savoir des bouteilles de vin, peut-être des médailles, des chapelets, des indulgences et autres bagatelles de ce pays de papolâtries », plaisantait Guy Patin. Quant à Christine, ce présent lui donnait l'occasion d'une nouvelle insolence : « On ne comprend pas bien à Rome le métier de guerre, puisqu'on y approvisionne les places avant de les assiéger. »

Alexandre VII, en effet, apprenant que la reine songeait à lever des troupes pour conquérir Naples, avait interdit tout enrôlement, et se trouvant au Quirinal trop près du palais Mazarin où elle s'était provisoirement installée, il avait fait doubler sa garde, ce à quoi elle ripostait en licenciant la sienne, puisqu'elle était « si bien gardée ». Prisonnier du mythe de la « glorieuse conversion », le pape ne pouvait que ronger son frein à propos de « cette femme née barbare, barbarement élevée et vivant avec des pensées barbares ».

Le petit peuple ne prenait pas tant de précautions, indigné par le crime de Fontainebleau. Et lorsque Santinelli se montrait en public, il était salué d'un : *Ecco il fratello del boia* [1]. Quand on apprit qu'un musicien de la reine était mort subitement dans le propre appartement du grand chambellan, on l'accusa aussitôt de l'avoir empoisonné. Cela ne diminuait d'ailleurs en rien sa superbe. Mécontent que la cour pontificale lui refusât le titre d'*Excellence*, il tirait les rideaux de son carrosse lorsqu'il croisait celui de Fabio Chigi, le cardinal-neveu. Christine, de son côté, fidèle à sa méthode du défi ininterrompu, ne lui adressait aucune remontrance, malgré les conseils d'Azzolino, et redoublait au contraire de faveurs, conformément à sa logique : si Monaldeschi était coupable, Santinelli était innocent.

Il finit cependant par se discréditer définitivement, non par excès de malhonnêteté mais par un beau roman d'amour. Il s'était épris, payé de retour, d'Anna-Maria Aldobrandini, veuve du duc de Ceri. Celui-ci venait de disparaître, par les soins, ne manquait-on pas de dire, de Francesco Santinelli. La duchesse, fort riche, appartenait à l'aristocratie romaine, étant la petite nièce d'un pape. Sa liaison avec un chevalier d'industrie de Pesaro faisait scandale, et le pape, devant le refus obstiné de Christine d'éloigner le séducteur, fit enlever la coupable et l'enferma dans un couvent, puis, comme Santinelli avait réussi à y pénétrer, dans la forteresse Saint-Ange.

Ainsi le souverain pontife violait-il publiquement le droit de justice détenu par Christine sur ses serviteurs. Elle cria sa rage et le pape dénonça en retour son « orgueil féroce et presque insupportable ». La tension montait ; heureusement, le cardinal Sforza Pallavicino, ami personnel du pape, et Azzolino, conseiller très aimé de la reine, s'entremirent. La paix fut replâtrée et Christine dut accepter l'exil de Santinelli. Pour ménager sa susceptibilité, elle le chargea d'une mission diplomatique à

1. « Voilà le frère du bourreau. »

Vienne. Il devait proposer à l'empereur de lever aux frais de Christine une armée de vingt-mille hommes afin de récupérer la Poméranie — alors aux mains des Suédois — qui, à la mort de la reine, serait rattachée à l'empire. Elle avait juré dans son acte d'abdication de ne jamais porter atteinte aux intérêts de la Suède. Il vaut donc mieux croire, pour son honneur, que la démarche de Santinelli n'était destinée qu'à sauver les apparences et à lui assurer une sortie convenable. L'affaire d'ailleurs n'aboutit pas.

Dès que Santinelli eut disparu, le cardinal Azzolino qui, en l'absence de Christine, avait réuni toutes les preuves des malversations dont s'était rendu coupable son grand chambellan, s'empressa de les lui mettre sous les yeux. L'homme de confiance les avait poussées jusqu'à s'emparer des bijoux qu'il devait dégager, de l'argenterie dont il avait fait effacer les armes pour les remplacer par les siennes, et des fameux uniformes napolitains qu'il avait vendus à un usurier. Les yeux enfin dessillés, passant d'un extrême à l'autre, elle parla de traîner le voleur devant les tribunaux, ce qui était un progrès dans sa manière d'exercer la justice. Cette procédure n'eut pas lieu car Santinelli se garda bien de revenir à Rome. La reine ne le revit jamais. Après La Gardie, Pimentel et La Cueva, c'était le quatrième *exit*.

Monaldeschi était vengé, à demi seulement, car, malgré tout, l'histoire finissait bien pour son rival. Il épousa sa riche veuve et ils eurent quelques enfants. Quant à Christine, sa maison fut entièrement rénovée par les soins du cardinal Azzolino qui y plaça, certes, ses créatures, mais d'honnêtes serviteurs, Matteo Santini, un peu buveur et un peu coureur, mais intelligent, polyglotte et doué d'une « belle main », le médecin Cesare Macchiati, chargé de mettre de l'hygiène là où il n'y en avait guère, et le majordome De Marchis.

L'aventure napolitaine tournait court. Pourtant, le 7 mars, Christine avait signé avec le duc de Modène un traité qui devait être le pendant de celui de Compiègne. En fait le duc se moquait d'elle : l'accord revenait à dire qu'il n'entrerait en action qu'en cas de succès ! Lorsque Turenne et le corps expéditionnaire anglais remportèrent, en juin 1658, la victoire des Dunes, loin d'y voir le tombeau de ses espérances, la reine se réjouit bruyamment. Elle s'imaginait déjà l'arbitre de la situation entre les alliés et le pape qui, à cause de cela, ne lui ménageait pas les mauvais procédés : « incivilité usée avec moi pour la seule appréhension que j'aurais à promouvoir les intérêts de la France et ceux de Votre Excellence », écrit-elle au duc de Modène.

Le cardinal Mazarin l'entretenait d'ailleurs lui-même dans cette illusion. La victoire des Dunes et la chute, peu après, de Dunkerque n'étaient que le prélude d'un processus de paix encore aléatoire, et le pape s'étant déclaré ouvertement contre l'expédition de Naples et par conséquent officiellement proespagnol, Christine pouvait à l'occassion être utile. Par lettre du 2 juillet, Mazarin l'assurait donc encore que « Sa Majesté a résolu d'y employer des forces capables d'obliger Sa Sainteté d'être avec nous ». Mais, peu à peu, les armes se taisant et le duc de Modène étant mort en octobre, elle finit par abandonner aussi le projet, non pas parce qu'elle devenait raisonnable, mais au contraire parce qu'elle enfourchait une nouvelle chimère, une alliance de tous les princes chrétiens contre les Turcs, animée naturellement par elle. Elle envisageait de lever un régiment à ses frais — elle si besogneuse — sous les étendards de Venise dont le commandement aurait été confié à Louis Santinelli qui, comme son frère, avait le plus grand besoin de se faire oublier. Mais d'autres événements, plus excitants encore, n'allaient pas tarder à la mettre en mouvement.

6

LA SÉMIRAMIS DES NEIGES

Le 3 février 1660, Charles X-Gustave mourait subitement à son quartier général de Gothembourg, laissant un enfant de cinq ans de santé fragile, ce qui reproduisait les circonstances de 1632, à la mort de Gustave-Adolphe. La nouvelle fut connue à Rome en avril et Christine aussitôt décida de se rendre à Stockholm. Comme toujours elle manquait d'argent, et cette fois encore le pape lui en prêta, avec peut-être les mêmes arrière-pensées que les siennes : elle allait redevenir reine de Suède, et, dans ce cas, l'Eglise aurait une nouvelle chance de convertir le royaume tout entier.

Elle partit le 20 juillet, voyagea selon son habitude à un train d'enfer et arriva à Hambourg un mois plus tard. Ce fut pour y apprendre la fin de la guerre. Le traité d'Oliva, le 3 mai, avec la Pologne et le Brandebourg, et celui de Copenhague, le 6 juin, avec le Danemark assuraient une paix très avantageuse pour la Suède qui conservait une bonne part des conquêtes de Charles-Gustave, et, surtout, le roi de Pologne, Jean-Casimir, renonçait solennellement à ses prétentions au trône des Vasa. Aucun envoyé de l'empereur n'attendait Christine : la négociation confiée à Santinelli avait échoué si elle avait jamais eu lieu, et était désormais sans objet.

Ce qu'elle reçut en revanche, ce fut un message du gouvernement suédois la priant de ne pas poursuivre sa route. Il avait en effet les mêmes raisons de la refouler qu'elle de passer de force : on était en pleine session de la diète, et la reine n'avait pas quitté son pays depuis si longtemps qu'on eût oublié ses bienfaits, amplifiés par l'absence. Les dirigeants, grands seigneurs riches et puissants, étaient tout aussi haïs qu'en 1650, ils pouvaient craindre qu'à la faveur d'une popularité réactivée l'ex-souveraine ne cherchât à reprendre une couronne que détenait un petit roi bien fragile, et ils ne se trompaient guère. Il leur était cependant impossible de lui défendre l'accès du royaume alors qu'on avait tant insisté pour qu'elle ne s'installât pas à l'étranger.

Le Conseil était donc très perplexe. Tous n'étaient pas hostiles à la reine. Le ministre de la Justice Brahe, l'amiral Stenbok, le trésorier Bonde étaient suffisamment âgés pour l'avoir connue enfant et la considérer encore comme la fille sacrée du Grand Gustave. Le connétable Wrangel lui devait ses privilèges et son immense fortune. Son ancien favori, Clas Tott, devenu gouverneur général de Livonie et l'un des plus brillants diplomates de Suède, était plus réservé. Malheureusement, le chancelier nommé sur son lit de mort par Charles X-Gustave n'était autre que Magnus-Gabriel de La Gardie, son pire ennemi.

Pour eux tous cependant, la reine était devenue une vagabonde excentrique qui ridiculisait leur pays, et l'un d'eux alla jusqu'à proposer qu'on la retînt dans l'ile d'Öland, un de ses fiefs, sous la surveillance d'un geôlier à poigne. Cela fit rire Magnus qui la connaissait mieux que personne.

— Essayez donc de l'amener jusque-là !

C'est pourquoi on avait d'abord essayé la dissuasion par l'entremise du comte Brahe dont autrefois elle écoutait volontiers les conseils. Elle lui répondit par une fin de non-recevoir tout en le traitant, avec son exagération coutumière, de « libérateur du peuple ». En fait, le comte s'était contenté de s'opposer à la nomination, comme tuteur du roi, de son oncle le prince Adolphe-Jean, très impopulaire.

Poursuivant son chemin sans désemparer, elle débarquait en Scanie à la fin de septembre. A Halmstadt, un nouveau messager se présentait, le maréchal de Linde, celui qui l'avait escortée à son départ de Suède. Il ne réussit pas davantage à lui faire rebrousser chemin et dut au contraire la suivre en direction de la capitale, avec la même folle allure que six ans plus tôt. Le 12 octobre, elle était reçue à Stockholm avec les honneurs royaux par les sénateurs au complet, le roi et sa mère, la jeune reine Hedwige-Eléonore que Christine avait autrefois conseillé à son cousin d'épouser.

Elle fut installée le soir même dans son ancien appartement aux Trois-Couronnes. On la retrouvait inchangée, extravagante et mal habillée. Sa suite était composée exclusivement d'Italiens, ce qui indisposa d'emblée les Suédois pour lesquels ces étrangers catholiques étaient autant de vauriens dépravés et d'empoisonneurs en puissance. On les soupçonnait en outre d'être des jésuites déguisés. Un certain comte Negretti, voyageant en Suède, l'avait appris à ses dépens. Mal reçu à la Cour, il avait dû assister au repas du roi de loin, car il pouvait avoir le « mauvais œil », et il avait été contraint de quitter rapidement le pays.

L'entourage de Christine n'avait d'ailleurs rien de brillant. Le nouveau grand chambellan, Horace de Bourbon, marquis del Monte, ne déparait pas la collection des favoris de Christine. Comme ses prédécesseurs, il était beau, vigoureux, spirituel, hâbleur, débauché, goinfre, dépensier, tricheur, égoïste, cupide et hardi. Fort de son patronyme, il se prétendait apparenté au roi de France, et Christine soutenait cette revendication pour agacer Louis XIV, comme pour agacer le pape elle l'avait engagé bien qu'il fût, pour quelque délit, banni des Etats pontificaux. Quant aux comtesses Rangoni et Orsini, elles n'accompagnaient pas la reine. Trop prétentieuses, donc trop coûteuses, elles avaient été remplacées par de simples femmes de chambre encore plus laides.

Le plus suspect était évidemment l'aumônier, l'abbé Santini, qui, dès le lendemain de l'arrivée à Stockholm, célébrait la messe dans l'appartement de la reine. Ainsi, soit piété réelle soit plutôt défi, elle montrait qu'elle entendait à la fois jouir de ses prérogatives royales et afficher sa nouvelle foi. Ce n'était certainement pas le moyen d'obtenir ce qui était le but de son voyage, la garantie officielle du maintien de ses droits sous le nouveau règne. Le clergé, aussitôt, s'émut. Une violente campagne de prêches s'éleva dans les églises, une délégation de pasteurs vint présenter ses remontrances. L'archevêque Johannès, âgé de quatre-vingt sept ans, lui parla avec tant de sévérité qu'elle éclata en sanglots, larmes vite changées en éclats de colère lorsqu'il dénonça âprement les attentats perpétrés contre les âmes par l'antéchrist romain et ses acolytes.

— Bon seigneur, je connais le pape mieux que vous, il ne donnerait pas quatre rixdales pour toutes vos âmes ensemble !

Sans doute n'assista-t-elle pas aux funérailles solennelles de Charles X-Gustave, car elle ne figure pas sur le tableau qui commémore cette cérémonie : elle ne voulait aucun compromis avec le culte luthérien. Elle n'eut cependant pas le dernier mot. Sa chapelle fut non seulement fermée mais saccagée par des ministres furieux, elle dut renvoyer l'abbé Santini et connut l'humiliation d'aller faire ses dévotions chez l'ambassadeur de France, comme une étrangère. Le clergé s'opposait à la reconduction du recès puisque, en se convertissant, elle avait rompu d'elle-même tout lien avec sa patrie. On finit cependant par concéder qu'elle conserverait ses privilèges, à l'exclusion évidemment de son droit de juridiction ecclésiastique dans ses domaines, mais c'était à titre gracieux et non plus, comme en 1654, par une convention mutuelle ; distinction lourde de menaces car elle pouvait redouter la suppression de ses revenus en cas d'écart de conduite.

Cela ne lui servit pas d'avertissement. Quelques jours plus tard elle dévoilait son dessein réel en présentant aux états un mémoire explosif. Elle ne demandait rien moins que le rétablissement de son droit héréditaire en cas de disparition du jeune roi. Elle ne manquait pas d'arguments : en donnant la couronne à son cousin, elle n'avait pu prévoir sa mort prématurée, et c'était à lui seul et à ses descendants directs qu'elle l'avait confiée. Si le petit Charles XI mourait, la donne changeait, les conditions de son abdication n'étaient pas remplies, tout était à revoir.

On pourrait ajouter que non seulement cette revendication était bien fondée mais aussi que c'était son devoir de la présenter. Elle croyait à la prédiction des astrologues qui ne donnaient qu'une dizaine d'années de vie au roi. La Suède risquait donc de se retrouver dans l'état de vacuité constitutionnelle dont précisément Christine, par son abdication, avait voulu la prémunir, avec le risque qu'une oligarchie ambitieuse ne veuille revenir à la monarchie élective. Malheureusement, par sa conduite extravagante, elle avait perdu toute crédibilité, et sa conversion hypothéquait d'avance l'appui qu'elle escomptait des masses populaires. Elle avait eu beau, tout au long de sa route, répandre ses largesses et se livrer à de virulentes critiques sur la nouvelle régence, elle n'avait pas été applaudie partout, et avait même pu entendre quelques « nous ne voulons pas de ça ! » à l'intention de son aumônier « papiste ».

La réaction des conseillers fut très violente. Ainsi elle abattait son jeu, ce qu'ils redoutaient depuis qu'elle avait repris l'usage de la couronne royale dans ses sceaux. Brahe, furieux, déclara qu'on devait la priver de ses revenus, Tott qu'il fallait lui retourner son factum sans plus de cérémonie, mais La Gardie les engagea à se rendre chez elle, accompagnés d'un représentant de chacun des états.

L'entretien s'aigrit rapidement. Le chancelier, prenant la parole, lui dit que son mémoire étant contraire aux lois du royaume il était irrecevable. Et il déposa sur la table l'exemplaire adressé au Conseil, imité par chacun des délégués jusqu'au dernier, « un grand et fort » paysan.

— Comment, s'écria la reine, ma déclaration a été faite dans toutes les règles, les états doivent au moins en conserver la copie !

— Votre Majesté nous a déliés elle-même de notre serment, repondit Magnus qui savourait posément sa vengeance, nous ne sommes obligés à quelque obéissance qu'à notre roi actuel.

— Je connais votre devoir mieux que vous-mêmes ! fit-elle, au comble de la fureur.

— Nous nous refusons à toute discussion, reprit-il, nous ne sommes venus que pour vous rendre l'écrit.

L'irritation de Christine était si grande que, en la quittant, le chancelier donna l'ordre de renforcer la garde dans l'appartement du petit roi.

« Je me ferais couper en morceaux plutôt que de renoncer à mes justes revendications », avait protesté Christine. Elle dut bientôt venir à résipiscence. Non seulement on ne lui donna pas satisfaction mais on exigea d'elle une nouvelle renonciation, l'engagement formel qu'elle ne tenterait jamais de reprendre la couronne, acte qu'elle signa « avec joie », assure le naïf Terlon, sous peine de perdre la totalité de ses revenus. Elle n'avait même pas la possibilité de faire partie du conseil de régence, elle était totalement écartée d'un pouvoir que quelques années plus tôt elle tenait d'une poigne si forte. Peut-être réalisa-t-elle alors ce que signifiait, pour un souverain, l'abdication.

Elle n'en demeura pas moins quelques semaines encore à Stockholm, assistant « l'air riant », à toutes les fêtes de la Cour. Sur le chemin du retour, elle s'arrêta plusieurs mois chez elle à Norrköping, d'où pouvait lui parvenir de la capitale quelque nouvelle heureuse. Il lui vint celle de la mort de Mazarin, au début de mars. L'ayant toujours considéré comme le détenteur personnel et avaricieux des subsides, elle en conçut de l'espoir et envoya à tout hasard un messager à Paris — qui revint bredouille. Elle ne réussit pas davantage dans une manœuvre de haute politique consistant à obtenir de toutes les puissances européennes un accord mutuel de tolérance religieuse. Un nouvel affront acheva de la dégoûter du Nord. L'évêque d'Abo, Tersenius, fit publier indiscrètement les débats du clergé à propos de son mémoire, en y insinuant qu'elle regrettait sa conversion. Peut-être pensait-il ainsi la servir, il ne fit que la mettre en colère, d'autant que, compromis naguère dans la conspiration de Messenius, il avait été gracié par elle. Après cette dernière humiliation, le moment était venu de quitter la Suède. En passant à Hambourg, elle apprit par une lettre en latin de Heinsius la mort d'Ebba Sparre, *delicias e lepores aulae Sueciae*[1]. A plusieurs reprises Christine lui avait demandé de la rejoindre, mais Ebba, mariée avec l'un des seigneurs les plus importants de Suède, mère de trois enfants et demeurée protestante, s'y était refusée, n'ayant plus grand-chose de commun avec elle.

*

Le pape allait donc avoir de nouveau sa tourmenteuse « sur les bras », selon l'expression de Mazarin. Le 20 juin 1662, elle arrivait, aussi vite qu'elle était partie, couverte de poussière, échevelée, le justaucorps de travers, affublée d'une jupe si transparente que l'ambassadeur de Venise ne douta plus qu'elle était une femme.

Alexandre lui réserva un aimable accueil et c'est un *rinfres-*

1. « Celle qui faisait les charmes et les délices de la cour de Suède. »

chissimo qu'il lui fit envoyer cette fois, puisqu'il fallut cent cinquante hommes pour le porter.

L'ambassadeur de France qui venait également d'arriver n'avait pas eu droit aux mêmes égards. La guerre battait alors son plein entre Louis XIV et le souverain pontife qui n'oubliait pas les rancœurs du cardinal Chigi. L'aigreur mutuelle s'était ranimée au traité des Pyrénées, conclu en 1659. Trois nouvelles provinces acquises par la France auraient dû bénéficier du concordat de 1516 qui accordait au roi de nommer les titulaires des évêchés et abbayes, mais le Saint-Siège soutenait que cela n'allait pas de soi, qu'il y fallait des *indults* particuliers — qu'il ne donnait pas.

Les Français n'étaient donc pas en odeur de sainteté à Rome. Comme le dit Voltaire, tous les étrangers y étaient considérés comme des barbares, et les Français comme des barbares seulement plus gais que les autres. Le duc de Créqui n'était pas le diplomate le plus apte à régler ce différend. Brutal et massif, au physique comme au moral, il inaugura d'ailleurs sa mission par une assez ridicule querelle d'étiquette avec la reine de Suède. Il prétendit d'emblée au fauteuil, qu'elle lui dénia.

— Quoi ? s'étonna-t-il, on le donne bien aux cardinaux, on veut donc faire pour moi une distinction de maître à valet ?

Le cardinal Azzolino « qui était chez elle à peu près comme un maître de chambre », remarque le duc courroucé, s'entremit avec sa subtilité ordinaire : si la reine ne maintenait pas aux cardinaux leurs privilèges, elle se condamnait à l'exil dans son propre palais, car aucun d'eux ne la visiterait plus et son influence par conséquent serait réduite à rien. Le roi, soucieux d'aplanir les difficultés secondaires pour mieux résister sur les principales, ordonna à Créqui de céder. Il le fit de mauvais gré, resta assis le moins de temps possible sur son tabouret, et obtint en échange que la reine fît trois pas dans sa direction « hors du tapis ». L'honneur était sauf.

Quelques jours plus tard, dans un cabaret de la ville, une rixe mettait aux prises deux Français et cinq Corses de la garde pontificale qui, le vin aidant, allaient se multiplier par cinquante. En quelques minutes le siège était mis devant l'ambassade, l'ambassadeur fait prisonnier chez lui, ses serviteurs attaqués, la duchesse de Créqui arrêtée dans la rue, les vitres de son carrosse brisées, et l'un de ses pages tués.

Le duc de Créqui, outré, exigea immédiatement une sanction contre les coupables et des excuses des autorités responsables, le frère du pape, don Mario, en tant que général des armées du Saint-Siège, et le cardinal Imperiali, comme gouverneur de Rome. Ils firent la sourde oreille. Seul se proposa le jeune cardinal Fabio Chigi, neveu d'Alexandre. Christine, qui s'ennuyait chez elle, prit l'affaire en main. Elle écrivit à l'ambassadeur pour lui demander de le recevoir, à condition qu'il fût bien traité. C'était agiter la muleta sous le nez du taureau. Le duc répliqua hautement qu'il n'avait aucune parole à donner dans ce sens à la reine, que l'opinion du cardinal Chigi à son égard lui était indifférente, mais que, étant gentilhomme, il ne pouvait commettre aucune mauvaise action.

Le cardinal vint, se répandit en bonnes paroles, et sortit du palais Farnèse sain et sauf. Christine croyait l'affaire réglée :

> Il faut sacrifler quelques-uns des Corses, écrivait-elle à Azzolino, et si l'on ne trouve pas les coupables, il faut punir même les innocents, pour faire voir qu'on ne les protège pas et qu'on n'a pas usé d'artifice pour les sauver.

Dans le même temps, elle conseillait à l'ambassadeur d'être conciliant car, disait-elle, il n'y avait rien à gagner avec des prêtres, et il fallait « prendre en paiement » tout ce qu'ils voudraient. Créqui n'allait pas obéir aux ordres d'une reine sans couronne qui l'avait forcé au tabouret. Il persista à exiger des mesures de rétorsion vis-à-vis de don Mario et d'Imperiali, qu'il soupçonnait, d'ailleurs avec raison, d'avoir fomenté l'émeute des Corses par hostilité contre la France.

Le cardinal Imperiali appartenait à l'escadron volant, c'était un intime ami d'Azzolino ; Christine n'y tint plus et, abandonnant ses bons offices, elle se rangea ouvertement du côté du pape. Prenant la plume, elle fit la leçon d'abord à Louis XIV, puis à son ministre, Hugues de Lionne. Ils y répondirent quinze jours plus tard, le premier avec une ironie mal feutrée :

> Il est fort aisé de donner des conseils de modération qu'on a peine à prendre pour soi-même quand on est vivement offensé.

> Et si Votre Majesté avait reçu quelque mauvais traitement en la personne du dernier de ses domestiques, incomparablement moins outrageant que celui qui m'a été fait en la personne de mon ambassadeur, je suis assuré qu'elle a tant de cœur et tant d'amour pour sa gloire qu'Elle ne suivrait pas le conseil qu'Elle me donne de « passer l'éponge », comme Elle dit, sur ce désagréable tableau.

Autrement dit : que la justicière de Monaldeschi se mêle de ce qui la regarde ! Et Lionne le lui répétait en douze pages. Ces avertissements, loin de la calmer, l'excitèrent encore davantage. On vit chez elle tout ce que Rome comptait d'adversaires de la France, on y joua des farces ridiculisant le roi et ses ministres, on y encensa en héros le cardinal Imperiali. Et le pape, inspiré par Azzolino, finit par promulguer des mesures si hostiles contre l'ambassade de France que le duc de Créqui dut quitter Rome, laissant son personnel menacé de famine, car il était interdit aux commerçants d'approvisionner le palais Farnèse.

Pour toute sanction on s'était contenté de pendre un ou deux Corses et de faire évader les autres. C'était mal connaître Louis XIV. Il fit prononcer par le parlement d'Aix le rattachement d'Avignon à la France et mobilisa une armée sous le commandement du maréchal de Plessis-Praslin. Le pape dut céder et le 12 février 1664, était signé le traité de Pise. Le roi rendait Avignon et rappelait ses troupes, mais Alexandre exilait le cardinal Imperiali, dissolvait sa garde corse déclarée ignoble à jamais, promettait les *indults*, acceptait l'érection d'une pyramide expiatoire au lieu même de l'attentat, et envoyait son neveu à Paris faire amende honorable. Ce fut le triomphe personnel du fringant cardinal-neveu. Il était élégant, bien fait, somptueux, on l'accueillit en héros. Le roi le traita magnifiquement, « avec ce même empressement de plaire qu'il concilia toujours avec ses démarches altières », commente Voltaire.

Christine avait bien failli être comprise dans la distribution des peines. Louis songea à intervenir auprès de la régence de Suède — qui n'eût pas demandé mieux — pour qu'on lui supprimât ses revenus. Il sut se raviser, et se contenta d'ordonner à Terlon « de ne prendre aucune part à sa protection et encore moins de mettre sur son compte les grâces que la Suède lui voudra faire ». Quant au duc de Créqui, revenu à Rome, il fut trop heureux d'obéir à ces consignes sévères en s'abstenant de lui rendre visite, même avec un fauteuil. Et lorsque son carrosse croisait celui du cardinal Azzolino, il faisait tirer le rideau, ce qui, à Rome, était le signe du ressentiment. La brouille dura trois ans au bout desquels le roi leva la sanction, « n'ayant pas accoutumé, écrivit-il à Christine, de contester avec les dames ».

*

Christine cependant n'avait pas abandonné ses vues sur la Suède. Les nouvelles qu'elle en recevait la confortaient dans l'idée que le jeune roi ne vivrait pas longtemps. En 1666, ses astrologues lui prédisaient même qu'il serait « en grand danger » l'année suivante. On l'assurait aussi que le nombre de ses partisans ne cessait d'augmenter, la régence étant impopulaire. Le comte de La Gardie, qui se prenait pour Oxenstierna, appliquait la même politique de monopole des terres au seul profit de l'aristocratie. Il en résultait pour la classe paysanne un redoublement d'impôts dont l'effet était encore aggravé par une déplorable gestion des finances de l'Etat. Les correspondants de Christine la persuadaient donc que seul le clergé s'opposait à son retour, mais qu'il n'était pas suivi, qu'on injuriait même les prêtres dans la rue, et que tous les Suédois appelaient de leurs vœux « le temps heureux de la reine Christine ».

En politique extérieure le gouvernement était, de plus, comme autrefois divisé entre partisans et adversaires de l'alliance avec la France, mais les seconds avaient regagné du terrain depuis le départ de Christine. Un vent de nostalgie des vieilles vertus gothiques soufflait sur la Suède, en particulier par la bouche du poète national Stiernhielm qui venait de publier son fameux *Hercule*. Ce poème était un retour aux sources sur lesquelles il travaillait déjà depuis longtemps, comme nous l'avons vu, en qualité de directeur des Antiquités. Il y stigmatisait la frivolité française en la personne de son héroïne Flättia, affublée de ridicules fanfreluches. Magnus, de par ses origines familiales et sa formation, et Tott, qui parlait le français mieux qu'un Parisien, tous deux représentatifs de la grande époque élitiste de Christine, résistaient mal à ce courant. Un autre parti sapait leur influence, dirigé par Mathias Mylonius, anobli en

1646 sous le nom de Biorenklou. Ancien précepteur de Magnus, professeur à Uppsala et négociateur à Osnabrück, il avait longtemps séjourné en Allemagne et un peu à Paris comme médiateur pendant la Fronde, ce qui lui avait suffi pour revenir hostile à la France, et il prônait un rapprochement avec l'Angleterre. En 1661, à Fontainebleau, le comte Tott avait bien signé un traité par lequel la Suède s'engageait, contre de nouveaux subsides, à soutenir la candidature du prince de Condé au trône de Pologne si celui-ci se trouvait vacant, mais l'alliance s'était refroidie lorsque la France, s'unissant par un pacte commercial au Danemark, avait prétendu obliger sa partenaire à l'imiter.

Christine en outre était toujours à court d'argent. Malgré les engagements de la diète, ses revenus lui parvenaient irrégulièrement, ponctionnés au passage par des intermédiaires indélicats. Ayant usé sans succès plusieurs émissaires, elle était résolue à se rendre en personne en Suède, surtout lorsqu'elle sut qu'une diète extraordinaire allait être convoquée pour le mois de juin à Stockholm. Biorenklou l'avait emporté en imposant un traité avec l'Angleterre. Il s'agissait d'un accord seulement défensif mais la Suède n'en risquait pas moins d'être entraînée dans la guerre de son alliée avec la Hollande. Dès le début du conflit, le fameux amiral hollandais Ruyter avait semé la panique à Londres en faisant pénétrer sa flotte jusque dans l'embouchure de la Tamise. La situation était donc périlleuse, et le gouvernement suédois avait besoin de l'appui des états.

La nouvelle électrisa la reine. La régence lui avait interdit le séjour en Suède pendant la session du Riksdag, et c'est pourquoi elle tenait tant à y être, influencée exagérément par les rapports optimistes que ses agents lui adressaient sur la disposition des députés à son égard. C'est ce qui ressort d'une relation faite par elle-même, sans doute à l'intention du roi de France dont elle réclamait l'appui, puisqu'elle est rédigée en français. Elle y indique les raisons de son voyage. Elle veut d'abord se plaindre aux états de l' « oppression » qu'elle subit de ses droits, tant en Poméranie qu'en Suède, en contradiction avec son recès d'abdication. Ensuite, mais c'est l'article le plus important, et même le seul qui l'ait décidée à venir en personne, elle réclame « ce que l'on accorde au moindre petit ministre des princes étrangers », c'est-à-dire le libre exercice de la religion catholique pour sa personne et pour les membres de sa maison, droit dont elle jouit « en tous les autres lieux hérétiques ».

Là en effet était le cœur du débat, camouflé de part et d'autre sous différents prétextes accessoires. On lui avait fait savoir qu'on ne l'accepterait en Suède que si elle renvoyait son aumônier catholique, l'abbé Santini, et peut-être aurait-elle finalement été admise si elle l'avait amené comme simple secrétaire. La condition qu'on lui posait lui était insupportable, parce que c'était une condition à laquelle ne devait pas se plier la souveraine qu'elle entendait être restée. Si elle était sincèrement catholique, ou seulement superstitieuse, la mort éventuelle sans confesseur lui paraissant « une horrible chose », elle était encore davantage orgueilleuse. Garder son chapelain était une nécessité de son rang. Tous les monarques et grands seigneurs étaient à cette époque accompagnés partout par leur aumônier. Elle-même, on s'en souvient, avait fait scandale à son départ de Suède en se débarrassant de son pasteur luthérien sans avoir encore à ses côtés aucun prêtre catholique.

C'était précisément pourquoi la régence ne pouvait admettre sa réclamation. Christine voulait le statut d'une personne privée et en même temps des prérogatives royales. Elle demandait ce qui était accordé aux voyageurs étrangers, mais elle n'était pas une étrangère. La présence auprès d'elle d'un « papiste » aurait été anticonstitutionnelle puisqu'elle revendiquait toujours la qualité de reine de Suède. Pour obtenir gain de cause, il lui aurait fallu renoncer ouvertement à ses droits héréditaires, alors qu'elle s'y référait sans cesse.

*

Si elle voulait arriver à Stockholm au moment de la réunion des états, il lui fallait se hâter. Son départ fut donc fixé au 22 mai 1666. La veille, après une retraite chez les carmélites, elle fit ses adieux aux cardinaux qui se pressaient chez elle. Le cardinal de Retz et le cardinal Azzolino, accompagnés de la famille du pape, l'escortèrent jusqu'à la porte Mole où elle les quitta la mort dans l'âme.

C'est au cours de ce second voyage dans le Nord que nous découvrons, dans toute son étendue, la passion qui l'unissait en effet à Decio Azzolino, grâce aux nombreuses lettres qu'elle lui adressa pendant cette longue séparation, deux ans de désespoir pour elle, de douleur modérée pour lui. On y voit qu'à son tour, après tant de précautions contre l'amour, elle en connut toutes les formes, étapes d'une carte du Tendre féroce, la tendresse, la fureur, le dépit, la joie, la jalousie, l'humiliation, le soupçon, la confiance, l'ironie amère, la résignation désespérée, rarement le bonheur.

Dès le 22 juin, installée dans le beau palais qu'elle achèterait plus tard d'un israélite portugais ami de Texeira, elle se mit à écrire régulièrement à son ami ; mais il n'y a qu'une seule voix, les réponses ne nous étant pas parvenues.

Au début, comme toute bonne amoureuse, elle savourait presque « la douleur d'une insupportable absence » qui, lui disait-elle, « me tient précisément lieu de toute ma joie, puisque son effet extraordinaire me fait connaître que je vous estime d'une amitié qui est digne de vous ».

Le temps passait cependant, allongeant avec lui la distance. Comme la diète avait été reportée à l'automne, il lui fallait attendre à Hambourg le résultat de ses laborieuses négociations avec les régents, et elle se morfondait. Le cardinal Azzolino certes lui écrivait souvent, il lui envoyait des nouvelles de Rome, avec des vers de sa façon qu'elle trouvait « plus beaux que ceux de Pétrarque », mais cela ne suffisait pas, et elle guettait avec de plus en plus d'impatience un courrier trop rare et trop irrégulier à son gré. Ses plaintes se succédaient avec, au contraire, de plus en plus de fréquence, elle n'en finissait pas de lui décrire sa mélancolie, les nuits qu'elle passait à pleurer, essayant de piquer son indifférence par des résolutions à l'emporte-pièce qu'elle se savait bien incapable de tenir. Jamais elle ne reviendrait en Italie, lui déclarait-elle, même si elle échouait dans ses projets, mais « elle ne pouvait le dire sans mourir ». Comme il ne semblait pas trop s'en émouvoir, elle écrivait, désespérée :

> Toute votre froideur n'empêchera pas que je ne vous adore jusqu'à la v. Vos lettres me sont encore aussi nécessaires, comme elles l'étaient au temps heureux où elles me donnaient sujet de joie. Aussi puis-je vous assurer que je mérite votre amitié par la plus tendre passion et le plus l. du monde. »

Ces lettres énigmatiques n'ont pas été déchiffrées.

L'hiver était venu, non pas l'hiver revigorant de son enfance, mais le lourd et sombre hiver allemand. Il avait d'abord plu sans interruption : « Si vous apprenez que je me suis transformée en grenouille, ne vous en étonnez pas », écrivait-elle. Bientôt il neigea, et il fit si froid que l'encre gelait, ce qui ne l'empêchait pas de pratiquer son hygiène absurde qui effarait les Allemands. Elle buvait de l'eau glacée, vivant dans une chambre sans poêle, la tête nue, en vêtements légers, car il lui était impossible de supporter, disait-elle, étuves et fourrures. Elle souffrait de bronchites, de rhumatismes, de migraines, et surtout d'une tenace douleur au côté qu'elle soignait en absorbant des litres de lait. Son médecin, Macchiati, essayait de la soigner sans succès car elle s'emportait contre lui au point qu'on dût un jour l'arracher de ses mains, plus mort que vif.

« Tout est gelé ici, excepté mon cœur, plus ardent que jamais ! » soupirait-elle.

Rien ne la désennuyait, ni de jouer au lansquenet avec un nouveau venu de sa troupe, le jeune et fringant marquis Malaspina d'une coquetterie hors du commun, ni l'alchimie en compagnie d'un malchanceux magicien qu'elle fut sur le point de jeter par la fenêtre parce qu'il n'avait pas réussi à transformer du plomb en or. Le cardinal Azzolino lui avait suggéré, pour passer le temps, de rédiger des mémoires, mais, dans cette *Vie dédiée à Dieu*, elle n'alla jamais plus loin que son adolescence. Aussi, pour combattre sa mélancolie le joyeux del Monte lui organisa-t-il une fête dont on parla beaucoup à Hambourg, une mascarade du palais d'Armide donnée pour le mardi gras. Elle y parut en esclave chargée de chaînes. Etaient-ce celles de l'amour morose ? Azzolino lui échappait. Ses lettres étaient élégantes, mondaines, à la limite de l'indifférence. Il ne semblait pas autrement contrarié qu'elle fût rejetée à une telle distance de lui, au bout de l'Europe :

> Si Hambourg n'est pas assez éloigné de Rome pour satisfaire votre cruauté, j'irai au bout du monde, pour n'en revenir jamais.

Sans doute Decio l'avait-il priée de modérer ses transports, compromettants pour lui, et peu compatibles avec sa qualité de cardinal. Ils s'aimeraient toujours, certes, mais platoniquement, et la réaction de Christine fut si indignée, si douloureuse qu'on ne peut douter qu'ils se soient aimés autrement :

> Mon intention est de n'offenser jamais Dieu et de ne vous donner jamais sujet de l'offenser, lui écrit-elle, en chiffre, le 26 janvier 1667, mais cette résolution ne m'empêchera pas de vous aimer jusqu'à la mort, puisque la dévotion vous dispense d'être mon amant, je vous dispense d'être mon serviteur, car je veux vivre et mourir votre esclave.

Elle devinait bien le motif du refroidissement de son ami. Certes, il n'était pas encore papable, alors que la mort d'Alexandre VII semblait proche, mais il le deviendrait un jour, et prenait ses mesures. La tiare ne pouvait ceindre le front d'un amant de la scandaleuse reine de Suède ! Se dévouer à une « exaltation » aussi grandiose, y aider de tout son pouvoir celui qu'elle aimait, ne pouvait déplaire à Christine. Encore fallait-il qu'Azzolino y sacrifiât aussi quelque chose. Or, renoncer à cet amour lui était léger, elle ne le pressentait que trop bien. Elle s'irritait que son *Marchegiannaccio*[1], comme elle l'appelait dans ses heures de colère, en prît tant à son aise avec elle, et elle s'en voulait parfois de s'être laissé prendre au piège de l'amour, elle, la reine de Suède, avec cet homme, tout compte fait, de petite naissance :

> Votre lettre du 15 janvier me fait connaître que vous êtes devenu saint tout de bon, et je m'en réjouis avec vous, se moque-t-elle, et je vous promets de travailler durant votre vie au procès de votre canonisation, à condition qu'après ma mort, vous travailliez au mien.

Elle n'ignorait pas d'ailleurs que l'austérité d'Azzolino avait ses pauses et qu'il n'avait nullement renoncé à ses plaisirs habituels :

> Vous m'édifiez par les méditations théologiques et morales que vous tirez de tous les accidents qui arrivent, et je ne doute pas que votre esprit ait été tout à Dieu à son ordinaire durant que vous avez vu réciter la comédie chez l'ambassadeur de France et

1. Terme péjoratif pour Marquesain, originaire des Marches.

que les deux demoiselles qui y ont récité, et sont accoutumées de donner tant de plaisir à tout Rome, ne vous aient donné la mortification en attirant vos yeux sur elles, mais sans doute vous y êtes allé à l'exemple du Seigneur, pour les convertir. Plus de sermons ! Je n'aime pas les homélies !

Et elle concluait que, s'il ne haïssait rien tant que sa présence, s'il considérait son retour comme la chose du monde la plus odieuse, il serait satisfait : « Vous êtes pour longtemps hors de danger ! »

*

Sa partie de bras de fer avec la Suède menaçait en effet de durer encore de longs mois. Les régents n'avaient qu'un but, la lasser afin qu'elle partît avant la réunion de la diète, et elle celui d'utiliser tous les moyens dilatoires pour rester à Hambourg jusqu'à ce qu'elle fût convoquée, dût-elle retarder encore le moment de revoir Azzolino. Le personnage de Christine ne peut se réduire à celui d'une simple amoureuse. Il ne lui venait même pas à l'idée que la reconquête du trône de Suède eût signifié pour elle se séparer à jamais du cardinal Azzolino. En elle, c'était toujours la reine qui parlait le plus haut.

Ses démarches auprès de Louis XIV avaient eu leurs fruits. Le roi s'était réconcilié avec elle, non pas tant par galanterie, comme il le prétendait, que par diplomatie, la santé du pape déclinant au point qu'on envisageait un prochain conclave, où l'intervention de l'escadron volant serait déterminante. Christine avait d'ailleurs démontré sa compétence en la matière en adressant au gouvernement français un remarquable *Tableau de la cour de Rome* dont les conclusions rejoignaient les vœux du roi : le meilleur pape possible était le cardinal Giulio Rospigliosi, de sensibilité proche de la France et déterminé à l'abolition du népotisme.

Il fut donc enjoint à Pomponne, l'ambassadeur de France en Suède, d'intervenir en faveur de la reine, et ce qu'il constata aussitôt, c'était qu'elle était en partie responsable de l'impasse où elle se trouvait. Loin de montrer de la discrétion dans sa nouvelle foi, elle l'affichait avec provocation, faisant dire sa messe publiquement, et même toutes portes ouvertes.

> Elle est fort zélée pour la religion, et fort fière, peut-être un peu trop, soupire Pomponne, elle déclare au roi qu'il n'a nul droit de lui rien prescrire, le fait souvenir de ses obligations et de l'avantage qu'elle soit catholique.

Il fit cependant la démarche qui lui était prescrite auprès du chancelier afin que la reine eût le droit d'exercer librement sa religion.

— Mais ce n'est là qu'un prétexte ! répondit le comte de La Gardie. C'est l'intérêt du royaume qui nous commande d'en interdire l'entrée à la reine, voyez donc !

Et il montra au ministre un document accablant pour elle. Imprudente comme toujours, elle avait ordonné à l'un de ses émissaires, au cas où la liberté religieuse lui serait refusée, d'en faire établir un écrit authentique et de le montrer partout comme preuve du mauvais vouloir de la régence :

> En même temps, vous insisterez sur mon amour pour la Suède et ses habitants, de même que sur la sévérité apparente du gouvernement par rapport à la doctrine de la foi, qui n'est en réalité que la simple crainte de ma personne.

Elle avait raison sans doute en dévoilant ainsi les arrière-pensées de ses adversaires, mais en même temps elle dévoilait les siennes, et cette lettre établissait en effet qu'elle entendait émouvoir l'opinion et entretenir une agitation à son profit.

Cependant, les régents se rendaient compte que leur intransigeance pouvait leur aliéner les puissances catholiques, et surtout la France avec laquelle malgré tout ils n'entendaient pas rompre tout à fait. Les dissensions au Conseil jouèrent également en faveur de Christine, et on finit par lui faire savoir qu'elle serait reçue à Stockholm à condition que ce ne fût pas pendant une session de la diète. Celle-ci étant fixée au mois de mai 1667, c'était maintenant à eux de montrer de l'impatience, puisqu'on était déjà à la fin de février. « Ma présence dans une diète est pour eux le terrible des terribles », écrit-elle, jubilante, à Azzolino.

On envoya à sa rencontre, pour la presser un peu, une importante délégation conduite par le comte Pontus de La Gardie, jeune frère de Magnus, et le baron Pierre Sparre, frère de la *belle comtesse* disparue. Avisée de leur arrivée à Helsingborg, elle leur fit savoir que « les frimas » l'empêchaient de les rejoindre, et elle les priait d'attendre, c'est-à-dire d'attendre, comme elle, la convocation du Riksdag ; ils durent en effet patienter plus de deux mois.

Le 28 avril elle se mettait en route, l'âme sombre : « J'ai résolu de ne vous revoir jamais », avait-elle écrit au cardinal Azzolino. Ce n'était pas dans l'espoir de redevenir reine de Suède, mais plutôt par renonciation désespérée au bonheur, comme l'indique une autre lettre, quelques jours plus tard :

> Je crois que ma vie ne sera pas longue. Si j'avais payé mes dettes, je mourrais contente, et ne regretterais rien que d'avoir vécu deux ans de trop, car c'est à peu près de ce temps...

Elle n'en dit pas davantage, et nous ne saurons pas pourquoi, en 1665, elle était heureuse, et pourquoi alors elle ne l'était plus, mais Azzolino, lui, le savait, elle n'avait pas besoin d'achever sa phrase.

Il faisait un froid épouvantable, et elle était réellement malade « à en crever » d'une fièvre tierce, mais cela n'entamait pas sa résolution. Grâce au chevalier de Terlon, alors ambassadeur au Danemark, qu'elle rencontra à mi-chemin, elle retrouva force et santé. Le cuisinier français du diplomate, nouveau Bourdelot, réussit à la guérir avec un bouillon de sa façon.

— J'espère qu'on aura assez d'amitié et de considération pour moi pour ne pas me chicaner sur ma messe, avait-elle dit à Terlon. Mais si, contre mon espérance, on s'y oppose, je suis résolue de tout quitter et de m'en retourner au même moment sur mes pas.

Tout la portait à l'optimisme. Partout elle était reçue avec les honneurs royaux. A Helsingör elle traversait le Sund à bord d'une magnifique galère fournie par le roi de Danemark, saluée au passage par cent coups de canon tirés de vaisseaux de guerre suédois. A Helsingborg, elle était accueillie par les patients Pontus de La Gardie et Pierre Sparre, ainsi que par le maréchal Baner, suivis d'une centaine de personnes ; elle allait avec eux rejoindre la capitale, escorte si nombreuse que le bruit devait bientôt courir qu'elle était arrivée avec deux cents jésuites déguisés.

Elle entreprit son voyage triomphal. A chaque étape la rejoignaient le baldaquin, les tapisseries, le lit de parade qui métamorphosaient pour une nuit la plus simple maison en palais royal. Dans cet apparat portatif, elle donnait des audiences, recevait des députations, répandait des libéralités, critiquait la régence, évoquait la fragilité du petit roi et promettait un avenir de prospérité au cas où, par la volonté de Dieu, elle serait amenée à le remplacer. Et, bien entendu, chaque matin l'abbé Santini disait la messe. Jusqu'à Jönköping, au milieu des acclamations et des transports populaires, elle put ainsi savourer l'illusion d'une souveraineté retrouvée. La déception qui suivit n'en fut que plus rude.

A l'étape, un courrier de la Cour apportait un message au comte de La Gardie : en aucun cas on n'accepterait dans la suite de la reine un prêtre catholique.

— Jamais je ne me séparerai de mon confesseur, s'écria-t-elle. Je préfère repartir avec lui aussitôt !

Elle commandait déjà ses chevaux. Cependant, le jeune Pontus, lui-même accablé par cette fâcheuse nouvelle, réussit avec tant de délicatesse à amortir sa colère qu'elle consentit à poursuivre son chemin. Avant de se mettre en route, elle écrivit une lettre au petit Charles XI, lettre qui n'était certes pas faite pour amadouer les régents :

> A la prière du comte de La Gardie, j'ai décidé d'attendre, si Votre Majesté veut, par égard pour moi, changer sa prescription. Si cela ne se produisait pas, je ne recevrais plus jamais aucune politesse de votre part, car j'ai décidé, dans ce cas, de repartir à l'instant. Pour vous rappeler cependant ce que vous êtes et ce que je suis, je vous demande d'être persuadé que vous n'êtes pas né pour commander à des gens comme moi.

Tout au long de son voyage vers Norrköping, elle continua à flatter notables et fonctionnaires qui se pressaient autour d'elle, écoutant complaisamment les plaintes et faisant valoir en toute occasion ses droits à la Couronne.

— Croyez-vous, disait-elle à Pontus de La Gardie, que je doive supporter que la Suède soit gouvernée par quelque autre que celui auquel j'ai donné cette couronne ? Non ! Jamais ! Je souhaite que le roi Charles vive longtemps, mais s'il doit disparaître, j'ai mon mot à dire sur le choix de son successeur.

— Mais, répondait le jeune homme, dans une telle éventualité, la nation pourrait choisir librement, et à l'unanimité, un bon souverain.

— C'est moi seule qui aurais à mon côté à la fois les nobles, les bourgeois, les paysans et les prêtres.

— Les prêtres ? objectait le baron Sparre, mais Votre Majesté est devenue catholique.

— Plût à Dieu qu'on n'eût rien d'autre contre moi ! Tout irait bien ! D'ailleurs je ne contraindrais personne à être catholique. Souvenez-vous que c'est moi qui ai détourné le roi de France d'envoyer des jésuites en Suède.

Une désastreuse réponse l'attendait à Norrköping. Non seulement elle devait renvoyer son aumônier, mais elle n'aurait même pas le droit d'assister publiquement à la messe chez l'ambassadeur de France. Elle ne pourrait s'y rendre qu'incognito, et sous le prétexte d'une visite.

— Quoi, moi, j'irais en visite chez Pomponne ? S'il avait jamais l'audace de me le proposer, je lui ferais donner des coups de bâton, même en présence de son roi !

Comme elle l'avait dit à Terlon, elle décida de repartir immédiatement. Il était minuit. Pontus lui fit respectueusement remarquer que lui-même et ses compagnons n'étaient pas prêts à l'accompagner. Elle répliqua qu'elle n'avait besoin de personne, et ne voulait recevoir aucune politesse du gouvernement. Sur les prières du jeune comte qui lui plaisait, elle consentit cependant à remettre son départ au lendemain, et, après avoir passé une bonne partie de la nuit à écrire, écouté le matin une messe de plus, elle partit à 9 heures, de très mauvaise humeur, irritée du moindre retard.

— De toute ma vie je n'ai jamais été en pareil équipage ! soupirait Pontus de La Gardie qui avait eu le mauvais goût de l'engager à réduire sa vitesse.

Le Sund seul l'arrêta, car le soir où elle y arriva il était impraticable. Elle se sépara donc seulement le lendemain de son escorte suédoise.

— Dites bien à votre roi que ma fierté m'empêche de me

plaindre, et mon amour de ma patrie de me venger, dit-elle en guise d'adieu.

Le 5 juin, elle quittait la Suède pour n'y jamais revenir. Tout le monde autour d'elle était exténué de cette course folle. Pontus, pourtant gaillard athlétique, dut s'aliter, le marquis del Monte n'en pouvait plus, les femmes de chambre étaient défigurées de fatigue, elle seule semblait en pleine santé et très contente d'elle.

Si parmi les membres de la noblesse on se félicitait d'être enfin débarrassé d'elle, il n'en était pas de même dans le peuple qui ne connaissait pas les circonstances de son expulsion et voulait se souvenir uniquement de ses libéralités, aussi avait-elle vu des gens pleurer à Norrköping au moment où son cortège s'éloignait. Dans son illusion invincible, elle prenait ces humbles larmes pour le regret d'un royaume entier.

*

Alexandre VII étant mort le 16 mars, une heureuse nouvelle l'attendait à Hambourg, l'élection du cardinal Rospigliosi qui avait pris le nom de Clément IX. C'était la victoire de l'escadron volant qui en reçut le prix par la nomination d'Azzolino au poste de secrétaire d'Etat. La reine célébra cet événement à sa manière, déraisonnable. Poussée par le marquis del Monte qui ne manquait jamais une occasion de lui faire dépenser de l'argent, elle organisa une fête grandiose, malgré les mises en garde des magistrats de Hambourg.

Jamais on n'avait vu une telle apothéose du papisme en terre protestante. Après une grand-messe accompagnée de coups de canon eut lieu une réception au palais de la reine, recouvert, selon la mode du temps, d'une façade factice décorée aux armes du nouveau souverain pontife dont le nom s'étalait en lettres lumineuses. D'un côté, un personnage représentait ses vertus, de l'autre l'Eglise, en vêtements pontificaux, foulait aux pieds l'hérésie. Christine avait eu l'imprudence, pour se rendre populaire, de faire distribuer des tonneaux de vin, si bien qu'à la fin de la soirée les buveurs surexcités se transformèrent en autant de luthériens fanatiques qui prirent le palais d'assaut. La reine réussit à s'enfuir par une porte dérobée, mais l'émeute fit huit morts et de nombreux blessés, et son prestige auprès des Allemands n'y gagna pas, même si elle fit distribuer des secours aux victimes. « Cette princesse est à plaindre de s'embarquer toujours dans de mauvaises affaires ! », soupire Bidal, son ancien banquier devenu résident à Hambourg. Il l'avait emmenée dans son carrosse pour lui faire voir la décoration de la fête « sans qu'il lui arrivât rien de fâcheux, mais c'est quand la France la quitta que ce malheur lui arriva » !

Sans doute ne se sentait-elle pas trop bonne conscience, car elle raconta l'affaire à sa manière au cardinal Azzolino :

> Mon malheur m'a forcée d'y faire couler le sang lorsqu'il n'y avait plus de vin, je me suis défendue avec une douzaine d'hommes contre plus de huit mille hommes, et, l'on peut dire, contre toute la ville de Hambourg.

Malgré son amitié pour Clément IX et sa nostalgie de Rome, elle ne s'empressait pas de partir, elle n'allait pas lâcher si vite les régents.

Ceux-ci changeaient à nouveau de politique étrangère. Le roi Louis XIV commençant à effrayer l'Europe par ses conquêtes, une coalition se formait contre lui, la Triple Alliance composée de l'Angleterre, de la Hollande et bientôt de la Suède, attirée comme toujours par des promesses de subsides, avec d'ailleurs l'arrière-pensée de n'avoir jamais à en découdre : on n'était plus sous Gustave-Adolphe, et pas encore sous Charles XII. Le mot de « subsides » avait toujours le même attrait magique pour Christine qui continuait à ne faire aucune différence entre ses biens propres et ceux de l'Etat. Aussi se déclara-t-elle hautement pour les nouveaux alliés, au grand mécontentement de Bidal qui commençait à ne plus pouvoir la supporter :

> Cette princesse est toujours elle-même, ne gardant pas la modération qui sied si bien aux personnes de sa condition et de sa naissance.

A en croire le résident indigné, elle déblatérait inconsidérément contre la France et vantait les mérites des états de Hollande qui gouvernaient leur république à la romaine. Bidal rongeait son frein, mais il explosa lorsque, à propos de la flotte française, elle déclara que c'était là de ces choses imaginaires desquelles « on avait ouï parler et que l'on n'avait jamais vues ».

> Je la payai sur l'heure comme il fallait de la bonne sorte, sans perdre le respect et, depuis ce temps, elle s'est un peu modérée.

Pour peu de temps :

> Le 15 avril, à 6 heures elle dit que les Hollandais donneraient bien de la tablature au roi ! Je répondis comme je devais sur ce mot de tablature.

Une violente colère s'ensuivit dont la maison trembla toute la nuit, mais Bidal tint bon et ne fut pas jeté par la fenêtre. Le lendemain matin, la reine, adoucie, « me pria que tout fût accommodé à la cavalière et que je ne dise rien au roi ». Bien entendu, Bidal s'empressa de le rapporter au ministre, en faisant valoir « sa fermeté ordinaire ».

Elle avait bien l'intention de prendre sa part de la manne hollandaise, mais elle ne pouvait songer à revenir pour la troisième fois en Suède, après l'éclat de sa sortie. Elle y envoya donc un messager à sa place. Elle en avait déjà usé plusieurs, les uns destitués pour malversations, les autres s'étant démis d'eux-mêmes, las d'être traités en domestiques. Le nouvel « envoyé extraordinaire de la reine de Suède auprès de la cour de Suède » — tel était son titre contradictoire — Bernard de Rosembach, gentilhomme poméranien, avait une lourde tâche. Il devait, en dehors des demandes d'argent routinières, réclamer pour Christine, en échange de ses possessions suédoises, la souveraineté du duché de Brême avec tous les attributs du pouvoir, droits de justice, de battre monnaie, d'élection à l'empire, et, bien sûr, de messe catholique.

Rosembach, arrivé à Stockholm en juin 1668, peu après l'ouverture de la diète, échoua complètement, malgré la complaisance escomptée de la part des états. Sa mission, à vrai dire, était à la limite du possible. Son dossier ne comportait pas moins de quatorze points, aussi irréalisables les uns que les autres. Il devait parler haut, sans rien découvrir de ses desseins réels, discerner au premier coup d'œil partisans et adversaires de la reine, ce qui, selon elle, était facile car elle pouvait compter autant d'amis qu'il y avait d'hommes en Suède, à l'exception des dirigeants :

« Tout ce qui commande en Suède me craint et me hait, tout ce qui obéit m'aime et me désire. » A ces derniers il fallait assurer qu'elle avait l'intention de se fixer en Suède, et le contraire aux autres. Il fallait, sans argent, inonder les députés de largesses, surtout les paysans, vanter les qualités de la reine, principalement ses dons de commandement, mais sans trop y paraître toutefois afin de ne pas éveiller la méfiance, et rafraîchir au besoin la mémoire de ceux qui avaient oublié ses bienfaits. Il fallait réclamer hautement la liberté d'exercice du culte, tout en insinuant qu'elle était fort capable de venir sans prêtre, ce qui serait bien fâcheux pour ses adversaires puisqu'ils n'auraient plus de prétexte pour la repousser.

Même un diplomate plus retors n'aurait pas été de taille, et la régence répondit comme d'habitude par la négative sur tous les points.

*

Elle se consola vite de n'être pas duchesse souveraine de Brême car elle enfourchait une nouvelle chimère. En un temps où les couronnes s'attribuaient sans consultation des intéressés et où la vie était brève, l'Europe était féconde en occasions. Et voilà que, au moment où Christine s'apprêtait à regagner Rome, un trône allait se trouver vacant. Le roi de Pologne, Jean-Casimir, abdiquait. C'était le dernier avatar d'une existence qui en avait comporté beaucoup. Homme médiocre, il avait vécu en homme extraordinaire. D'abord militaire, il avait servi dans les armées impériales et séjourné deux ans dans les prisons françaises. Il s'était ensuite fait jésuite, puis cardinal. A la mort de son frère Ladislas IV il s'était sécularisé pour lui succéder et, par amour ou facilité, il avait épousé sa veuve. Celle-ci, née Louise de Gonzague, ancienne maîtresse de Gaston d'Orléans, frère de Louis XIII, et surtout du malheureux Cinq-Mars, n'avait pas tardé à faire l'unanimité contre elle. Très intrigante, très déterminée aussi, on la soupçonnait avec raison de vouloir modeler les institutions polonaises sur l'exemple français et y instituer, comme en France, la monarchie absolue. Et c'est précisément à la suite d'une violente discussion politique qu'elle mourut d'une crise cardiaque, après avoir eu juste le temps nécessaire pour prononcer les même mots que Cinq-Mars montant à l'échafaud : *Ergo moriendum*[1].

Alors, sincèrement désespéré, ou plutôt las du pouvoir et de l'anarchie incurable qui régnait en Pologne, Jean-Casimir décida de revenir à l'état ecclésiastique, sans faire beaucoup de vœux, car il vivait environné d'autant de femmes que de jésuites. Sans pour autant désigner comme son successeur un prince français, ce à quoi s'était vainement acharnée la reine Louise, il avait tout de même bien négocié son retrait avec Louis XIV qui lui assura le bénéfice de deux abbayes en France. Et, le 16 septembre 1668, il abdiquait avec autant d'émotion que Christine. *Pro pulchro hoc soli sepulchrum, proque regali globo terrae glebam eligo*[2], annonça-t-il en bon Polonais, car c'était la langue officielle, mais il ne put aller jusqu'au bout et on dut lire le reste de son discours, après quoi il quitta le palais en emportant, dit-on, les meubles et les bijoux. Il devait mourir quatre ans plus tard, après de nouvelles aventures amoureuses.

Sa succession était ouverte, mais plutôt qu'une succession c'était une véritable mise aux enchères car la monarchie polonaise était élective. La classe aristocratique détenait entièrement le pouvoir, par suite de l'aberrant *liberum veto* qui permettait à n'importe quel membre de la diète, par raison ou caprice, souvent par concussion, de s'opposer aux décisions, non seulement du roi, mais de l'assemblée elle-même. Caste guerrière et magnifique, ne s'entendant que pour charger l'ennemi, la noblesse entendait monnayer ses suffrages à chaque changement de règne, de préférence avec des candidats étrangers, car elle n'admettait aucune prééminence dans son sein.

Louise de Gonzague avait à tel point échoué à réduire ces abus que la seule hypothèse d'un candidat français révulsait les électeurs. Jean-Casimir n'avait donc pas pu imposer le prince de Condé comme le souhaitait depuis longtemps Louis XIV, la désignation d'un roi de Pologne étant depuis toujours la lice où

1. « Me voilà donc en train de mourir ! » Rappelons que Cinq-Mars fut décapité avec de Thou à la suite d'un complot contre Richelieu.

2. « Au trône magnifique je préfère le tombeau et au globe terrestre des rois la glèbe. »

se mesuraient les puissances européennes. Les Habsbourg soutenaient de leur côté le prince Charles de Lorraine — auquel les jésuites avaient découvert trois cents saints parmi les ancêtres — et aussi le duc de Neubourg —, que la France aurait accepté, en cas d'éviction de Condé. Cependant, un nouveau compétiteur se présentait, novice encore à ces joutes, le jeune Alexis, fils du tsar moscovite dont l'ambition commençait à germer au bout de l'Europe.

C'est alors que Christine eut l'idée de présenter à son tour sa candidature saugrenue. Cependant, les Polonais lui paraissant des brutes à peine dégrossies, le projet dut plutôt lui être suggéré par Azzolino. Sachant l'attrait magique qu'exerçait le pouvoir sur cette femme agitée, il a pu y voir un exutoire à son encombrante vitalité, tout en la mettant au service du Saint-Siège. Le nouveau pontife en effet, plus encore que son prédécesseur, s'inquiétait de l'avancée des Turcs en Europe. Depuis deux ans, Francesco Morosini, général des armées vénitiennes, était assiégé à Candie, en Crète, et la menace pesait lourdement sur la chrétienté. Un souverain étroitement lié au Vatican pourrait être le pivot de cette nouvelle croisade dont rêvait Clément IX. C'est d'ailleurs tout de suite ainsi que Christine, avide depuis sa jeunesse d'exploits guerriers, comprit son rôle :

> Si Dieu m'appelle à ce trône, je ne demande que deux années de repos, peut-être moins, pour entreprendre l'entreprise d'Orient, et j'espère de faire parler de moi et d'y acquérir de la gloire.

Elle entama donc une correspondance plus copieuse que jamais, avec les sénateurs polonais, et surtout avec le nonce à Varsovie, Mgr Marescotti. Un nouvel émissaire, le père Hacki, cistercien d'origine polonaise, eut à son tour la lourde tâche de transmettre — et d'exécuter — ses instructions. Il devait avant tout s'employer à dénigrer les rivaux de la reine. Le duc de Neubourg était trop vieux, et de plus avare, défaut rédhibitoire pour un roi ; il était en outre accablé d'enfants et d'infirmités. Sa femme était hautaine et méchante, et d'ailleurs, de notoriété publique, la maison palatine à laquelle il appartenait portait malheur. Le prince de Lorraine était nul, « s'il est capable d'être roi, c'est ce qu'il faut croire sur sa bonne mine ». Le prince moscovite était schismatique. Quant à Condé, elle ne pouvait nier les mérites de ce héros naguère si admiré. Il fallait donc essayer de le rendre suspect, le faire connaître comme un violent, frustré de n'avoir pu s'emparer de l'autorité royale en France et qui voudrait s'en venger en opprimant les Polonais. On n'oublierait pas de rappeler le précédent d'Henri III qui, manquant à ses engagements, s'était enfui comme un voleur du pays qui l'avait choisi comme souverain. Condé, une fois nommé, serait bien capable d'en faire autant.

Le deuxième point consistait à faire valoir les atouts de la reine. Elle était le dernier rejeton de la maison des Vasa, qui avait régné sur la Pologne. Pourquoi, sous son sceptre, la Suède et sa sœur ennemie ne se réconcilieraient-elles pas pour former un seul royaume, de préférence catholique ? Elle avait l'expérience du pouvoir, depuis l'enfance. Elle était à la fleur de l'âge, saine et vigoureuse. Le cardinal Azzolino, qui écrivait lui aussi beaucoup, ajoutait qu'elle était capable de rester jour et nuit sans manger ni dormir, que son courage et son esprit martial étaient si grands « qu'il lui manquait seulement l'occasion de les faire connaître au monde ».

Les premiers Polonais approchés semblaient n'apprécier guère la perspective d'être gouvernés par une femme. Christine répondait par la reine Hedwige, fille du premier Jagellon, et la reine Jeanne, fille du dernier. Azzolino faisait chorus, tout le monde la considérait « non seulement comme un homme, mais supérieure à tous les hommes ». Bien qu'il s'agît d'une monarchie élective, certains se demandaient si, homme à ce point, elle pourrait avoir des enfants. Il fallait donc que leur reine éventuelle fût mariée. Voilà que resurgissait « l'horrible joug », accessoire obligatoire de la royauté. Là encore il y avait un précédent : la reine Wenda, qui ne voulait pas se marier, ne s'était-elle pas jetée dans la Vistule lorsque le roi Rithogarus, arrivant à la tête de ses troupes, avait fait mine de l'épouser de force ? L'affaire étant trop ancienne pour être exploitée, elle s'en tint donc, comme autrefois, à de vagues promesses : si elle se décidait à se marier, elle ne choisirait qu'un époux plaisant aux Polonais, d'ailleurs elle avait le temps d'y réfléchir. Christine avait déjà quarante-deux ans, mais le père Hacki devait lui en attribuer dix de moins. De son côté, Azzolino se portait garant auprès du nonce « que son tempérament était encore si florissant que, maintenant, on pourrait espérer sa fécondité, tandis que, auparavant, peut-être l'excessive ardeur l'en aurait empêchée ». Et puis, si elle n'avait pas d'enfants, n'était-ce pas une raison supplémentaire pour l'élire ? N'ayant pas de successeur, elle n'aurait d'intérêt que pour la grandeur du pays, et les Polonais reprendraient leur liberté après sa mort.

Sa réputation ne jouait pas en sa faveur. Même là-bas, on savait qu'elle ne répugnait pas, pour se faire obéir, aux voies de fait. Elle se contenta de rire : « Pour les coups de bâton à un valet, au cas où je les aurais donnés, je ne pense pas que ce soit un grand motif d'exclusion, mais si cela suffit pour exclure les gens, je ne pense pas que les Polonais trouvent jamais de roi ! »

Le fantôme de Monaldeschi était plus exigeant. Mais il n'y avait là rien qui pût l'embarrasser : « Je ne suis pas d'humeur à me justifier de la mort d'un Italien à MM. les Polonais. » Azzolino le fit pour elle : « La mort de Monaldeschi a été causée par la découverte de sa détestable trahison. Il a révélé ses plans les plus secrets dans lesquels il jouait le rôle d'intermédiaire auprès du cardinal de Mazarin, et d'autres personnes. Cela est prouvé de trois témoins, et par ses propres lettres que la reine saisit. Il les a reconnues comme authentiques et a avoué son crime. » On voit que, dix ans après l'événement, on s'en tenait toujours à la même version.

Azzolino ne négligeait rien pour la réussite de l'entreprise. Il promettait à Mgr Marescotti le chapeau de cardinal que Christine aurait le droit d'attribuer à son avènement. Malheureusement, le nonce avait déjà reçu de deux autres candidats la même assurance. De même, dans l'espoir que Jean-Casimir emploierait pour elle ce qui lui restait d'influence politique, il lui offrait sa propriété de Fermo, dans les Marches, qui disposait de promenades, de chasses, de tout le confort souhaitable, sans compter un couvent de jésuites à proximité. La transaction échoua car l'ex-roi réclamait pour ce séjour « liberté de femmes » :

Elle finit elle-même par trouver que son ami en faisait trop :

> J'ai quasi-envie de me plaindre de vous, de l'empressement que vous avez pour l'affaire. Est-ce que vous auriez envie de vous défaire de moi ? Si cela est, ne croyez pas en être quitte à si bon marché, il vous faut résoudre à devenir *polacco* aussi bien que

moi, et vous travaillez en vain si vous n'y êtes pas résolu, car sans cette condition je n'accepterais jamais, quand avec la couronne de Pologne on m'offrirait celle de l'univers.

A Varsovie, le nonce Marescotti et le père Hacki se trouvaient fort embarrassés. Ils avaient à soutenir une candidature un peu trop confidentielle. Le pape Clément IX, dans un bref du 8 septembre 1668, avait bien vanté « cette héroïne remarquable par sa piété et sa sagesse virile », mais ce bref ne devait pas être publié à la légère, seulement en cas de succès certain. D'ailleurs, il soutenait également le prince de Lorraine et le duc de Neubourg. La reine elle-même, qui commençait à craindre le ridicule, recommandait également qu'on fût très prudent. Le nonce devait donc s'arranger pour que la candidature de la reine surgît comme par surprise, au moment où on s'y attendrait le moins, lorsque tous les compétiteurs seraient usés. Marescotti assura qu'il se limiterait à en faire répandre le bruit « par des personnes tierces, qui diront l'avoir appris par d'autres ». Quant au père Hacki, qui passait son temps à écrire, en latin, des mémoires malveillants sur les concurrents de Christine, il était persuadé qu'elle n'avait aucune chance.

L'essentiel pour devenir roi de Pologne, c'était d'avoir de l'argent, les électeurs étant par tradition très corruptibles. C'était là ce qui lui manquait le plus ; mais eût-elle eu en sa possession « le trésor de Crésus », elle n'en eût pas donné un sou aux Polonais. C'est ce qu'elle fit comprendre à « Messieurs mes bons amis », c'est-à-dire les sénateurs de Pologne : « Ce serait peu estimer votre couronne que de présumer qu'elle se pût payer. »

Mais le temps passait. Si l'on voulait être reine, il fallait le dire à la fin. Marescotti s'en ouvrit donc, sous le sceau du secret, à l'évêque de Bosnie. Celui-ci, au premier mot, éclata de rire, se signa comme pour écarter un péril, et supplia son interlocuteur de n'en parler à personne.

Les Polonais finirent par se résoudre à élire l'un des leurs, et, le 19 juin 1669, Michel Koributh Wisniowiecki devenait roi de Pologne. Jeune homme maladif et sans caractère, il serait un des plus mauvais monarques qu'ait connus le pays, avant de disparaître en 1674, cédant la place au meilleur, Jean Sobieski.

Christine se consola aisément de son échec, ayant toujours espéré dans le fond de son cœur que le projet échouerait et qu'elle ne serait pas condamnée à quitter Rome pour toujours. Avant de s'apprêter à y retourner, elle goûta pour la dernière fois la saveur d'être reine en assistant à Brême à une revue des troupes dont son ami Wrangel avait le commandement. En son honneur tous les bourgeois de la ville étaient sous les armes et, le soir, un banquet réunit les notables et les officiers de la garnison « dans une chambre de verdure ». Le lendemain eut lieu une Wirthschaft à la bonne vieille mode où la reine gagna une argenterie de six cents écus qu'elle offrit aussitôt à Mme Wrangel.

> Jamais journée n'a donné plus de souvenir à cette Majesté de la faute qu'elle a faite de quitter la couronne que celle-là, elle le témoigna trop, conclut Bidal en la quittant.

A la fin d'octobre 1668, elle prenait enfin le chemin de Rome, après s'être prémunie d'avance contre l'indifférence d'Azzolino :

> J'espère que vous connaîtrez que mes infortunes n'ont pas changé mon cœur. Je sais que je vous en serai d'autant plus odieuse, mais qu'y faire ? Mon destin le veut ainsi. Je vous demande pardon si je m'émancipe jusqu'à vous dire des choses si peu agréables, la plénitude de mon cœur me fait parler. Mais ne craignez rien, vous aurez le plaisir de me voir la plus malheureuse personne du monde sans que je me plaigne de l'être et aux lieux où tous les objets me feront souvenir de ma félicité passée, je ne souhaiterai rien que la mort. J'espère l'obtenir de ma douleur...

7

PADRONA DI ROMA

Elle revint. Elle n'avait pas embelli. Ils s'étaient quittés depuis plus de deux ans. Et pourtant leur tendresse se réveilla, inchangée, un amour sans passion. Christine allait apprendre à s'en contenter. Et puis, n'était-il pas cruel surtout vu du Nord, lorsqu'il gelait, que les nuits étaient longues, le ciel bas, les Allemands rustauds, la Suède inhospitalière ? Sous le soleil de Rome, la froideur du séduisant cardinal se dissipait en galanterie, humeurs complices, gaieté spirituelle, douce routine quotidienne.

Du pontificat de Clément IX, on a pu dire que ce fut l'âge d'or de la papauté, âge d'ailleurs très bref, puisque son règne ne dura que deux ans. L'ancien archevêque de Tarse était, au moment de son élévation au trône de saint Pierre, un aimable vieillard au teint blanc, aux gros yeux gris, aux belles mains. De commerce aisé, de mœurs pures, dévot sans excès, aimant les arts et pratiquant une certaine modération dans l'usage des neveux, il illustrait en sa personne ce *Triomphe de la piété* qu'il avait fait jouer au palais Barberini à l'arrivée de Christine.

C'était de plus un diplomate expérimenté. Il avait fait ses classes au cours d'une longue nonciature à Madrid, sans en revenir pour autant espagnol et pendant les dernières années d'Alexandre VII il avait, comme secrétaire d'Etat, détenu la réalité du pouvoir. Dès son intronisation, il sut dénouer le contentieux opposant la France au Saint-Siège. Depuis l'humiliant traité de Pise, Alexandre VII s'était efforcé de ne pas remplir ses engagements concernant les *indults* réclamés par Louis XIV pour les provinces nouvellement conquises. Clément IX s'empressa de les accorder. Il se montra également accommodant à propos du jansénisme qui divisait alors l'Eglise de France. En 1649, cinq propositions contenues dans l'*Augustinus* du théologien Jansenius avaient été condamnées comme hérétiques. Ses disciples avaient admis la sentence en droit, mais non en fait, niant qu'elles se trouvent dans l'ouvrage contesté. Aussi avait-il été imposé au clergé de signer un formulaire reconnaissant qu'elles y figuraient, ce qui avait provoqué une forte résistance. Le nouveau pape, moins intransigeant que son prédécesseur, accepta des réfractaires une soumission suffisamment ambiguë pour ménager leurs scrupules, ce qui apaisa les esprits pour un temps. Cette *paix clémentine* fut récompensée par la destruction de l'infamante pyramide érigée à Rome en 1664.

Quant à Christine, elle n'avait que de bons procédés à attendre de cet ami de vieille date qui devait son « exaltation » à l'escadron. Dès son retour il lui accorda une pension de douze mille écus, et quelques faveurs accessoires, comme celle de s'asseoir, en sa présence, sur une chaise à dossier.

C'est alors qu'à défaut d'une royauté temporelle elle put prétendre exercer celle de l'esprit, ce qui lui valut un nouveau surnom : elle fut désormais *la padrona di Roma*. D'une véritable mécène, elle n'avait peut-être ni les moyens ni les talents, et surtout elle se heurtait à une concurrence qu'elle n'avait pas eu à redouter en Suède.

Pour l'Eglise, le développement artistique de Rome avait été une arme de combat de la contre-réforme. Les protestants dénonçaient le faste païen de ses cérémonies, le culte idolâtre des images ? Elle y répondait non par un retour à l'austérité, mais au contraire par un redoublement de luxe, de beauté, de créations grandioses destinées à enchanter les yeux et par là ravir les âmes.

Pour Christine également, le mécénat pouvait avoir un sens politique. Depuis son abdication, son dessein constant avait été de conserver les insignes de la royauté, sans lesquels son existence se serait réduite à ce vagabondage excentrique que dénonçaient ses ennemis à Stockholm. Et la protection des arts n'était-elle pas l'un des attributs de la souveraineté ?

Cela apparaissait immédiatement à tous les voyageurs de distinction qui, dès leur arrivée à Rome, se faisaient un devoir de visiter l'un des plus beaux musées de la ville, c'est-à-dire, au

Trastevere, le *Riario alla Lungara* [1], palais de la reine de Suède. Dès le vaste hall du rez-de-chaussée, qui communiquait avec une dizaine de pièces en enfilade, on ne pouvait ignorer qu'on pénétrait chez un personnage royal. Le rappelaient la majesté des escaliers, les cavaliers de la garde, le personnel en livrée, les draperies armoriées, le trône à baldaquin, et surtout, dans « la salle des colonnes », une abondante statuaire. Le sol romain regorgeait d'antiques, et il était de tradition, chez les propriétaires, de pratiquer des fouilles dans leurs propres domaines. Christine avait apporté quelques œuvres, venant comme ses tableaux du Hradschin de Prague, mais elle augmenta de beaucoup sa collection par achats, présents de ses amis ou travaux d'excavation entrepris chez elle.

Ces statues, dans un cadre de miroirs qui reflétaient un des plus célèbres jardins de Rome montant jusqu'en haut du Janicule, paraissaient aux amateurs « d'une exquise beauté ». On y admirait entre autres huit muses en marbre blanc provenant de la villa d'Hadrien à Tivoli, un faune déterré près de la Chiesa Nuova, un vase de porphyre de Velleta, quatre torses de la « vigne » du duc de Parme, un Auguste d'albâtre transparent comme de l'ambre, un Castor et un Pollux, les préférés de la reine, et une Vénus de l'ancien palais de Decius, près des Thermes dioclétiens qui, selon un visiteur, « disputerait la pomme d'or à la Vénus de Médicis, si le temps qui ronge tout n'eût mangé les jambes de cette dernière. Il est vrai qu'elle en a de postiches si adroitement ajustées qu'on ne peut douter qu'elles ne soient naturelles ».

Christine aussi faisait réparer les sculptures mutilées, pas toujours heureusement, comme autrefois lorsqu'elle ordonnait de découper ses Véronèse et ses Carrache pour les ajuster aux plafonds du palais royal.

Le jeune architecte Nicodème Tessin junior, de passage à Rome, eut l'occasion d'inventorier les collections du Riario. Il y remarqua plusieurs Bernin, dont un buste de la reine, mais il se trompait car c'était l'œuvre d'un élève. Le Bernin n'avait jamais voulu entreprendre de reproduire le visage de son amie car il le trouvait beaucoup trop changeant. Tessin nota également une

1. Aujourd'hui palais Corsini.

figure du *Sauveur*, qu'elle eut seulement après la mort du Bernin. Il le lui avait offert à plusieurs reprises, mais elle l'avait refusé car, disait-elle, elle ne pouvait le payer à son prix, aussi le lui légua-t-il par testament. Elle n'avait plus les moyens de prendre à son service un artiste de cette envergure, pas plus qu'elle ne pouvait faire travailler au Riario le jeune Tessin dont autrefois elle avait employé le père aux Trois-Couronnes. Cette limite à ses ambitions de mécène lui fut toujours très pesante.

Avec le Bernin, il n'était question que d'une amitié constante et sincère. Elle lui rendait souvent visite dans son atelier, et il la recevait simplement dans sa tenue de travail, une grossière chemise rouge qu'elle touchait dévotement comme le vêtement d'un saint. En 1664, appelé à Paris pour reconstruire une façade du Louvre, il y fut précédé par une lettre enthousiaste de la reine à Louis XIV :

> Je viens de voir la chose la plus belle du monde, le dessin de votre Louvre !

Le sculpteur fut reçu triomphalement en France. On accourait de partout pour le voir, « comme si j'étais un éléphant », écrit-il. Il ne plut guère aux artistes parisiens, déjà jaloux et choqués par sa vanité péremptoire. Mais sa faconde napolitaine eut beaucoup de succès auprès des femmes.

— Si un sang généreux coule dans les veines des Italiennes, leur disait-il, c'est le lait le plus pur qui coule dans les vôtres.

Il fit la conquête de la reine Anne par la beauté de son buste du roi. Il en avait dégagé le front « pour le montrer à tout l'univers ». Il s'ensuivit une mode nouvelle chez les petits-maîtres qui voulurent à tout prix être coiffés « à la bernine ». Pourtant, son projet ne fut pas retenu, soit qu'il fût trop cher, soit que sa manière d'un baroque démesuré heurtât le clacissisme du goût français, et, quelques mois plus tard, le Cavalier repartait pour Rome, muni d'une gratification de cinquante mille écus et d'une pension de six mille livres.

Christine ne se lassait pas de le recommander aux autres souverains. Au doge de Venise, elle devait écrire quelques années plus tard :

> J'ai un tel respect pour Bernini que je saisis avec joie chaque occasion de vous demander de favoriser un homme qui se défend comme le plus grand et le plus admirable qui puisse se trouver dans son art.

Lui-même mettait le jugement de la reine très haut : elle était l'une des deux dames qui le comprenaient le mieux. On ignore qui était l'autre.

Malgré une longue vie et tant d'activité, il ne mourut pas riche, ce qui la scandalisa : « S'il eût été attaché à mon service, j'aurais eu honte qu'il ait laissé si peu ! » N'ayant pour son compte jamais pu lui faire les grandes commandes que méritait son génie, elle s'attacha tout au moins à financer un monument à sa mémoire. C'est chez elle et à ses frais que Filippo Balduccini écrivit sa biographie du Bernin.

*

Les visiteurs du Riario étaient reçus au premier étage, suivant un protocole imité de la cour pontificale. Elle accueillait les uns, assise sur un trône que surmontait son portrait grandeur nature par Voet, les autres debout, les importants à la porte, les princes et cardinaux en haut de l'escalier, le pape en bas, un genou en terre, sur un coussin de velours.

C'est à cet étage que se trouvait le trésor, les neuf suites de tapisseries d'une collection royale commencée par Erik XIV, et sept cents tableaux, dont la majorité venait du sac de Prague en 1648. A cela s'ajoutaient des acquisitions de peintres romains que lui signalait le meilleur critique d'art de Rome, Gian-Pietro Bellori, devenu son bibliothécaire et l'intendant de ses antiques. En 1663, elle avait acheté si avantageusement des Raphaël à des religieuses de Pérouse que le pape avait ordonné une enquête. De même en 1667, pendant son séjour à Hambourg, Azzolino lui obtint la collection de leur ami commun, le cardinal Imperiali.

Son ensemble de dessins, commencé grâce à ses « furets » dès 1651, était réputé, surtout pour les illustrations de *la Divine Comédie* par Botticelli. Elle en avait beaucoup aussi du Bernin qui lui en donnait un par an. Elle possédait en outre, comme tout collectionneur, d'innombrables objets précieux, ivoires, ambre, corail, porcelaines, horloges anciennes, miroirs et cristaux, et beaucoup d'instruments scientifiques, sa passion. Cependant, ni ses connaissances dans ce domaine ni son goût n'étaient sûrs. On a vu qu'elle dédaignait la peinture autre qu'italienne, et elle avait, sans le savoir, un certain nombre de répliques d'atelier, dont plusieurs de Raphaël. Mais à cette époque l'expertise en art n'en était encore qu'à ses balbutiements.

Au deuxième étage se trouvait le cabinet des médailles, si célèbre que les spécialistes de l'Europe entière venaient le consulter, comme Ezechiel Spannheim qui y trouva le matériau de son *De l'usage et excellence des médailles*. Comme nous l'avons vu, elle s'était déjà constitué un fonds important en Suède, que le général Montecuculli avait été chargé de déposer dans une banque de Hambourg au nom de Pimentel. Elle avait commémoré son couronnement, elle en fit autant pour son abdication en faisant graver une pièce représentant une couronne avec la légende *tam sine te* [1]. Peut-être n'en était-elle pas satisfaite car, la retrouvant en 1667 dans le cabinet d'un savant de Hambourg, elle la reposa sur la table sans commentaire.

Ses effigies étaient en général conventionnelles et peu ressemblantes, mais le genre le commandait et les graveurs devaient trouver, comme Bernini, qu'il était ardu de la reproduire. Les exergues, en revanche, la peignaient tout entière. *Nec falso nec alieno,* disait le verso d'un recto montrant le soleil, symbole qu'à l'instar de Louis XIV elle avait adopté, et que son secrétaire, sans doute sous sa dictée, commentait ainsi :

> Son éclat n'est ni faux ni affecté, il éclaire, il échauffe, il est la joie de tout ce qui le voit. Ces grandes qualités conviennent si parfaitement à la reine que l'envie même n'oserait les lui disputer. Tout le monde sait qu'elle n'a reçu que de Dieu seul sa haute position, elle n'en est redevable à personne, elle n'est pas devenue reine pour avoir épousé un roi et n'a jamais été la première sujette ni d'un mari ni d'un fils ni de quelques autres.

Elle était fière également de son *Ne mi bisogna ne mi basta.* Cela voulait dire qu'un grand cœur fait pour l'absolu n'avait aucun besoin d'un monde qui ne saurait lui suffire. L'une de ces

1. « Aussi sans toi. »

pièces intriguait pour sa légende énigmatique. Ornée au recto d'un Phénix, autre emblème favori de Christine — d'ailleurs à la mode —, elle portait au verso le mot suédois *Makelos*. Les érudits de son entourage rivalisèrent en interprétations saugrenues, surtout le savant Kircher, qui prétendait connaître toutes les langues. Elle lui avait d'ailleurs déjà joué un tour à sa façon en lui soumettant un texte composé de mots barbares inventés de toutes pièces. Il l'avait traduit de bout en bout, sans perdre pour autant son assurance lorsque la supercherie lui avait été révélée. *Makelos*, en fait, signifiait à la fois *sans pareil* et *sans pouvoir*, deux manques dont elle s'enorgueillissait également.

Ces productions, où n'était pas oublié le cardinal Azzolino représenté bien sûr en aigle qui tenait entre ses serres un serpent, sortaient des ateliers de graveurs fameux à Rome, les Halemani et les Travani.

La librairie, toute proche, comprenait près de cinq mille volumes abordant tous les sujets propres à intéresser une femme au savoir universel. Les manuscrits en étaient le fleuron. Leur nombre avait beaucoup diminué depuis le départ de Suède. Sur huit mille qui constituaient la collection de Stockholm, il n'en restait que deux mille cinq cents : Vossius, qui en avait établi le catalogue à Anvers, a été soupçonné, ainsi que Trichet du Fresne, de s'être ainsi dédommagé au passage de leurs traitements impayés.

Tel qu'il subsiste, le *Codices reginenses graeci e latini* fait l'admiration des chercheurs de la Bibliothèque apostolique vaticane. On y trouve les pièces les plus anciennes et les plus rares, une *Histoire* de Salluste du Ve siècle, une autre de Grégoire de Tours en caractères onciaux également du Ve, des missels mérovingiens, un manuel de prières japonais, des recueils de chronologie et d'astronomie écrits au monastère de Saint-Denis, un Virgile anglais, des méditations théologiques de Grégoire de Naziance, l'un des Pères de l'Eglise préférés de Christine, un *De Officis* de Cicéron, prise de guerre de Gustave-Adolphe dans la bibliothèque de Frauenburg en 1626, ou encore *La Vie et les miracles du roi saint Erik*, seul manuscrit suédois de l'ensemble, et bien d'autres.

Là, comme dans la galerie de peintures, le fonds provient surtout de Stockholm, lorsque la reine envoyait ses « furets » au bout du monde, mais il fut enrichi de nombreuses acquisitions, de présents, d'ouvrages dédicacés dans l'espoir d'une pension, toujours généreusement accordée. Jusqu'au bout Christine eut cette passion des livres qui avait marqué sa jeunesse, elle en réclamait à tout le monde dans tous les genres, et l'une de ses dernières lettres, en novembre 1688, remerciait encore un correspondant français pour l'envoi d'un ouvrage où il était question de Saint-Cyr, « belle institution digne de votre grand roi ».

*

Le domaine où elle exerça une influence vraiment novatrice, ce fut le théâtre. Jusqu'alors il n'y avait pas de scène publique à Rome. Seules les représentations privées étaient autorisées, et c'est dans ce cadre que le cardinal Rospigliosi, futur Clément IX, avait fait ses débuts d'auteur dramatique avec son *Saint Alexis*, joué en 1634 dans un décor du Bernin. Son successeur, Clément X, sans avoir ses talents, partageait ses goûts.

Christine n'eut donc aucun mal à obtenir de lui l'ouverture du Tor di Nona, qui fut inauguré le 8 janvier 1671 avec *Scipion l'Africain*, livret de Nicolo Minato, musique de Francesco Cavalli, qui lui était dédié. La représentation fit sensation, non seulement pour ses nombreuses « machines » et décors, mais surtout par la présence de chanteuses, les femmes étant alors rigoureusement interdites sur la scène, même chez des particuliers. Et l'on n'admira pas moins la reine qui trônait entourée de sa cour, c'est-à-dire une quinzaine de cardinaux, dans une loge tapissée de damas et de franges d'or.

Dans son nouvel engouement, elle était soutenue par un assistant encore plus passionné de théâtre qu'elle-même. Il s'agissait d'un Français, Jacques d'Alibert. Fils d'un surintendant de la maison de Gaston d'Orléans, il avait dû quitter la France pour s'être compromis dans les intrigues du cardinal de Retz. Réfugié à Rome, il avait attiré l'attention de Christine à peu près de la même manière que Santinelli, naguère à Pesaro. Au cours d'un carnaval, toujours merveilleusement fêté à Rome, elle le vit passer sous ses fenêtres, monté sur le char du Parnasse, au milieu d'un groupe de déesses jouant de la lyre. Il n'en fallut pas davantage pour que, le prenant à son service, elle l'envoyât en mission à Paris afin de plaider en faveur du pape dans l'affaire de la garde corse. Il avait si peu réussi qu'à son retour elle parlait de le jeter par la fenêtre, mais elle le garda tout de même, non plus comme ambassadeur, mais comme régisseur. Cette fois le choix était bon. « Grand parleur et diseur de rien », doué d'un physique avantageux et bouffon hors du commun, il animait avec talent les desserts de la reine. Sa servilité imperturbable finissait par agacer Christine elle-même, comme en témoigne le dialogue suivant :

— Ne sont-elles pas violet ? lui demanda-t-elle un jour en choisissant avec lui les dentelles d'un costume.

— Si.

— Imbécile ! Elles sont gris fer !

— Bien sûr, c'est tout à fait cela !

— Idiot ! Tu ne vois pas qu'elles sont bleu nuit ?

— Voilà ! Votre Majesté a trouvé le terme exact.

Une autre fois, il alla jusqu'à la féliciter sur la beauté de son teint. Mal lui en prit. Elle aimait la flatterie subtile et non qu'on se moquât d'elle, aussi le rabroua-t-elle vertement :

— Tu es un bel... Tu crois peut-être que je suis comme ta femme qui se met du rouge jusque sur les fesses ?

D'Alibert faisait donc piètre figure dans l'entourage de la reine, et on s'étonnait qu'elle tolérât ce bavard impénitent qui débitait des incongruités à longueur de journée, mais il l'amusait et nous savons qu'elle n'avait jamais été bien difficile pour ces petits favoris de deuxième ordre, pourvu qu'ils fussent drôles.

Comme animatrice de fêtes, Christine avait une rivale en la personne de la séduisante princesse Colonna, qui n'était autre que Marie Mancini. Arrivée à Rome en 1661, précédée de sa gloire d'ancienne bien-aimée de Louis XIV, elle n'avait pas tardé à donner le ton. Il avait suffi qu'elle parût, gaie, hardie, féminine, pour que les Romaines sortent de leur rétrograde gynécée en robes décolletées à la française. L'immense fortune des Colonna lui permit d'attirer à elle tous les talents, et trois semaines après le triomphe de *Scipion l'Africain*, on avait donné au Tor di Nona le *Nouveau Jason*, dédié celui-là à Marie. Les deux princesses se disputèrent bientôt instrumentistes et compositeurs, en particulier le Florentin Philippe Acciaioli, spécialiste des drames musicaux à grand spectacle, qui réussit à se maintenir en faveur en répartissant également ses dédicaces entre ses deux muses, vrai tour de force, car Christine était jalouse de ses protégés. En 1668, alors à Hambourg, elle avait enjoint à d'Alibert de laver la tête à son maître de chapelle Antonio Rivari qui avait eu l'audace de proposer ses services à la duchesse de Savoie :

> Il n'est au monde que pour moi, et s'il ne chante pas pour moi, il ne chantera pas longtemps pour qui que ce soit. Quand même on voudrait me faire croire qu'il a perdu la voix, tout cela n'y ferait rien, car tel qu'il est il doit vivre et mourir à mon service.

Marie Mancini cependant lui montrait une certaine déférence. Elle organisait de somptueuses fêtes en son honneur, comme elle le raconte dans ses mémoires :

> J'eus envie de donner un concert de musique à la reine de Suède pour régaler cette princesse et occuper en même temps son humeur agissante qui prend un plaisir extrême, non seulement à faire quelque chose, mais à donner de l'occupation aux autres.

Peut-être s'agit-il ici de l'*Empio punito*, d'Acciaioli, représenté en février 1669 au palais Colonna en l'honneur de Christine et de sa nombreuse suite de cardinaux, avec, pour seule présence féminine, celle de Marie. Christine ne l'aimait pas pour autant. Elle ne la jalousait pas d'être une ensorcelante Armide dans les féeries carnavalesques du printemps romain, ni de s'imposer partout par son élégance et sa beauté, ces atouts-là, elle ne les avait jamais enviés à aucune femme. Ce qui l'irritait c'était de se voir mise en concurrence avec la nièce d'un cardinal de fortune, petit gentilhomme italien, lorsque, aux défilés du mardi gras sur le Corso, la galerie vitrée où elle se tenait avec sa cour pût avoir pour vis-à-vis Marie, au balcon de son palais. Elle s'en plaignit même au pape, mais Clément X, ami des Colonna, refusa de leur interdire l'accès à leur propre fenêtre. Il eut beau jeu de lui répondre que, ne pouvant empêcher le menu peuple d'assister aux spectacles en sa présence, elle pouvait bien souffrir que « les personnes distinguées » s'y trouvent !

Elle se montra donc fort peu complaisante envers Marie lorsque celle-ci lui demanda de recueillir chez elle sa sœur scandaleuse, Hortense, duchesse de Mazarin, qui, brouillée avec son mari, attendait l'enfant d'un autre. Cette aventure d'ailleurs la débarrassa des deux Mancini. Marie devait, elle aussi, abandonner bientôt époux, enfants et palais, et s'enfuir de Rome avec sa sœur pour n'y jamais revenir.

Christine resta donc la *padrona* absolue de la musique baroque à Rome — qui lui doit beaucoup. De tradition, les Vasa étaient musiciens, elle-même avait une assez belle voix de contralto et avait pris des leçons de chant avec un maître de chapelle du pape. Elle s'essayait aussi à la composition et fut l'auteur d'une *serenata* sur un poème de Pétrarque. Elle eut surtout à son service les plus remarquables virtuoses du temps, Pasquini, son organiste, inventeur du *Drame allégorique* dont la reine eut chez elle la primeur, Marazzoli, son violoniste de chambre, Vittori, professeur réputé et auteur de nombreux opéras, mais surtout Scarlatti et Corelli. Le premier débuta grâce à elle avec *Gli equivoci nel sembiante* [1], joué au Tor di Nona, et elle l'engagea comne chef d'orchestre au Riario jusqu'à ce qu'un différend avec le pape l'écarte de Rome. Il devait y retourner après la mort de la reine. Quant à Angelo Corelli, *le prince des musiciens* d'après sa pierre tombale, considéré comme le fondateur de l'école italienne de violon, il fut l'initiateur de la reine dans la pratique de cet instrument. Elle lui avait obtenu le poste de maître de chapelle dans la maison du cardinal Ottoboni, mais il s'y montrait d'une susceptibilité pointilleuse. Un jour que deux spectateurs chuchotaient pendant l'exécution d'un morceau, il s'interrompit, puisque, dit-il, il n'avait pas fait preuve d'assez de talent pour imposer un silence complet. Ce fut lui le maître d'œuvre de la magnifique fête que la reine donna en 1687 en l'honneur de l'ambassadeur du roi d'Angleterre, Jacques II, le dernier Stuart qui venait de succéder à son frère. Le plus grand orchestre jamais entendu à Rome, composé de deux cent cinquante instrumentistes et cent chanteurs, joua entre autres une cantate de Guidi à la gloire du monarque catholique, avec cinq personnages symboliques, Londres, la Tamise, la Renommée, le Génie dominateur et le Génie rebelle.

1. « On se trompe sur l'apparence. »

Le théâtre non chanté, moins courant à Rome, lui plaisait aussi. Après avoir tant aimé Corneille, elle prenait à présent goût à Racine. Elle fit jouer au Riario son *Alexandre*, mais échoua à monter *Tartuffe*, dont lui avait sans doute parlé le cardinal Chigi qui assista en 1664 à une représentation privée de la comédie sulfureuse de Molière à Villers-Cotteret, chez le frère du roi. Hugues de Lionne se refusa à lui communiquer le texte, malgré son amitié pour elle. Elle choquait d'ailleurs l'opinion romaine en donnant chez elle des pièces trop lestes, et le père jésuite Zucchi vitupérait en chaire cette « fausse prophétesse » et les scandaleux ministres de Dieu qui se pressaient à son théâtre.

*

L'attraction qu'elle exerçait sur cette société de prêtres cultivés l'avait incitée à reprendre son projet de Stockholm interrompu par la mort de Descartes et le départ de Bourdelot : la fondation d'une académie. Il s'agissait d'ailleurs d'un usage répandu à Rome, où l'on trouvait des académies de tout : des *humoristes*, des *fantastiques*, des *ordonnés* ou des *extravagants*. Dès son premier séjour, en janvier 1656, elle en avait réuni une au palais Farnese, dans la « salle des empereurs », ainsi nommée à cause des bustes romains qui l'ornaient. Une vingtaine de cardinaux en firent aussitôt partie. On y traitait de problèmes aussi anodins que celui-ci : « L'inspiration vient-elle plutôt la nuit que le jour ? », les thèmes de discours étant tirés au sort au cours d'une loterie organisée par Santinelli, alors en faveur et qui n' était pas le moindre orateur.

Les voyages de la reine interrompirent cette académie qui ne reprit ses réunions qu'en 1674. Elle groupait encore beaucoup de cardinaux, comme Albani, futur Clément XI, ami personnel de la reine, qui se ferait plus tard, par fidelité à sa mémoire, le « protecteur de la nation suédoise ». On y trouvait encore des musiciens, des savants, mais surtout des poètes, comme Alessandro Guidi avec lequel, sous le pseudonyme de Erilo Cleono, elle collabora pour son *Endymion*, ou Vincenzo Filicaia, noble florentin qui venait de l'*Academia della Crusca* fondée par François de Médicis au XVIe siècle. Cette société, comme son nom l'indique [1], avait pour objectif de passer le langage au crible et en faire le pur toscan encore parlé aujourd'hui. Christine avait le même propos : éliminer les scories dont l'italien était encombré depuis la mode initiée par le fameux *cavalier* Marin, virtuose des alambiqués « concetti » et autres acrobaties de plume. En cela elle a fait une œuvre durable car, après sa mort, quelques jeunes poètes auxquels elle avait permis de se rassembler sous les arcades de son parc fondèrent pour perpétuer son souvenir l'*Académie des arcades* où, un siècle plus tard, en 1784, un autre souverain de Suède protecteur des lettres, Gustave III, devait être intronisé sous le nom pastoral de Alessandro Cheroneo. Les membres de ce groupe étaient en effet les « bergers d'Arcadie », et ils appelaient leur protectrice disparue la « Basilissa ».

Les séances de l'Académie du Riario commençaient par un concert, après quoi on débattait, comme en 1656, sur des sujets rigoureusement anachroniques. Fallait-il louer Mucius Scevola qui, la main sur le gril, défiait Porsenna, le roi des Etrusques, ou plutôt Porsenna qui, au lieu de le faire mettre à mort, le renvoyait, libre, à Rome ? Voilà ce qu'on se demandait. Toute allusion aux problèmes de l'Eglise était interdite, comme toute louange à la présidente, qui devait être traitée comme les autres membres.

L'Académie lui permettait aussi de venir discrètement en aide aux auteurs besogneux. Elle éleva ainsi à ses frais les deux enfants de Filicaia, à condition toutefois que personne n'en sût rien, « pour qu'elle ne dût pas rougir d'avoir fait si peu de choses pour un si grand homme ». Elle pensionnait également un autre membre de la société, l'archevêque Angelo delle Noce, qui n'avait pas les moyens de soutenir son train de prélat romain.

En lui envoyant son obole qui, disait-elle, ne correspondait ni au mérite de son obligé ni à son propre désir, elle employait aussi le mot *rougir*, mais n'y voyons pas une affectation de précieuse à la Scudéry. Elle regrettait sincèrement, et en était humiliée, de n'avoir plus les moyens d'une libéralité conforme à sa naissance. Les quémandeurs d'ailleurs dépassaient parfois les bornes. Puffendorff, qui écrivait à cette époque son *Histoire de la*

1. *Crusca* signifie son.

guerre de Trente Ans, prétendait avoir été si mal traité par la Suède qu'il s'était ruiné. Il demandait donc à la reine, à titre de dédommagement, une bibliothèque bien remplie et une maison à la campagne, l'une nécessaire à ses travaux, l'autre à son repos, plus une dot pour chacune de ses deux filles. Elle se contenta d'en rire : « Si ma bourse était proportionnelle à mon âme, ses affaires iraient bien ! »

Puisqu'elle présidait une académie, il lui fallait s'exercer elle aussi à l'art d'écrire. Nous avons vu que, à la suggestion du cardinal Azzolino, elle avait commencé à Hambourg des mémoires, sous le titre ambitieux et nettement exagéré de *Ma vie dédiée à Dieu*. Elle ne l'acheva pas, et pas davantage les biographies d'Alexandre et de César qu'elle entreprit ensuite. A cette perpétuelle agitée, les textes courts convenaient mieux, et ils étaient à la mode depuis la publication des *Maximes* de La Rochefoucauld qu'elle avait d'ailleurs lues et annotées. Ces aphorismes, réunis sous le titre d'*Ouvrages de loisir*, ont pu également lui servir comme thèmes de discussions à son académie. Ils ne plaident guère en faveur des talents littéraires de leur auteur. Certains sont d'une platitude désolante comme : « Le temps et la mort guérissent de tous les maux », ou « Le véritable amour ne prétend à rien que d'aimer ». D'autres pourtant font rêver : « On guérirait de tous ses défauts si on ne les aimait pas », ou « L'art de se venger est peu connu », ou encore « Les grandeurs sont comme les parfums, ceux qui les portent ne les sentent même pas ».

Dans quelques-uns, et c'est là leur principal intérêt, elle livre un peu de son histoire :

> Quand on sacrifie à Dieu sa fortune, son intérêt, sa gloire et toutes ses espérances, ce sacrifice est grand et coûte bien cher à celui qui le fait, mais tout homme qui sacrifie à Dieu la passion d'un véritable et ardent amour fait quelque chose de plus. On ne saurait concevoir la grandeur de ce sacrifice.

Elle pense alors à Azzolino, mais c'est l'ombre de Monaldeschi qui la hante, lorsqu'elle trace ces lignes :

> La loi de Théodose était très juste et très sage : il ordonna qu'on ne devait jamais exécuter à mort personne que trente jours

après l'ordre donné. Ces précautions sont nécessaires pour mettre la conscience du prince au repos. On peut toujours faire mourir les gens, mais on ne saurait les ressusciter.

*

En avançant en âge, c'est la science qui l'intéressa le plus. Dans cette branche, elle était curieuse de tout, et elle protégea de nombreux savants venus de tous les horizons, naturalistes, géologues, mathématiciens. Du célèbre Borelli, elle finança la publication de son ouvrage sur les animaux, *De motu animaliu*, et elle n'avait pas oublié les pierres runiques de sa jeunesse puisqu'on la voit, tout à fait à la fin de sa vie, en 1689, accueillir avec faveur le spécialiste de l'histoire des Goths, Jean-Gabriel Sparvenfelt.

Mais c'est pour l'astrologie et l'alchimie, qui n'étaient pas encore l'astronomie et la chimie, qu'elle se passionna, comme beaucoup d'intellectuels de son temps et comme sa rivale Marie Mancini qui publia plusieurs traités d'astrologie. Elle aida l'astronome Ciampini qui fonda sous sa protection l'*Academia delle esperienze* et c'est avec un autre illustre chercheur, Cassini, qu'elle put examiner la comète de 1664 dans les combles du palais Chigi. Elle devait d'ailleurs installer un petit observatoire chez elle, au dernier étage du Riario.

Elle avait déjà, contiguë à sa bibliothèque, une « distillerie », selon l'expression de l'époque, c'est-à-dire un laboratoire d'alchimie où elle cherchait, comme tant d'autres, le secret de la transmutation des métaux. A Hambourg, en 1661, le résident Bidal se moquait déjà d'elle à propos de cette manie que, en qualité d'ancien créancier impayé de la reine, il jugeait dispendieuse. C'est à cette époque qu'elle s'engoua d'un alchimiste milanais, Borri, qui prétendait descendre de Burrhus, le gouverneur de Néron, et tenir ses connaissances directement de l'archange saint Michel, au nom duquel il avait fondé une secte. Comme il avait guéri le marquis del Monte d'une maladie mortelle, elle l'écoutait avec complaisance, jusqu'au jour où le cardinal Azzolino lui conseilla fortement de rompre avec ce protégé qui sentait le soufre. Elle ignorait en effet qu'il avait été condamné au bûcher par l'Inquisition et qu'il n'avait dû son salut qu'à la fuite. Cela avait été pour lui l'occasion d'un mot d'esprit. On était alors en plein hiver, aussi disait-il à propos de cette exécution par contumace :

« Je n'ai jamais eu aussi froid que le jour où on m'a brûlé ! »

Pour se distraire de ses mornes journées à Hambourg, elle avait aussi le chimiste Glauber qui avait inventé le médicament universel, le « sel de Glauber », dont il ne dévoila le secret à personne, pas même à elle. Cependant, à son retour à Rome, elle devait retrouver Borri. Après avoir tenté fortune auprès de princes alchimistes, il avait fini par être pris dans les Etats pontificaux et emprisonné pour la vie au château Saint-Ange, captivité toute relative, car sa renommée médicale était si grande qu'il obtenait fréquemment des permissions de sortie pour soigner d'illustres malades. Sans doute se livra-t-il au Riario à quelques expériences en compagnie de la reine, du cardinal Azzolino et d'un gentilhomme de la petite cour, le marquis de Palombara, tous deux grands chercheurs de la pierre philosophale. Borri, à Hambourg, lui avait coûté cher, mais elle fut aussi victime de véritables charlatans, dont un Anglais qui prétendait avoir des secrets de jouvence et les essayer sur del Monte. Elle faillit même succomber pour avoir absorbé des pilules d'antimoine fabriquées par un certain Bandera, chimiste qu'elle entretenait et dont elle finit par se débarrasser après quelques coups de bâton.

*

Ce qui frappait les hôtes du Riario, c'était le contraste entre la splendeur du décor et l'inélégance de la maîtresse de maison. Elle était devenue la caricature d'elle-même. Petite autrefois, elle était à présent carrée, aussi grosse que courte. Elle n'avait jamais eu tout à fait l'air d'une femme, désormais elle était franchement masculine, de teint, de voix, de nez, de poil. Jamais coquette, elle devenait négligée. Son justaucorps usé lui tombait sur les genoux, sa jupe découvrait de grossières chaussures, un grand nœud de velours lui tenait lieu de cravate, soutenant son double menton, tandis qu'une ceinture bridait les rotondités de son ventre. Et pourtant elle n'avait perdu ni ses grands yeux bleus, doux ou sévères, ni la grâce de son sourire, ni son inexplicable majesté.

Elle n'avait surtout rien perdu de sa gaieté ironique exercée d'abord à ses dépens :

> A l'égard de mon enbonpoint, je ne m'en incommode pas, j'en ai autant qu'il faut pour couvrir les os, de la manière que je vis, je ne crains pas d'engraisser, je mange peu et dors moins, écrit-elle à Bourdelot.

A Mlle de Scudéry, elle assurait qu'elle n'avait pas beaucoup embelli depuis leur rencontre à Paris, et à Mgr Brunet, évêque français qui a laissé quelques notes de sa visite au Riario, elle se présentait comme l'une des antiquités de Rome. Mais cette vieillerie-là lui parut « ce qu'il y a de plus rare à Rome parmi toutes les raretés ». Il se déclarait ébloui par le charme de sa conversation et l'étendue de sa culture, et par la magnificence de sa maison, la plus belle cour cosmopolite qu'on pût voir dans la capitale.

C'était montrer quelque indulgence. Malgré les efforts du cardinal Azzolino qui en avait éliminé les plus mauvais sujets, l'entourage de Christine était surtout composé de gentilshommes besogneux et aventuriers. Le seul personnage de prestige était son grand chambellan, le duc de Poli, issu d'une noble et ancienne famille romaine et frère d'un cardinal. D'une honnêté et d'un dévouement absolus, il était aussi ennuyeux et imbu de lui-même, deux défauts dont elle avait horreur, aussi ne le retint-elle pas lorsqu'il résigna ses fonctions pour n'avoir pas à traiter le marquis del Monte d'*Excellence*, comme elle l'exigeait.

Celui-ci ne lui faisait guère honneur. Cupide et peu scrupuleux en vrai favori, il faisait des enfants aux femmes de chambre et recevait des pots de vin des fraudeurs et des prostituées qu'il hébergeait sans vergogne au Riario. Christine, sûre de sa fidélité, fermait les yeux sur ces malversations, et elle avait même fait faire un riche mariage à son fils en lui donnant pour femme la propre nièce de Monaldeschi. Malheureusement, l'épouse était laide et l'époux volage, aussi Christine, en tendre mère, le morigénait-elle, surtout lorsqu'il profitait de ses missions dans le Nord pour courtiser tranquillement les beautés suédoises.

Elle entretenait encore quelques jeunes gens inutiles mais nécessaires à son train qu'elle voulait toujours royal ; le comte de Warwich, fils du duc de Northumberland, authentique vaurien sous le masque d'un grand seigneur, ou le comte de Wasenau, bâtard du roi de Pologne Ladislas IV. Resté sans emploi après l'abdication de Jean-Casimir, il s'était tout naturellement réfugié à Rome auprès de la dernière Vasa, et celle-ci, se croyant tenue de faire sa fortune, l'avait envoyé à Hambourg pour une de ces missions irréalisables dont elle avait le secret. Il y échoua bien entendu, ce qui lui valut des bordées d'injures par correspondance :

> Est-ce que vous vous prévalez de ce que je vous ai reconnu mon parent de la main gauche ? Misérable, vous vous trompez fort ! Je me suis piquée jusqu'ici de connaître les hommes et ne me trompe jamais dans mes choix, vous m'aurez désabusée de cette vanité ! Vous n'êtes pas le fils du roi Ladislas, il faut de nécessité que vous le soyez du roi Casimir, vous êtes pour le moins aussi bête que lui.

Le malheureux jeune homme, à son retour, faillit recevoir lui aussi des coups de bâton, mais, sa colère apaisée, elle se mit en tête de le faire moine, seul état convenable pour un prince inapte aux affaires. Elle lui adressa une édifiante homélie sur les mérites d'une vie consacrée à Dieu, qu'elle eût elle-même choisie si Dieu l'y avait appelée. Sans doute Dieu n'appelait-il pas non plus le comte de Wasenau, car il multipliait les conquêtes féminines. Il commença par Mme de Chalais, belle et jeune veuve qui deviendrait la princesse des Ursins et jouerait un rôle de premier plan à la cour d'Espagne, avant de passer à la fille du duc de Poli.

Christine n'entendait parler autour d'elle que d'histoires d'amour et des bâtards qui en résultaient. Tant de femmes enceintes la revulsaient et elle les appelait des « vaches », comme l'épouse du capitaine Landini, officier de sa garde, qui avait accordé ses faveurs à l'incorrigible del Monte. Une seule vache eut grâce à ses yeux, Ottavia Passaglia, sa dame d'honneur, marquise Capponi par son mariage. Le petit de celle-là, elle l'adorait et se le faisait souvent amener pour jouer avec lui.

Dans cet entourage de la reine, il n'y avait plus de Suédois. Son abjuration les avait écartés d'elle, sauf un secrétaire, Gardenblad. Celui-ci non seulement était catholique, mais apôtre. Il tâchait de convertir tous ses compatriotes de passage à Rome, surtout les pauvres qui recevaient d'autant plus pieusement sa prédication qu'il l'accompagnait des libéralités de sa maîtresse. La reine, craignant d'être ruinée par ce secrétaire trop dévot, finit par y mettre le holà, et sa « glorieuse conversion » ne fit jamais école. Elle-même ne se souciait guère d'avoir des émules, sinon par plaisanterie. Elle conseilla ainsi à un neveu de Holstenius de se faire catholique et de venir à Rome, à seule fin d'échapper à la virago qu'il avait pour épouse.

*

« L'âge d'or » allait prendre fin. Louis XIV, cédant aux pressions d'un pape auquel il devait beaucoup, avait envoyé une puissante flotte au secours de la ville de Candie, en Crète, assiégée par les Turcs. Malheureusement les Français se retiraient après une sanglante défaite où avait péri le duc de Beaufort qui commandait les troupes, et, quelques semaines plus tard, le 6 septembre 1669, Francesco Morosini, le général des Vénitiens, devait capituler.

Clément IX s'évanouit à cette nouvelle : la chute de Candie, c'était la fin du rêve de croisade dont il avait fait la principale affaire de son pontificat ; le 2 décembre, il expirait après de touchants adieux à Christine. Mais le chagrin de la reine s'effaça vite devant l'excitante perspective qui s'ouvrait à elle : l'élection d'un nouveau pontife.

Il s'agissait enfin pour elle d'une affaire de haute politique où elle espérait intervenir en égale des plus grands souverains d'Europe, le roi d'Espagne et le roi de France pour lesquels chaque changement de pape était une nouvelle occasion de se mesurer. Ils s'y préparaient d'ailleurs en permanence puisque les papes étaient toujours âgés, donc toujours en mesure de céder la place. On a vu que quelques mois avant la mort d'Alexandre VII, les chancelleries étaient déjà en émoi pour la désignation de son successeur.

Les deux souverains décideurs disposaient d'une paire d'armes redoutables, *l'inclusion*, et *l'exclusion*, la première exprimant leur préférence, la seconde leur refus. L'exclusion pouvait d'ailleurs avoir deux formes : absolue si elle était publique, ou négociable si elle restait secrète. Dans le cas, assez fréquent, d'égalité des forces, on se mettait d'accord sur un *dépôt*, c'est-à-dire sur le choix d'un vieillard, ce qui permettait de remettre à plus tard la partie décisive.

Entre ces adversaires se tenait l'escadron dont le but était d'assurer l'indépendance politique du Saint-Siège, et dont l'influence grandissait à chaque élection. Les deux dernières, celle d'Alexandre VII et celle de Clément IX, lui étaient dues.

Au moment où se rassemblait ce nouveau conclave, les représentants des souverains concurrents n'étaient pas de mérite égal. Le marquis d'Astorga, ambassadeur d'Espagne, ne semblait guère dangereux. Apathique et paresseux, amolli par le climat romain, il était occupé surtout de femmes. Son antagoniste, le duc de Chaulnes, était d'une tout autre étoffe. Il avait, nous dit Saint-Simon, la robustesse du bœuf avec l'esprit le plus délié et l'allure la plus magnifique. Quant à la duchesse, elle ressemblait à « un soldat aux gardes et même un peu suisses, qu'on eût déguisé en femme », ce qui ne l'empêchait pas d'avoir aussi grand air que son mari.

A première vue, la faction française paraissait faible, ses membres ayant surtout pour mérite de toucher des pensions du Louvre. Renaud d'Este, frère du duc de Modène, n'était pas papable, du fait de ses différends avec Azzolino. Antoine Barberini, ancien archevêque de Reims, de caractère faible, n'avait aucune influence. Maidalchini, cardinal à dix-sept ans grâce à sa tante Olympia, avait mauvaise réputation. Mancini, beau-frère de Mazarin, « bon homme pourvu qu'il ne fît rien » selon Alexandre VII, ne comptait pas. On attendait donc avec impatience les plus prestigieux prélats français, Retz et Bouillon, le premier surtout, considéré, depuis l'élection de Chigi en 1656, comme un faiseur de papes, le second, de grande naissance, n'étant encore qu'un aimable jeune homme plein d'entrain.

Les Espagnols étaient à craindre pour deux fortes personnalités, les cardinaux de Médicis et de Hesse. Ils avaient en commun d'être entrés tardivement dans les ordres, après une vie consacrée aux arts et aux lettres pour l'un, à la guerre pour l'autre.

Plusieurs sous-factions se montraient indécises. François Barberini animait l'une d'elles. Beaucoup plus indépendant de la France que son frère Antoine, il avait une réputation de grande piété, on le disait même « angélique », mais avec, soulignait le cardinal de Retz, un travers dans l'humeur qui le rend, « comme ils disent en Italie, amoureux de l'impossible ». Il patronnait en effet surtout des vieillards comme le cardinal Brancaccio dont la postérité n'a retenu qu'un ouvrage : l'*Histoire du chocolat*. Rospigliosi, neveu du pape disparu, avait encore tout le pouvoir d'un *cardinal-patron*, mais ses candidats n'étaient pas jeunes non plus, par exemple Altieri, si amoindri que, disait-on malicieusement, s'il était élu il ne se souviendrait même pas d'être pape.

Fabio Chigi, bien que théoriquement hors de course en tant que neveu d'Alexandre VII, avait encore du crédit. Il avait longtemps mené une vie très mondaine, plus occupé de ses chevaux, de ses chiens, de ses jardins que des intérêts de l'Eglise. On le disait assagi. Pourtant, ses amours avec Marie Mancini alimentaient la chronique, et la reine Christine, pour son compte, ne croyait guère à cette conversion. Selon elle, il avait dans son équipe vingt-deux hommes et vingt-cinq papables, ce qui en disait beaucoup sur les mœurs discutables de trois d'entre eux.

Quant à l'escadron, qui en principe ne courait pas pour son compte, il n'était pas encore prêt à lancer la candidature de Pierre Ottoboni — qui devait être pape plus tard sous le nom d'Alexandre VIII. Il n'avait alors qu'un seul possible, le cardinal Albizzi, père de plusieurs enfants et grand diseur de gros mots.

Tous se retrouvaient sur un point : les conditions pour être papable. Il fallait être proespagnol, tout en étant profrançais, ou au contraire ni l'un ni l'autre, être vieux pour ne pas trop durer et donner des espérances convenables aux autres, être riche, ce qui assurait la popularité, n'avoir été offensé par personne, car on pouvait en craindre des vengeances. En revanche le papable pouvait très bien avoir lui-même offensé, il n'en serait que plus reconnaissant aux électeurs qui l'auraient oublié.

*

Tandis que se préparaient ces grandes manœuvres, Bernini, architecte en chef des palais pontificaux, aidé de son frère Louis et de Carlo Fontana, procédait aux remaniements nécessaires pour installer le conclave au Vatican, ce qui n'était pas une petite affaire. Il fallait aménager des cellules pour cinq cents personnes, cardinaux et conclavistes, c'est-à-dire les secrétaires et serviteurs des prélats, murer les fenêtres et n'y laisser que quelques soupiraux, aucune communication ne devant avoir lieu avec l'extérieur, livrer des provisions suffisantes pour un long séjour, et surtout améliorer le chauffage, l'hiver s'annonçant très froid. Plusieurs cardinaux âgés furent en effet malades pendant toute la durée du conclave. Un médecin devait d'ailleurs être enfermé avec eux, ce même César Macchiati qui avait accompagné Christine en Suède.

Lorsque tout fut prêt, les cellules furent tirées au sort, et le 19 décembre à minuit retentit le fameux *Extra omnes* qui invitait les visiteurs à se retirer. Le conclave commençait.

Le duc de Chaulnes était arrivé la poche gauche remplie d'exclusions et la droite d'inclusions. Le meilleur inclus était le cardinal Vidoni, prélat d'une soixantaine d'années, ancien nonce en Pologne, muni de toutes les qualités requises, intégrité, compétence et piété. L'Espagne ne l'excluait pas trop, bien qu'il fût brouillé à mort avec le cardinal de Médicis. L'escadron le soutenait, et la princesse de Rossano l'avait même présenté dans son salon comme le futur pontife. C'était très imprudent. Comme l'enjeu ne consistait pas à faire le choix le plus approprié aux intérêts de l'Eglise, mais à éviter de voir un pape « fait à sa barbe », autrement dit n'avoir aucune part à son élévation, donc aucun droit à sa reconnaissance, l'ambitieux Fabio Chigi dressa l'oreille. Il n'allait pas travailler pour la gloire de l'escadron, même si Vidoni appartenait à sa propre faction. Il s'entendit donc avec le cardinal de Médicis sur deux de ses « sujets », Elci, dont la famille lui était apparentée, et Bonvisi qui malheureusement avait un mauvais neveu, libertin notoire.

Christine avait cru sauver la situation lors de sa dernière visite au conclave, en s'écriant, alors qu'elle passait devant la cellule de Vidoni :

— En voilà un en tout cas qui n'est pas papable !

Elle espérait ainsi réparer la bévue de la princesse de Rossano, tout en la soulignant aux yeux d'Azzolino, car elle était jalouse de cette rivale qui passait pour avoir eu une liaison avec le séduisant cardinal.

Ces petites ruses ne suffisaient évidemment pas, et l'« aigle » d'Innocent X, célèbre pour son génie de l'intrigue, avait besoin de tous ses talents pour briser la redoutable alliance de Fabio Chigi avec les Espagnols. Il commença par se lier avec lui afin d'éliminer les candidats Rospigliosi et Barberini, après quoi retourna vers ceux-ci et forma une union avec eux, la *Triple*, assez restreinte car elle ne portait que sur les exclusions, mais c'était justement ce dont il avait besoin pour revenir sur Chigi et rejeter ses favoris. Faute de combattants, la voie serait alors libre pour le sien. Il cachait son jeu en affectant une parfaite indifférence à l'égard de Vidoni qui, de son côté, dissimulait de son mieux cette *rabbia papale* dont, à en croire Retz, tous étaient affectés, et déclarait à la cantonade qu'il formait un seul vœu, demeurer dans son « heureuse tranquillité ».

La prudence en effet était de rigueur si on ne voulait pas compromettre ses chances. Comme l'écrivait le duc de Chaulnes au roi :

> La moindre calotte qui paraît hors de la tranchée s'attire des salves cruelles.

Christine, quant à elle, voyant des ennemis partout, suppliait son ami de ne rien goûter des vivres qu'on pouvait lui envoyer, au cas où elles seraient empoisonnées ! Malgré l'*Extra omnes*, toute communication n'avait pas été interrompue entre eux, et par les soupiraux du Bernin de nombreux messages étaient passés, ce qu'on appelait dans le jargon conclaviste « aller à la fenêtre ». La reine y allait souvent, car elle avait fort à faire pour exécuter les tortueuses instructions du cardinal. Pour plus de commodité, elle avait élu domicile dans la cité léonine entourant le Vatican, où l'on pouvait circuler sans médaille de laissez-passer. Son appartement à l'Hôtel d'Angleterre se trouvait juste en face de la cellule d'Azzolino, ce qui lui permettait aussi d'apercevoir sa silhouette.

Ils correspondaient donc beaucoup et, un jour, Decio s'oublia jusqu'à tracer, en haut de l'une de ses lettres, deux majuscules, S. M., qu'on n'a jamais déchiffrées mais qui devaient être bien enivrantes pour elle, car elle y répondit avec exaltation :

> Par quelle heureuse influence m'avez-vous rendu les glorieuses marques de ma félicité passée. Est-ce que je me trompe, et les lettres S.M. ne signifient-elles plus ce qu'elles signifiaient autrefois ? Si je pouvais vous faire imaginer la joie que leur vue m'a donnée, vous me jugeriez en quelque façon digne de ce titre que je préfère à celui de reine de l'univers. Mais je dois en être indigne, puisque vous me l'avez ôté. Faites ce qu'il vous plaira, je suis d'une manière à vous que vous ne pourrez sans une injustice et une cruauté effroyables douter que S.M. me soit dû[1].

Decio, mécontent, lui intima sévèrement de réprimer à l'avenir ces emportements qui lui interdisaient de communiquer ses lettres à ses amis, ce qui ne l'empêcha pas de lui jeter encore, de temps à autre, quelques S.M. complaisants.

Selon la tactique arrêtée entre eux, elle devait persuader les Espagnols que Vidoni était exclu par les Français, et les Français qu'il l'était par les Espagnols. Malheureusement le marquis d'Astorga, dépourvu de finesse, la prit si bien au mot qu'il s'enflamma pour Vidoni. Celui-ci passa donc pour le candidat de Madrid, et le duc de Chaulnes était tout prêt à l'exclure. C'est alors que le cardinal de Médicis, outré d'apprendre qu'Elci était exclu par Louis XIV, se vengea sur Vidoni — que d'ailleurs il détestait — en déclarant que la reine d'Espagne ferait brûler le conclave plutôt que de consentir à son élévation. Même si le lendemain, il assura qu'il avait voulu au contraire dire que si Vidoni n'était pas élu, la reine de Suède ferait brûler le conclave, les chances de Vidoni s'effondraient de nouveau : il paraissait trop français.

Il avait pourtant un compétiteur de moins, Elci, mort au début d'avril. Restait en piste, dans la faction Chigi, Bonvisi que soutenaient les deux sœurs Mancini. Elles ne lésinaient pas sur les moyens de convaincre le duc de Chaulnes. Un jour, au cours d'une fête où Hortense était costumée, assez peu, en esclave orientale, elles restèrent enfermées si ostensiblement avec l'ambassadeur que Christine s'en inquiéta :

> Quoiqu'il n'y fût demeuré qu'un demi-quart d'heure et qu'il

1. S.M., *Sua Maesta* pour une lecture indifférente, mais pour une autre sans doute *sempre mia* ou *Sia mia*.

> en sortît de manière à persuader les gens qu'il n'avait pas donné contentement, je voulus m'éclaircir de tout par moi-même et l'envoyai quérir.

Personne n'ignorait plus que Vidoni était soutenu par l'escadron. Sa chambre était voisine de celle d'Azzolino et leurs manèges n'étaient pas passés inaperçus. Vidoni d'ailleurs oubliait toute prudence, se croyant près du but :

— J'ai des amis qui travaillent en secret pour moi, se laissait-il aller à dire.

Il fallait brouiller les cartes. Azzolino écrivit donc un billet à Christine où il disait le plus de mal possible de Vidoni et l'engageait à torpiller sa candidature, s'arrangeant pour le laisser tomber de sa poche au passage d'un conclaviste de Chigi. Celui-ci, bien entendu, ne fut pas dupe, et Vidoni perdit définitivement ses chances.

Les semaines passaient. Les cardinaux, fatigués, avaient hâte d'en finir. Le pendule, oscillant toujours, sembla se porter sur Albizzi, le père de famille qui disait des gros mots, et il n'eût pas demandé mieux, tout prêt, assuraient ses adversaires, « à prendre le pontificat comme une tabatière ». Brancaccio, l'historien du chocolat, commençait à rêver lorsqu'on se mit à envisager l'élection d'Odescalchi dont personne n'avait parlé jusque-là car on craignait son austère vertu. Membre de l'escadron, c'était un prétendant acceptable pour Azzolino qui se hâta de « le tirer à lui », c'est-à-dire d'avoir des droits à sa reconnaissance en le présentant comme son candidat. Malheureusement, là encore il en fit trop. Mettant en pratique ce qu'il appelait « l'art des arts », méthode consistant à dire la vérité pour faire croire qu'on ment, il rédigea un second billet où il proposait ouvertement Odescalchi, ajoutant, et c'était un mensonge, qu'il l'avait lui-même suggéré. Chaulnes, outré, rejeta aussitôt Odescalchi car, dit-il, un sujet ne devait pas être « exalté » sans en avoir l'obligation à Sa Majesté. Chigi, quant à lui, ne pouvait accepter une victoire de l'escadron, aussi finit-on par s'entendre, ce qui était prévisible dès le début, sur un « dépôt », c'est-à-dire sur un vieillard inoffensif. Et ce fut Emilio Altieri, qui appartenait à la faction Rospigliosi, la plus neutre du conclave. Restait cependant un obstacle, de taille. Altieri était justement le seul, de tous les cardinaux, à ne pas vouloir être pape. Lorsqu'on lui apprit la nouvelle, il éclata en sanglots, supplia qu'on prît Brancaccio à sa place, protesta de son indignité, de sa faiblesse, de son âge, de ses infirmités, en vain. Il fallut, après une heure d'exhortations, l'arracher de son lit auquel il s'accrochait avec l'énergie du désespoir. Enfin, la poigne et l'éloquence de ses confrères parvinrent à l'entraîner vers la chapelle Sixtine où il prit le nom de Clément X, tandis qu'on le revêtait des ornements pontificaux.

Toutes les portes s'ouvrirent alors, et la reine Christine, faisant contre mauvaise fortune bon cœur, fut la première à baiser sa mule. C'était pourtant une cuisante défaite pour l'escadron, surtout pour Azzolino qui y avait gagné plusieurs ennemis : Vidoni, mais il ne comptait plus, Odescalchi, mais il dissimulait sa rancune, enfin et surtout le parti français, où il passa pour un fourbe sur lequel on ne pouvait compter.

En tant que dépôt, Clément X devait décevoir. Il vécut plus longtemps qu'on ne l'escomptait, et il eut lui aussi un neveu, en fait un oncle du mari de sa nièce qui prit son nom pour faciliter les choses. S'il était un faux neveu, il exerçait un pouvoir bien réel, ce qui faisait dire à Pasquin : *Sum sub pontificatu alterio* [1].

*

Les affaires de Rome ne détournaient pas la reine des événements qui se passaient en Suède. Toujours soucieuse d'y jouer un rôle, elle espérait enrôler son ancienne patrie dans une croisade contre les Turcs dont la pression en Europe devenait de plus en plus menaçante. Charles XI, en 1672, venait d'atteindre sa majorité, elle en profita pour lui envoyer le marquis del Monte afin de solliciter son aide à la Pologne. Elle débarrassait en même temps le cardinal Azzolino d'un rival dont il commençait à être jaloux. Mais elle connaissait bien son del Monte, aussi lui écrivait-elle :

> Vous êtes dans un pays où l'on ne doit garder foi qu'à ce qu'on touche de la main. Prenez garde de ne pas boire, faites l'amour tant que vous voudrez, mais ne buvez pas, si ma grâce vous est chère.

1. Jeu de mots sur le sens d'*alterius*.

Bien que resté de la plus parfaite sobriété, le marquis n'obtint rien. Le jeune roi était le même qu'à sept ans lorsqu'on disait de lui qu'il n'avait de bas que l'âge, et il ne demandait qu'à bien faire, mais précisément il avait beaucoup à faire pour réparer les dégâts d'une régence négligente, et il n'avait pas le temps de penser aux Turcs, ni, protestant, de soutenir les souverains catholiques. Aussi les gants et les parfums que le frivole del Monte conseillait d'employer pour convaincre la reine mère n'y auraient pas suffi. Christine d'ailleurs refusait ces moyens-là :

> J'ai peu envie de régaler, parce que je m'aperçois d'avoir fait nombre de ces galanteries inutilement, et il me semble que cela a un air de bassesse, outre que, si l'on régale une personne, il faut les régaler toutes, et je ne puis suffire à tout.

Si Christine expédiait à nouveau dans le Nord, c'est qu'elle avait humé une forte odeur de subsides. Louis XIV les répandait à pleines mains en Europe pour s'attirer des alliés dans la guerre qu'il préparait contre la Hollande. Sous ce puissant levier, la Triple Alliance, conclue en 1668, s'effondrait. L'Angleterre de Charles II s'en était déjà détachée par le traité de Douvres conclu avec la France en 1670, et la Suède en était sortie à son tour, s'engageant spécialement à contenir l'électeur de Brandebourg. Les anciens régents, demeurés au pouvoir comme ministres du jeune roi, auraient bien voulu s'en tenir à leur attentisme défensif d'autrefois, mais cette fois Louis XIV ne se contentait pas de neutralité, il fallait aller au feu, après dix ans de paix.

La Suède s'aventurait dans ce conflit sans aucune préparation militaire. La régence, minée par ses tensions internes, avait accumulé les fautes et le pays se trouvait dans un état pitoyable : finances épuisées, forteresses mal entretenues, armée et flotte dans un complet dénuement. Lc résultat ne se fit pas attendre. Les Suédois étaient écrasés par le Brandebourg en juin 1675 à Fehrbellin ; le Danemark entrait à son tour en guerre et dévastait la Scanie. Leur honneur cependant fut sauvé par le roi qui fit des prodiges à la bataille de Lund, l'année suivante.

La paix s'annonçait ; Christine entendait y jouer un rôle, comme autrefois à Osnabrück et à Münster, et surtout en tirer quelque profit. Elle savait qu'il était question de rendre à la

Suède ses provinces allemandes, en particulier la Poméranie dont l'usufruit lui appartenait, et elle voulait faire valoir ses droits. Plusieurs émissaires furent donc envoyés à Vienne, à Paris et à Nimègue où se rassemblait un congrès. Celui de Vienne devait demander au nonce Bonvisi, celui-là même qui avait failli être pape, une démarche auprès de l'empereur pour réclamer son appui, mais surtout pas sa « protection », terme que la reine avait en horreur. Elle y avait joint, à l'adresse du cardinal, une lettre d'un orgueil superbe qui la peignait tout entière :

> Au temps où je régnais, je ne requérais autre chose de mes serviteurs et de mes ministres qu'une aveugle obéissance, avec laquelle ils exécutaient mes ordres sans réplique. J'étais seule la maîtresse absolue, je voulais l'être, et je savais l'être. Il est vrai qu'à l'heure qu'il est j'ai changé de fortune, mais pas de sentiment. Je fais en petit ce que je faisais alors en grand, et je vous promets qu'il n'y aura pas un de mes serviteurs qui aura la hardiesse de faire un pas sans mes ordres.

Son ambassadeur ainsi introduit ne réussit qu'à se faire répondre qu'elle irritait tout le monde à la cour de l'empereur. Celui de Paris, Cedercrantz, avait en poche un programme en trois points, tous irréalisables comme d'habitude. Il devait obtenir que les provinces allemandes en jeu soient, non pas restituées à la Suède, mais à elle-même, ce qui était justice pure et simple puisqu'elles avaient été conquises par elle sans qu'elle eût jamais contrevenu aux traités de Westphalie. Il réclamerait ensuite une part des subsides promis à la Suède dans le dernier traité avec la France, et le paiement de ses dettes. Il devrait promettre, en contrepartie, car il en fallait bien une, que la reine appuierait de tout son pouvoir l'introduction du catholicisme en Suède. Ces chimères furent balayées. Enfin le troisième, qui était ce même Cedercrantz, exigerait à Nimègue la restitution des provinces à la reine, plus le remboursement de ses frais de voyage. Il ne céderait le pas à personne, sauf à l'empereur et au nonce. Bien entendu il échoua et, de retour à Rome, il subit une algarade, sinon des coups de bâton.

Elle n'était arrivée à rien. « Apprenez-moi le secret de vivre sans argent », gémissait-elle.

Pourtant la situation allait changer. Le ciel du Nord s'éclairait. Magnus-Gabriel de La Gardie, son irréductible adversaire, perdait la partie. Le sort de la Suède n'avait pas été trop rigoureux malgré la défaite, Louis XIV ayant soutenu avec force cet allié qu'il avait poussé à la guerre. Le Danemark dut rendre ses conquêtes. L'électeur de Brandebourg offrit une vigoureuse résistance, mais céda aussi, et le traité de Saint-Germain, en 1679, mettait fin au conflit sans trop de dommage pour la Suède. Cependant le roi Charles XI avait eu tout loisir, à Lund, de constater par lui-même l'effarante impéritie d'un gouvernement qui avait engagé le pays dans une guerre qu'il n'avait pas les moyens de soutenir. Dès 1675, une enquête avait été demandée par le Riksdag sur les fautes de la régence. Les sénateurs, se sentant menacés, remirent au roi un mémoire où ils affirmaient que l'alliance française leur avait été imposée malgré eux par le grand chancelier. Il était de fait que Biorenklou étant mort en 1671, la voie s'était trouvée libre pour le comte de La Gardie que sa naissance, sa formation, sa vie tout entière portaient vers la France. Il n'en reste pas moins qu'il était le bouc émissaire rêvé pour assumer la responsabilité de la guerre d'autant qu'il avait lui-même, comme général en chef, subi une écrasante défaite en face des Danois, en 1676, et son commandement lui avait été ôté le soir même de la bataille.

Il se débattit longtemps contre la disgrâce. En 1674, il éblouissait encore la cour de Suède de sa prestigieuse personnalité. Voici comme le décrit alors un voyageur italien :

> Le chancelier est vraiment le plus bel homme du monde, avec un génie vif et une éloquence naturelle. Il parle latin, italien, français, allemand et hollandais. Il a une domesticité nombreuse, une grande table, dépense beaucoup pour son mobilier, ses jardins et ses maisons. Il a les manières plus nobles que les autres Suédois. Il est libéral, et quand il a de grandes dépenses il trouve toujours les revenus nécessaires, il a beaucoup de dettes, mais on ne s'en soucie guère parce que dans ce pays-là on n'a aucun moyen de se faire payer par un homme qui occupe un si haut rang.

C'était le plus grand mécène de la Suède depuis le départ de Christine. Promoteur de la recherche d'antiquités, restaurateur d'églises, collectionneur de manuscrits rares, il en avait fait don à l'université d'Uppsala en tant que son chancelier. On y admirait en particulier le *Codex argenteus*, traduction des quatre Evangiles par Ulfilus, évêque des Goths au IVe siècle. Pris dans le butin de Prague en 1648, il avait été confié par la reine à Isaac Vossius qui l'avait ensuite vendu à Magnus. C'est encore celui-ci qui avait introduit en Suède l'art de la miniature en y amenant le Français Pierre Signac et l'Anglais Alexander Cooper. Bâtisseur passionné, il avait fait restaurer les plus beaux châteaux du royaume, Läckö, hérité de son père, et Jakobsdal de sa mère, et bien d'autres acquis par lui où il employait des architectes français, dont Jean de La Vallée, fils de Simon.

C'est dans l'un d'eux, à Karlsberg, qu'il devait donner, en 1680, sa dernière fête, en l'honneur du mariage du roi avec la princesse Ulrique-Eléonore de Danemark. Tandis que seize canons dans la cour d'honneur saluaient l'arrivée des invités, un banquet était servi dans un décor de théâtre dont les peintures, emblèmes, statues et devises latines annonçaient le bonheur perpétuel de la Suède.

Il avait alors encore un espoir de se refaire. S'il n'était plus chancelier, remplacé par Gyllenheim, son pire ennemi, il venait tout de même de succéder à Brahe comme ministre de la Justice. Malheureusement l'enquête progressait, éclairant impitoyablement ses négligences, et il se défendait mal. Déjà Oxenstierna avait souligné sa faiblesse de caractère lorsqu'il écrivait à son fils Erik en 1653 :

> Le comte Magnus est incapable de dominer la fortune, tout comme l'infortune, il s'est laissé bien facilement mettre dehors, et depuis il s'enferre de plus en plus.

Ce qui venait au jour, c'était aussi l'incompétence de ces brillants seigneurs qui avaient longtemps imposé leurs privilèges à la société suédoise. Le diplomate français Antoine de Courtin, membre de l'ancienne coterie de Christine et bon connaisseur de la classe politique scandinave, note dans son *Tableau du gouvernement suédois*, écrit en 1672, outre la vanité de ces « Gascons du Nord », leur paresse et leur absentéisme :

> Ces messieurs qui gouvernent sont à peine assemblés et ne parlent déjà que d'aller à la campagne trois semaines aux fêtes de

Pâques, un mois à celles de la Pentecôte, et deux aux jours caniculaires.

Christine, autrefois grande travailleuse, leur faisait le même reproche. Mais ce qui perdit le comte Magnus plus sûrement que son indolence, c'est la « grande réduction » entreprise par le nouveau roi. On se souvient de ce problème crucial qu'en 1650 Christine avait utilisé à ses fins, en l'éludant. Son successeur Charles X-Gustave, soucieux de s'attacher une classe nécessaire à son action militaire, l'avait résolu seulement en partie. Il n'avait fait revenir à la Couronne que les biens indispensables aux services publics se contentant du quart des autres. Le comte de La Gardie avait continué, pour alimenter un trésor toujours en perdition, à aliéner les biens de la Couronne, partant du même principe qu'Oxenstierna, son modèle : les nobles étant meilleurs gestionnaires que le souverain, ils servaient mieux l'intérêt du pays. A Charles XI, souverain déjà « éclairé », revint donc la tâche de faire rendre gorge aux grands propriétaires et d'affermir du même coup le pouvoir royal en diminuant celui des grandes familles aristocratiques. Il sut les écarter des responsabilités gouvernementales en s'entourant « de gens de rien », ricane Saint-Simon. On s'éloignait d'autant du spectre de la monarchie élective que, malgré ses efforts, Christine n'avait pas conjuré tout à fait.

Le plus visé par ces mesures, Magnus dut se défaire de toutes ses charges en 1682 et s'exiler une seconde fois, à Venngarn, Il n'abandonna pas sans combat la partie, mais, comme en 1653, réussit seulement à s'enfoncer encore davantage. Oubliant une seconde fois les conseils de son beau-frère, il répandit partout, et même à l'étranger, des mémoires de justification. Il rappelait les services de sa maison et défendait son action dont il attribuait l'échec à la calomnie de ses adversaires, et même à l'irréligion de la Suède. Il écrivit au roi, lui montrant sa santé chancelante, son âge, ses regrets lancinants, son désespoir d'avoir démérité de lui, critiquant la réduction et proposant à sa place un plan de finances qui arrangerait tout.

Longtemps il espéra un retour de fortune, et ne le voyant pas venir, se refugia dans un stoïcisme altier, comme à sa première disgrâce. Il distribua de nouveau autour de lui des Sénèque et des Boethius, avec la même magnificence qu'il avait montrée dans la fortune ; il fut sage, pieux, soumis à la Providence. Tout cela ne servit à rien. Le roi lui intima d'avoir à cesser ces écrits superflus, et quelque temps plus tard, le 26 avril 1683, il mourait à Venngarn, oublié et ruiné. Il fut cependant inhumé au Riddarholmen de Stockolm, le Panthéon suédois. Christine n'eut pas un mot pour sa mémoire. L'*exit* de Magnus était total, depuis longtemps.

Elle s'inquiétait davantage de la « grande réduction » qui pouvait menacer ses domaines, et lorsque Charles XI fit mine de mettre la main sur l'administration de l'île de Gotland, elle l'admonesta impétueusement :

> Puisque Dieu m'a fait la grâce de me donner le cœur assez grand pour me passer depuis si longtemps de la couronne que vous portez, je me passerais bien du reste !

Elle ne lui en déclarait pas moins que l'injustice qu'on se proposait de lui faire lui était insupportable et qu'elle ne se serait jamais comportée ainsi avec aucun de ses sujets.

> C'est pourquoi je vous conjure de rentrer en vous-même, afin de me rendre promptement la justice qui m'est due.

L'honnête jeune roi rentra si bien en lui-même qu'il veilla à ce qu'elle touchât dès lors régulièrement ses revenus. Cette embellie ne l'empêcha pas de rêver encore à la couronne des Vasa. Charles ayant été victime d'une grave chute de cheval en 1682, elle s'empressa d'écrire à son représentant en Suède, Oliverkrantz, afin qu'il eût à rappeler le cas échéant que la dynastie palatine avait été établie par elle, et elle seule, et que par conséquent :

> La Suède ne peut, sans être criminelle envers Dieu et envers moi, choisir d'autres rois ni d'autres reines que mes droits n'aient été mis en sûreté.

Charles XI non seulement survécut, mais il fit souche, et son fils, le futur Charles XII, dernier héros guerrier de la Suède, devait être le filleul de Christine.

*

Pendant ce temps, l'« âge de fer » avait succédé à l'« âge d'or ». Après six ans de règne, Clément X était mort, en juillet 1676, mais l'escadron volant n'avait pu imposer son « sujet », le cardinal Conti, frère du grand chambellan de Christine. Le nouveau pape, Benoît Odescalchi, qui avait pris le nom d'Innocent XI, était ce même prélat qui avait manqué de peu l'élection de 1667, à cause du cardinal Azzolino. Issu d'une famille de banquiers de Côme, il s'était tout d'abord consacré aux finances, ce qui fit dire plus tard qu'il y était plus expert qu'en latin. Il s'y sentait cependant peu à l'aise puisqu'il préféra bientôt le métier des armes. Son père lui ayant acheté une compagnie de cavalerie, il avait guerroyé dans le Milanais avant d'arriver à Rome, à vingt-cinq ans, épée au côté et pistolets à la ceinture. Et là, il se sentit une troisième vocation, entra dans les ordres et y resta.

Avant son « exaltation », le cardinal Odescalchi avait toutes les qualités d'un grand seigneur de l'Eglise. Comme ses confrères il aimait et patronnait les arts, et on le voyait souvent dans la loge de la reine de Suède à Tor di Nova. Devenu pape, il ne tarda pas à révéler sa personnalité véritable et les vertus qui lui ont valu d'être proclamé *bienheureux*. Saint homme jusque dans son aspect, menu, visage émacié commandé par un « maître nez », il était charitable, intègre, sincèrement pieux. Surtout, il était l'énergie même, en dépit d'une trompeuse propension aux larmes. D'entrée de jeu, il avait promis de réformer les mœurs pontificales, et il tint parole. Il imposa des économies dans le train des cardinaux, réduisit les scandaleux « monts-de-piété », sortes d'hypothèques foncières instituées au XVe siècle qui ruinaient les Romains au profit exclusif des neveux, et il supprima les neveux eux-mêmes. Il en avait bien un lui aussi, don Livio, qui le secondait, mais ne fut jamais ni ministre ni cardinal. Il avait préparé une bulle contre le népotisme, en 1679, mais Azzolino lui-même, comme autrefois le père Oliva auprès d'Alexandre VII, l'avait dissuadé de la publier, les esprits n'y étant pas encore prêts. L'élimination de ses parents eût rendu le pape dépendant des princes séculiers, alors que la totale autonomie du Saint-Siège était revendiquée par l'escadron volant comme l'un de ses articles essentiels. La bulle ne devait être promulguée qu'en 1692, sous Innocent XII.

Le nouveau pontife ne tarda donc pas à devenir impopulaire, méritant le surnom de *Minga* ou *Mingone*, ce qui signifiait *non* en dialecte de Côme.

Il disait en effet beaucoup de *non*, et d'abord au théâtre, pour lequel il rétablit la rigueur ancienne. Oubliant son assiduité de naguère dans la loge de Christine, il interdit les salles publiques, les femmes sur scène, même en privé, et la musique profane dans les églises. Il dit encore *non* aux décolletés à la française. Les sbires allaient fouiller chez les lavandières pour confisquer les pièces prohibées et les confesseurs, avant de donner l'absolution, devaient vérifier la tenue de leurs pénitentes. Le Grand Pénitencier, à la suite du bref pontifical, avait reçu en trois jours deux mille sept cents mémoires de femmes excommuniées pour indécence réclamant d'être absoutes. Il fit avertir le pape qu'à moins de les rassembler à Saint-Pierre pour une pénitence collective, il ne voyait pas comment il s'en tirerait. Cela ne dérida pas le pontife.

Christine, furieuse de la fermeture de son théâtre, déclara hautement qu'Innocent aurait beau faire, les femmes trouveraient toujours le moyen de plaire aux hommes. Et pour se moquer de lui, elle inventa une robe, l'*Innocentiae*, qui la couvrait jusqu'au bout des doigts, mais cela non plus ne fit pas rire *Mingone*. Quant aux Romaines, elles refusèrent de suivre une mode lancée par une femme qui s'habillait en homme. Elle pouvait faire le singe à sa guise, mais qu'elle ne prétendît pas les inviter à faire les guenons.

C'est surtout à la *paix clémentine* qu'Innocent XI dit *non*. Son règne fut celui du conflit le plus aigu entre la France et le Vatican depuis les traités de Westphalie. A partir de 1673, l'affaire de la *régale* l'avait singulièrement envenimé. La régale était le droit traditionnellement reconnu au roi de France de toucher les revenus et de nommer aux bénéfices d'un évêché tant que celui-ci se trouvait vacant. Cela ne concernait en principe que les juridictions du Nord, mais Louis XIV, soucieux d'uniformiser le statut de l'Eglise de France, l'avait étendue à tout le royaume. Deux évêques, d'ailleurs jansénistes, ayant refusé d'obéir, l'affaire fut portée à Rome, mais Clément X n'y donna pas suite. Il n'en fut pas de même dès qu'Innocent XI se trouva sur le trône de saint Pierre. Il s'empressa de soutenir les évêques contestataires et condamna expressément les mesures prises par le roi. Une attitude aussi intransigeante déclencha au sein du clergé français une poussée de gallicanisme, et le synode réuni en 1682 publia une déclaration restée fameuse sous le nom des *Quatre Articles*, dont l'objectif était de limiter le pouvoir du pape au seul domaine spirituel — et même là de n'accepter son infaillibilité que s'il était soutenu par l'Eglise tout entière — et surtout de proclamer solennellement les libertés gallicanes. Innocent XI répliqua à ce texte incendiaire en refusant l'investiture canonique à deux de ses signataires. Le roi riposta à son tour en annonçant qu'il ne demanderait plus de confirmations tant que le pape la dénierait aux exclus.

*

Dans cette querelle, Christine prit le parti du pape, en dépit de ses griefs vis-à-vis de la France et du besoin qu'elle avait de son appui. Elle avait gardé rancune à Louis XIV à propos de son fiasco au congrès de Nimègue, mais elle lui reprochait surtout son peu d'empressement à secourir Vienne, assiégée par les Turcs, lorsque toute l'Europe, effrayée, retenait son souffle. Cette croisade avait toujours été sa grande affaire, mais cette fois, elle y avait mis du sien, bien qu'involontairement. Innocent XI en effet s'était entièrement impliqué dans le soutien de Jean Sobieski, le roi de Pologne, le principal combattant contre les infidèles, et, puisque la reine de Suède prétendait si hautement défendre les intérêts de la chrétienté, il lui avait supprimé la copieuse pension attribuée autrefois par l'ami Clément IX. Elle contribuerait ainsi, de ses deniers, à cette grande œuvre. Furieuse, elle adressa alors une lettre à Azzolino où l'on a voulu voir l'étendue de sa magnanimité, mais qui manifeste plutôt celle de son dépit :

> Les douze mille écus que le pape me donnait étaient l'unique tache de ma vie, et je les recevais de la main de Dieu comme la plus grande mortification par où il pût humilier mon orgueil. Je crois bien que je suis entrée en grâce avec lui, puisqu'il me fait cette faveur singulière de me les ôter si glorieusement pour moi.

> Le seul regret que j'ai, c'est qu'on n'ait pu m'ôter cent mille écus, cela serait pour l'empereur un secours digne d'un pape, et j'aurais un peu plus de mérite à m'en réjouir.

La suppression de ce revenu eut un effet secondaire : son ordonnateur de spectacles, Alibert, quitta son service où d'ailleurs il n'était plus guère utile puisque le Tor di Nova était fermé. Il alla s'offrir au duc de Savoie, et reviendrait plus tard, lorsque la reine aurait un peu plus d'argent.

Le 13 septembre 1683, Vienne était sauvée. Les jours précédents, le pape avait institué un jubilé avec processions et expositions du saint sacrement dans toutes les églises de Rome. Lorsqu'on apprit la levée du siège, ce fut une explosion d'enthousiasme, les cloches sonnèrent à toute volée, les rues s'illuminèrent, partout retentirent des « Te Deum ». Un gentilhomme polonais apporta au pape un billet laconique par lequel Sobieski, paraphrasant César, l'informait de sa victoire : *Venimus, vidimus, Deus vincit*, signé « Giovanni ». Et il lui remettait le plus glorieux trophée, un étendard orné de croissants d'or où l'on pouvait lire : « Il n'y a d'autre Dieu que le vrai Dieu et Mahomet est son prophète. »

Christine, transportée de joie, avait aussitôt écrit au roi de Pologne :

> Moi qui n'ai plus de royaume, je ne suis pas dispensée pour cela de l'obligation que tous les monarques ont à Votre Majesté. Car je lui dois la sûreté de mon indépendance royale et de mon repos que je préfère à toutes les dominations de la terre. Il faut néanmoins que j'avoue l'ingratitude envers un si grand roi puisque je porte envie à Votre Majesté, qui m'est d'autant plus insupportable qu'il m'est plus nouveau de me soumettre à cette passion. Il n'y a aucune créature vivante qui a pu l'exciter dans mon cœur.

Elle se répandait en comparaisons peu flatteuses avec le « Turc Très Chrétien de Versailles », surnom qu'on attribuait à Louis XIV pour avoir privilégié sa rivalité avec les Habsbourg aux dépens de la foi. Terlon avait beau lui assurer que son souverain avait fait le maximum contre les Turcs, elle n'était pas convaincue : « Louis, dit le Grand par les sots », répondait-elle.

Cette épithète avait été décernée à Louis XIV après la paix de Nimègue, mais, pour elle, seul y avait droit son Grand Gustave. En 1684 le duc d'Estrées, ambassadeur de France à Rome, pouvait écrire à son ministre que l'aversion de la reine pour la France ne connaissait plus de mesure. Elle lui venait du cardinal Azzolino « et de ses enseignements qu'elle ne sait pas corriger comme lui par la dissimulation italienne ».

« Continuez à donner au cardinal Azzolino toutes les mortifications que mérite son emportement », faisait répondre le roi. A ce différend d'ordre politique s'en ajoutait un autre, personnel, entre Azzolino et le cardinal d'Estrées. Ce dernier était un personnage très influent à Rome. Prince de l'Eglise accompli, il avait toutes les vertus, et surtout les charmes de son état : esprit supérieur, noblesse de caractère, allure majestueuse, train magnifique. Il était aussi, nous dit Saint-Simon, « quelquefois haut, quelquefois colère, ce n'était pas un homme qu'il fût bon de tâtonner sur rien » et il ajoute qu' « il savait haïr et le faire sentir, mais il savait encore mieux aimer ».

Avec Azzolino, c'était la haine, qu'il n'exprimait pas cependant à coups de poing, comme il lui était arrivé de le faire avec le neveu du pape, don Livio. Cette haine avait sans doute des motifs privés, mais elle tenait aussi au gallicanisme affiché du cardinal d'Estrées qui avait eu la plus grande part à la « paix clémentine ». En fait, il représentait bien plus les intérêts de la France à Rome que son frère : d'ailleurs ils vivaient ensemble, aussi collaboraient-ils étroitement à dénigrer l'ami de la reine. D'après le duc, issu d'une famille modeste, Azzolino n'était parvenu aux plus hautes charges que par la délation et l'intrigue :

> Il a prétendu dépouiller le vieil homme en ce moment et devenir saint en vingt-quatre heures, écrit-il au roi en 1684, il va tous les jours ostensiblement, à midi, à l'église Saint-Pierre, faire un quart d'heures de prières, près de son appartement, dans un palais Colonna dont il ne paie pas le loyer.

Quant au cardinal, plus expéditif, il l'accusait tout simplement d'avoir volé les bijoux de Christine. Ils étaient la source par où parvenaient à Versailles des échos malveillants sur sa conduite. Un pamphlet circulait à Rome sur *Il concubinato scandaloso e publico* de la reine et de son conseiller, ce qui n'empêchait d'ailleurs pas le bruit contradictoire selon lequel, de plus en plus virile, elle allait changer de sexe. Elle avait toujours pris en riant ce genre de malveillance — qu'elle nourrissait d'ailleurs par ses propos et son comportement. Un jour qu'elle était tombée de son carrosse la jupe retroussée, elle disait par exemple : « Tant mieux, on va me voir enfin telle que je suis, ni mâle ni hermaphrodite comme on veut me faire passer dans le monde ! »

> Mon amitié pour les satires est telle que je me plais à lire jusqu'à celles qui sont faites contre moi-même, dont le nombre est raisonnablement grand, Dieu merci, pour me divertir aux dépens de moi-même après m'être longtemps divertie aux dépens des autres, écrivait-elle à Bourdelot.

Mais plus tard, en 1674, lorsque parurent de faux Mémoires de Chanut, disparu quelques années plus tôt, elle se révolta du nombre de contrevérités qu'elle y trouva, et chargea son ancien archiâtre de poursuivre les pamphlétaires :

> Le siècle où nous sommes ne donne quartier à personne. Pour moi je suis accoutumée depuis longtemps à l'envie et à l'imposture. La Suède, Rome et tous les autres lieux de la terre où j'ai passé ma vie rendront témoignage de la fausseté de ces calomnies, j'en appelle à la conscience de ceux qui les ont inventées, et je suis persuadée qu'ils ne croient pas eux-mêmes ce qu'ils disent. Et elle concluait, outrée : Me calomnier, c'est calomnier le soleil !

8

L'HÉROÏNE CÉLESTE

Le conflit qui couvait depuis quelques années entre la France et le Saint-Siège flamba bruquement en 1686 à la suite d'un décret, en apparence secondaire, du pape Innocent XI. Afin de faciliter les opérations de police à Rome, il demanda aux ambassadeurs de renoncer au privilège d'extra-territorialité dont jouissaient jusque-là les quartiers entourant leur résidence et de la limiter à l'enceinte de celle-ci. Cette franchise donnait lieu à de scandaleux abus, par suite du laxisme de certains représentants diplomatiques. Les « quartiers » échappant aux règles du droit commun étaient devenus les repaires de tout ce que la ville comptait de malfaiteurs.

Cette décision souleva une forte résistance, et le duc d'Estrées, ministre de France, refusa expressément de s'y soumettre :

— Les péchés commis dans les immunités ne sont rien en comparaison de ceux commis dans les églises, déclarait-il insolemment.

C'est qu'il s'agissait là de tout autre chose que du maintien de l'ordre. Ce que les souverains, et surtout Louis XIV, entendaient défendre, c'était leur souveraineté limitant le pouvoir temporel du pape. Rome était la capitale de la chrétienté tout entière et non pas seulement celle du Vatican. Celui-ci n'était pas de très bonne foi lorsqu'il faisait de la franchise des quartiers un problème de droit commun. On rejoignait donc la *régale* et l'autorité des Etats confrontés à l'autorité religieuse, que le « fils aîné de l'Eglise », en principe mieux écouté, se devait de soutenir.

Pourtant, les ambassadeurs cédèrent, ou tout au moins se

déclarèrent prêts à le faire. Seuls demeurèrent récalcitrants la France, et Christine. Plus qu'une autre elle tenait à cette prérogative qui la rangeait dans le camp des souverains et qui lui donnait l'occasion de se venger d'Innocent XI auquel elle n'avait pas pardonné la suppression de sa pension, mais elle était en aussi mauvais termes avec la France et ses représentants, le duc d'Estrées et son frère. Il lui fallait donc une main puissante pour la protéger si la situation tournait mal, aussi la voit-on alors s'adresser sans vergogne à celui qui l'avait assistée à ses débuts — et qu'elle n'avait guère payé de retour — le roi d'Espagne, sinon Philippe IV, mort en 1665, du moins son successeur, Charles II.

Elle y était d'autant plus incitée qu'une nouvelle guerre s'annonçait, menaçant comme toujours la source de ses revenus. Louis XIV avait commencé sa politique des *réunions* qui consistait à annexer les anciennes dépendances des pays acquis par les traités de Westphalie, et la ligue d'Augsbourg se formait contre lui, en juillet 1686, mobilisant tous les princes s'estimant lésés par cet impérialisme feutré, et parmi eux le roi de Suède, touché par la réunion des Deux-Ponts, berceau de sa maison.

Par son nouveau confesseur, un Espagnol, le père Guzman, Christine s'était donc mise en rapport avec le vice-roi de Naples pour lui proposer de servir « la cause commune de l'Europe », en fait pour lui demander asile.

> On me pousse d'une maniére si barbare et si cruelle que je crains qu'on ne me rende à la fin le séjour de Rome insupportable, et vous savez combien il m'est agréable... Il me semble qu'on a perdu toute considération pour moi, et je suis persuadée qu'on veut me pousser à bout. C'est pourquoi je vous prie de continuer le dessein de m'assister dans la retraite qu'il faudra faire peut-être au plus tôt, si les choses ne changent. Le père Guzman vous dira plus au long mes sentiments là-dessus, et il vous informera de tout ce qui se passe ici.

Le vice-roi, peu soucieux de se charger d'une personnalité aussi encombrante, sut la convaincre qu'elle serait beaucoup plus utile à la « cause » en restant à Rome, et elle finit, sans doute chapitrée par Azzolino, par capituler sur l'affaire des franchises. Elle voyait bien en effet tout ce qu'elle pouvait perdre à s'entêter sur une exigence de simple prestige, mais la façon dont elle s'y prit ruina comme d'habitude l'avantage qu'elle en espérait :

> J'avoue que je n'offre à Votre Sainteté que ce qui lui appartient, écrivit-elle au pape, mais nous ne pouvons pas non plus offrir à Dieu que ce qui vient de lui, et néanmoins une telle offrande est non seulement bien reçue, mais récompensée par des biens inestimables et éternels. Pour moi, je ne prétends ni ne désire rien de Votre Sainteté, je la prie seulement d'agréer en cette occasion l'exemple que je donne, et qui ne lui sera peut-être pas inutile.

Les conseillers du pape examinèrent ce texte à la loupe de manière à lui trouver au moins trois inconséquences. Offrir au pape ce qui lui appartenait était l'aveu d'une usurpation préalable. Déclarer qu'on n'attendait rien de lui était inconvenant de la part d'une personne qui en avait reçu tant de témoignages d'affection particulière en un temps où ils ne lui étaient pas désagréables. Enfin, sa prétention à donner un exemple aux autres souverains était d'autant plus outrecuidante qu'elle ne faisait que suivre celui du Roi Catholique qui l'avait devancée.

Elle fut d'ailleurs bien mal récompensée de sa démarche. Le jour de Pâques, un fraudeur d'eau-de-vie, poursuivi par la police, avait tenté de se réfugier dans l'église Regina Coeli alla Lungara, dans le « quartier » de la reine. Il s'accrochait si fort aux barreaux de la grille d'entrée que les sbires, pour l'en arracher, l'avaient à moitié étranglé, aux cris indignés de la foule. Dès qu'elle apprit cet incident, Christine envoya le capitaine de ses gardes, Landini, délivrer le prisonnier, qui fut ramené au palais Riario, suivi par les manifestants acclamant la reine.

Cependant la justice suivait son cours, le fraudeur et ses sauveteurs étaient condamnés à mort, par contumace. Furieuse, la reine écrivit au procureur pontifical qu'il se déshonorait lui et son maître, par ce jugement, et l'assurait que les condamnés, sous sa protection, vivraient encore longtemps, et que si on ne les laissait pas mourir de mort naturelle, ils ne mourraient pas seuls.

Peu de temps après, elle défia le pape comme seule elle savait le faire. Se rendant à une cérémonie à l'église du Jésus, elle sortit avec un train magnifique, entourée de toute sa cour, de ses domestiques armés jusqu'aux dents, et des condamnés encadrés par sa garde. Une fois rentrée chez elle, elle réunit son personnel pour lui donner congé, car elle voulait subir seule les foudres pontificales qui, à n'en pas douter, allaient s'ensuivre. Tous se précipitèrent à ses pieds, réclamant comme une grâce de subir son sort. Rien ne vint, sinon un imperturbable *rinfresco*, qu'elle accueillit avec hauteur :

— Je ne pense pas que le pape croie m'endormir avec des présents, et je me tiens sur mes gardes.

Elle dut en venir cependant à l'humiliante nécessité de la contrition, prêchée par son confesseur. Elle dut demander pardon pour elle-même et pour ses serviteurs dont « pas un n'a agi sans mon ordre ». En échange, elle suppliait Sa Sainteté « de ne plus être ignominieusement traitée comme je l'ai été dans le passé, préférant mille morts à le souffrir encore ». A ce repentir hautain, la réponse fut sévère. Le *Monte Asino*, comme aux jours de colère elle appelait le *Monte Cavallo* où se trouvait le Quirinal, lui enjoignit de châtier elle-même ses gens, en les licenciant. La colère atavique se réveilla en elle : personne, fût-ce le souverain pontife, ne pouvait contester son droit de justice sur les membres de sa maison.

— S'il est pape, je lui ferai souvenir que je suis reine ! proclama-t-elle.

Innocent, lorsqu'on lui répéta ce propos, se contenta de hausser les épaules : *E donna !*[1] dit-il, injure suprême pour elle. Ainsi, elle s'était faite catholique pour se donner au seul souverain dont l'autorité lui serait supportable, et c'était de celui-là qu'elle recevait les pires avanies !

★

Sa vengeance fut de s'aboucher aussitôt avec le représentant de la France. Le duc d'Estrées avait bien tenté de circonscrire le débat sur les quartiers, mais il était mort en janvier 1687, et personne n'étant plus là pour défendre son immunité, les abords de l'ambassade furent envahis par les sbires pontificaux.

---

1. « C'est une femme ! »

La riposte ne tarda pas. Louvois rassembla des troupes en Provence, et, quelque temps plus tard, arrivait à Rome le nouvel ambassadeur de France, le marquis de Lavardin, entre une double haie de soldats armés de mousquets et suivi de laquais qui jetaient des pièces de monnaie aux badauds.

Lavardin était bien de l'espèce intrépide et brutale que Louis XIV réservait à sa représentation au Saint-Siège. Saint-Simon nous le décrit comme « un gros homme extrêmement laid, mais doué de beaucoup d'esprit et fort orné », c'est-à-dire qu'il était très spirituel et de l'humeur la plus enjouée. Mais ce n'était pas les rodomontades qui pouvaient impressionner un pape qui avait commencé sa carrière par les armes. Il refusa de recevoir l'ambassadeur, l'excommunia comme il avait excommunié, secrètement, Louis XIV et frappa d'interdit l'église Saint-Louis-des-Français. Pour Lavardin, ce n'était là que pétards mouillés dont il ne s'émut guère, affichant au contraire une piété édifiante. Il allait quotidiennement à la messe, en n'oubliant pas de distribuer de copieuses aumônes au passage. Il se risqua même à Saint-Pierre.

> Le pape l'apprit avec une émotion plus vive que si on l'eût déposé du Saint-Siège, écrit-il, son visage languissant en devint rouge, ses yeux s'enflammèrent et il cria plusieurs fois : « Cela ne se peut ! » et il manda au sacristain qu'il lui ferait savoir à quoi il aurait à prendre garde à l'avenir.

Ce sacristain eut en effet l'ordre de fermer l'église si un seul Français tentait d'y pénétrer. Mais quand le pape redoublait de brimades, le marquis, lui, redoublait de plaisanteries : « Je n'aurais pas cru, en communiant et en donnant l'aumône, offenser personnellement Sa Sainteté ! » Innocent XI faisait-il passer sous les fenêtres de l'ambassade des processions expiatoires ? Il en riait plus fort :

> Comme on en fait contre les moucherons et autres vermines, on continue d'en faire contre nous comme si nous étions des insectes, et les jésuites mêmes qui jamais ne processionnent ont reçu ordre exprès de le faire.

Que le roi d'Espagne et la reine de Suède eussent cédé le laissait indifférent, car il représentait un souverain « qui n'était pas accoutumé à suivre, mais à donner l'exemple aux autres ». Mais le pape tenait bon. Il se disait prêt à être « taillé en morceaux » plutôt que d'admettre les franchises, et comme il avait lui aussi de l'esprit, il ajoutait : « S'il fallait que tous les enfants de l'Eglise me fissent autant de mal que celui qui s'en dit le fils aîné, il n'y aurait guère de plaisir à être à ma place ! »

La fermeté de la France donnait du courage aux autres. Eux aussi allaient résister à ce pontife qui, comme l'écrivait Lavardin, « outre qu'il était aussi imbécile qu'hypocrite, est capable de tout ce qu'il y a au monde de pis ». Le roi d'Espagne revenait donc sur sa concession et réclamait le droit aux franchises, puisque le roi de France le conservait. Quant à Christine, elle montrait autant d'amitié à Lavardin qu'elle avait montré d'aversion à son prédécesseur.

Dès le début de février 1688, elle réussit à l'attirer ostentatoirement chez elle, et elle lui fit l'éloge du « héros du siècle », c'est-à-dire de Louis XIV, avec une si forte et si longue éloquence qu'elle en était « tout essouflée », dit le facétieux marquis :

> Elle fut un temps considérable sans pouvoir répondre aux compliments que je lui fis par ordre de Votre Majesté, tant elle était saisie de joie. Les larmes lui vinrent aux yeux et peu s'en fallut qu'elle ne me fît l'honneur de m'embrasser.

Elle fit ensuite du pape un portrait « assez terrible et ressemblant ». Si le duc d'Estrées et son frère lui avaient fait confiance, dit-elle, « ils n'auraient pas été les dupes des artifices de cet hypocrite qui n'avait que les apparences de la religion, avec un orgueil et une vanité démesurés, un hypocondre, un fanatique qui fait le saint sans l'être, le hardi et l'honnête homme sans l'être davantage ».

Christine était très fière de s'être réconciliée avec le grand roi « sans que j'aie fait la moindre avance pour me l'attirer », assure-t-elle à l'un de ses correspondants, ajoutant : « Le temps fera bien voir combien cette réconciliation sera utile à la religion catholique et à toute la chrétienté. » Elle aimait tellement les Lavardin qu'elle fut la marraine de leur fils, comme elle l'avait été de celui des Lionne ; elle ne savait que faire pour plaire à l'ambassadeur, et lorsqu'un jour deux sbires firent mine de franchir les limites de son quartier, elle lui proposa aussitôt cinq cents hommes, son argent, ses pierreries, ses meubles même, tout ce qui dépendait d'elle.

Ces attentions spectaculaires lui valaient de nouvelles avanies, qu'elle subissait en héroïne. Comme on avait engagé son confesseur à lui refuser l'absolution du fait qu'elle avait reçu un excommunié, elle le traitait de sot et, raconte Lavardin, « elle a usé de mots aussi peu respectueux que dévots. Il a mieux consulté les casuistes cette nuit, et lui a donné ce matin l'absolution ». Une autre fois, elle prit sous sa protection une jeune femme qui s'était échappée d'un couvent, et comme le bruit courait qu'elle avait à cette occasion fait bâtonner quelques sbires, le gouverneur de Rome s'en plaignit. Elle répliqua « qu'elle avait reçu cette dame pour déplaire au pape, que si elle eût fait battre les sbires, elle l'aurait dit, puisque ce sont des canailles, mais que, si elle avait fait bâtonner Cazoni et le trésorier[1], elle s'en serait vantée ».

Ce n'était certes pas la « bonace » qu'elle avait toujours redoutée, et elle se régalait sans vergogne de cette petite guerre.

> Je suis ici comme autrefois César entre les mains des pirates et, à son exemple, je les menace, et ils me craignent, écrivait-elle à Brémond, son représentant en Hollande. Il [le pape] n'est pas si proche de sa fin que vous le croyez. Il a fait mentir les astrologues et les faiseurs d'almanachs plus d'une fois, et il prend trop de soin de sa personne pour ne pas les faire mentir encore souvent. Le pape n'est pas immortel, grâce à Dieu ! La gloire du roi de France est trop engagée pour souffrir qu'il ait un démenti, c'est à présent la cause commune des rois catholiques que le pape a tous maltraités, tant qu'ils sont.

Si Lavardin s'amusait à titiller la hargne de la reine, il ne se fiait guère à elle, et moins encore à Azzolino, bien que le zèle antifrançais du cardinal se fût tempéré, mais, dit le marquis, « il faudrait que j'eusse lié ce Protée changeant par bien des nœuds avant que de m'en assurer ». Il avait remarqué aussi combien le

1. Conseillers du pape.

cardinal d'Estrées et lui se haissaient « avec une fureur qui a moins de bornes que celle des Guelfes et des Gibelins ». Et il est de fait que le cardinal d'Estrées faisait tout ce qu'il pouvait pour torpiller le rapprochement de la reine avec la France. Il la disait dans ses rapports complètement envoûtée par Azzolino qui affectait de sortir de chez elle à l'arrivée de Lavardin « pour faire paraître qu'il avait réglé sa conduite ». Elle déclamait de la manière la plus emportée contre le roi, et même en présence des plus hauts dignitaires de l'Eglise ou des ministres étrangers. Son seul but était l'élévation au pontificat du cardinal Azzolino, et l'ambassadeur aurait certainement intérêt à raréfier ses visites à une personne aussi discréditée.

Si Christine s'était ainsi emparée de Lavardin, c'est qu'elle amorçait un nouveau plan de haute politique. Les troupes françaises avaient envahi le Palatinat et mettaient le siège devant Philippsburg. Le conflit menaçait d'embraser l'Europe et même Rome, car Innocent XI soutenait le candidat de l'empereur contre celui de la France au siège archiépiscopal de Cologne qui se trouvait vacant. La reine, pour qui la guerre en Allemagne du Nord était un cauchemar récurrent, essayait une fois de plus d'obtenir la neutralité de la Poméranie et tâchait, sans beaucoup de succès, de persuader Lavardin qu'elle avait encore dans ces régions des intelligences et pouvait servir d'intermédiaire :

— Je ne puis vous découvrir ce qui se passe en Allemagne et à Rome que vous n'ayez une lettre qui me mette en état de vous proposer une affaire où je m'assure que le roi entrerait volontiers, disait-elle à l'ambassadeur.

Ainsi elle nourrissait toujours l'illusion d'être quelque chose pour ceux qui avaient été ses pairs. Avide d'activité et d'importance, elle s'apprêtait, à la fin de novembre, à retourner à Hambourg, et en prévenait le jeune del Monte alors en mission en Suède :

> Mais je ne voudrais pas me remuer d'ici pour des bagatelles ou des chimères, je vous assure que la seule pensée de quitter Rome me perce le cœur, mais s'il s'agissait de rendre service à ma patrie et à mon royaume, je serais toujours prête à leur sacrifier mille vies.

Elle avait des projets, dont nous savons peu de choses, car elle n'eut pas le temps de nous les dévoiler, et surtout de se les dévoiler à elle-même. A l'un de ses correspondants, elle parle d'« une idée assez bizarre », mais pas encore « bien digérée », à un autre elle confie que seul le respect qui lui reste pour le Saint-Siège la contraint à suspendre son ressentiment, mais que « ce même respect » pourrait bien l'obliger « à prendre des résolutions auxquelles on ne s'attend pas et qui donnerait de l'étonnement et de l'admiration à tous les siècles ».

Il s'agissait sans doute, et plus prosaïquement, d'une affaire de captation d'héritage qui se tramait dans son entourage. Oliverkrantz, le directeur général de ses domaines dans le Nord, et le marquis del Monte, son homme de confiance à Rome, étaient unis dans une aversion commune contre le cardinal Azzolino qu'ils savaient l'héritier de Christine d'après un testament rédigé en sa faveur en 1667, lorsqu'elle se trouvait à Hambourg. Il leur vint l'idée d'intéresser à cette succession l'électeur de Brandebourg, cousin germain de la reine. Celui-ci envoya donc à Rome, avec le prétexte d'un voyage d'agrément, un certain baron Dobrinsky, chargé de présents précieux et surtout de la proposition de l'héberger dans ses Etats.

Dobrinsky tomba bien. La reine nourrissait de nouveaux griefs contre le pape et n'avait aucun succès auprès du roi de France. Elle saisit avec empressement cette occasion de leur montrer qu'on pouvait se passer d'eux, répondit affectueusement à l'électeur, et celui-ci étant mort sur ces entrefaites, poursuivit cette correspondance avec son fils Frédéric III. Elle lui proposa de lui léguer la totalité de ses biens en échange du duché de Clèves en pleine souveraineté, sa gloire ne lui permettant de vivre en sujette nulle part, sauf à Rome. Frédéric déclina cette offre, mais lui promit, si elle s'installait dans ses Etats, une indépendance entière, une garde personnelle, et une copieuse pension.

D'après le malveillant Lavardin, le cardinal Azzolino s'inquiétait de ces négociations :

> Il l'obsède et ne la quitte point de vue, et quand il la quitte, y laisse son neveu. Jamais l'avidité des vautours n'a veillé sa proie avec plus de vigilance. Il agit bien plus avec l'avidité d'un filou qu'avec la dignité d'un cardinal attaché à une reine.

C'est alors que le marquis del Monte mourut subitement au sortir d'une longue conversation avec la reine. Elle en fut très impressionnée, et sa peine apparaît éloquemment dans la lettre qu'elle adressa le jour même à son fils pour le lui annoncer. Beaucoup des compagnons de sa vie avaient disparu avant elle, son premier amour Charles-Gustave, ses favoris, La Gardie, Tott ou Pimentel, ses amis très chers, Ebba Sparre, Chanut, Bourdelot, ses fidèles serviteurs, Clairet Poissonnet. Pour aucun d'eux elle ne manifesta autant de chagrin que pour Horace del Monte, peut-être parce qu'il lui devait tout : « Mon destin est de faire non seulement la fortune, mais aussi l'esprit de ceux qui me servent », avait-elle dit un jour, et, de fait, cet aventurier d'abord sans trop de scrupules était devenu au fil des ans le plus sûr des collaborateurs.

Elle continua quelque temps d'entretenir les espérances de Dobrinsky, mais sa résolution était prise, elle n'avait aucune envie de quitter Rome dont elle n'aurait pu partir, dit-elle, qu'« avec un poignard dans le dos ». Comment se serait-elle séparée de celui auquel elle pouvait encore écrire ces lignes passionnées :

> Ce jour est pour moi le plus malheureux qu'on puisse concevoir, puisqu'il s'est passé sans que je vous aie vu. Que pouvez-vous faire pour compenser tout ce que je souffre de la cruelle loi que vous m'imposez ? Votre billet a le mérite de me consoler un peu, mais jugez de mon sentiment lorsque je le trouve au lieu de vous... mais je sens pourtant une curieuse tristesse au milieu de la consolation qu'il me donne. Mon destin est de toujours éprouver une joie qu'imparfaite. Je n'aimerai jamais un autre que vous et vous êtes décidé à me rendre pour l'éternité malheureuse.

Elle ne se sentait plus de taille à jouer sur la scène internationale le grand rôle dont elle avait toujours rêvé. Un autre le tenait, qu'elle avait connu adolescent timide, qui osait être Grand tout comme Gustave-Adolphe, qui prenait son emblème, le soleil, et qui faisait tous les prodiges que son sexe, sa nature inconstante et tourmentée l'avaient empêchée d'accomplir. Souvent elle l'avait défié, et désormais elle était contrainte de l'admirer, comme les autres. Cela apparaît clairement dans l'une de ses dernières lettres du début de décembre 1688, adressée au comte Luigi Marsigli, officier au service de l'empereur, passionné de sciences naturelles, et qui était entré en relations avec elle en lui dédiant un ouvrage sur les mollusques du Bosphore. Il venait de lui annoncer la prise de Philippsburg par les troupes françaises, et elle répondait que cela ne l'étonnait pas car elle l'avait prévu :

> On se dépense partout en paroles, mais c'est la France qui agit, elle commence toujours par prendre et finit par conserver ce qu'elle a pris. La grande fortune unie à la grande puissance a toujours raison... En Allemagne on boit et on dort, en France seulement on se tient en alerte. La Suède a perdu le Nord, elle n'est plus ce qu'elle était.

Elle ne connaissait pas encore l'heureuse issue du débarquement de Guillaume d'Orange en Angleterre, et elle ne vivrait pas assez pour apprendre la défaite, en 1690, à La Boyne, du malheureux Jacques Stuart, le roi catholique qu'elle avait si magnifiquement fêté à Rome, mais elle devinait bien que si l'« Orange » venait à bout « du vent et de la mer », il serait le plus tenace adversaire de Louis XIV. Et elle-même n'aurait plus désormais, comme elle le dit, qu'à se tenir au balcon pour compter les coups.

Ce qui la consolait, c'était l'estime et l'affection que lui témoignait un monarque craint de tous, sauf d'elle, sans qu'elle l'eût du tout cherché :

> Et il me semble qu'il mérite ma réciprocité, qui durera tant que cela plaira à celui qui m'a fait l'honneur de l'établir, au mépris des nombreuses manœuvres qu'on a faites pour la troubler.

★

Ses relations avec le Saint-Siège en effet ne s'étaient guère améliorées. Comme le comte Marsigli faisait allusion dans l'une de ses correspondances du mérite qu'elle avait acquis dans l'Eglise, elle lui répliquait qu'Innocent XI la traitait au contraire comme il n'aurait pas osé le faire d'une hérétique ou d'une prisonnière de guerre, mais qu'au fond il la redoutait :

> Il a assez vu que je ne me laisse pas marcher sur les pieds, et je suis à Rome si glorieuse et triomphante que je ne vois rien au monde qui puisse me faire envie, j'en vois au contraire beaucoup qui me font pitié.

Et à l'un de ses visiteurs, elle confiait aussi :

— Il faut bien que l'Eglise soit gouvernée par le Saint-Esprit, car depuis que je suis à Rome j'ai vu quatre papes et je vous jure qu'aucun d'eux n'avait le sens commun !

Ils avaient surtout, même le bon Clément IX de l'« âge d'or », le défaut d'être des souverains dont il lui fallait reconnaître l'autorité, elle qui avait renoncé à la sienne pour être libre, car « n'obéir à personne est un plus grand bonheur que de commander au monde entier ». Si elle avait déçu ses nouveaux pasteurs par son anticonformisme, les aspérités de son caractère « barbare », ses manières hardies à la limite de la licence, eux non plus n'avaient pas répondu à l'image qu'elle s'en faisait, et elle fut toujours très sévère pour les mœurs du Vatican où « tant de millions étaient employés au luxe et aux appétits désordonnés de gens de rien qui viennent s'assouvir du sang et des sueurs des pauvres, épuiser l'Eglise et son Etat pour nourrir des chiens, des chevaux, des bardasses, des ruffians et autres de ces sortes de canailles », écrivait-elle en 1666 au cardinal Azzolino. Et à la fin de sa vie, elle avait encore ce jugement :

> Rien ne persuade mieux des vérités catholiques que tout ce qui se passe de pitoyable à présent à Rome. Les faiblesses, les crimes et les fautes des papes n'effacent pas leur sacré caractère, ni ne détruisent leur autorité qui méritent nos respects, quoique leur personne ne les mérite pas.

Sa mésentente avec Innocent XI, la désobéissance dont elle faisait preuve en toute occasion, les injures qu'elle ne craignait pas de proférer publiquement contre lui, étaient bien en effet la preuve *a contrario* de la sincérité de sa foi, car jusqu'au bout elle resta profondément catholique. Elle observait toutes les pratiques du culte, faisait dire la messe chaque jour dans sa chapelle, veillait aux communions régulières de ses gens, et pendant la semaine sainte se retirait chez les carmélites de Regina Coeli, seule laïque d'ailleurs à y être admise, car Marie Mancini elle-même n'avait pas ce privilège bien que la prieure fût une Colonna.

Sur le dogme accepté à Innsbrück, elle ne fit jamais la moindre réserve. On a vu comment, au cours de ses démêlés avec le gouvernement suédois, elle défendit sa religion et ses prêtres contre ses propres intérêts. En 1658, Charles X-Gustave, souverain pourtant tolérant, avait imposé à un certain Davisson, envoyé de sa cousine, de déclarer sous serment qu'il n'était pas catholique. Comme Davisson demandait conseil à la reine, elle avait répondu qu'il devait vivre et mourir en catholique, ne rien faire de bas ou de timide qui le rendrait indigne d'être à son service :

> Soyez assuré que je vous punirais de cette lâcheté, et que la toute-puissance du roi de Suède ne m'empêcherait pas de vous donner la mort entre ses bras quand même vous y seriez réfugié.

En 1679, elle écrivait encore à Bourdelot qu'elle « entrait aveuglément dans l'Eglise romaine et croyait sans réserve à tout ce qu'elle commandait ». On a vu aussi que le règlement de son académie prohibait tout propos contraire à l'orthodoxie romaine. Elle exerçait la même censure sur les auteurs qu'elle pensionnait. Ainsi, en 1687, acceptait-elle de faire publier à ses frais l'ouvrage d'un érudit de Kiel, Wasnuth, mais à la condition que ne fût pas mise en cause l'infaillibilité des papes et de l'Eglise « pour laquelle je suis prête à donner tout le sang que j'ai dans les veines, et mille vies, si j'en avais autant, vous assurant sur ce chapitre que je suis extrêmement délicate, et tout à fait inexorable ». Et, effectivement, il dut modifier des passages litigieux. Quant à un traité d'un certain Nicolo Pallavicino, pourtant intitulé *La Défense de la Providence divine par la grande acquisition qu'a faite la religion catholique en la personne de la reine de Suède*, il ne vit jamais le jour : il ne contenait pas moins de cinquante-quatre hérésies !

Chaque fois qu'elle avait failli s'égarer, reprise en main par le cardinal Azzolino elle s'était soumise. Il en avait été ainsi pour l'alchimisme, lorsqu'elle avait rompu ses relations avec le sulfureux Borri, et il en fut de même plus tard lorsqu'elle pencha vers le mysticisme.

*

Ce goût de la contemplation, en apparence contradictoire avec sa nature instable et agitée, en était au contraire le droit-fil, correspondant à une recherche opiniâtre de la vérité qu'elle n'avait jamais cessé de nourrir. Plusieurs rencontres y avaient concouru aussi. A Marseille, au cours de son premier voyage en France en 1656, elle avait fait la connaissance d'un mystique célèbre, François Malaval, qui lui avait dédié quelques années plus tard sa *Pratique facile*. Et à Rome elle allait subir l'influence décisive du Bernin. Après une jeunesse plutôt libertine, le sculpteur s'était assagi au contact des jésuites pour lesquels il avait beaucoup travaillé, et il était devenu très pieux. Déjà en 1646 son goût exalté pour les sujets mystiques apparaissait dans sa *Transverbération de sainte Thérèse*, où il exprimait de façon si expressive l'extase de la carmélite que les voyageurs suédois trouvaient la sculpture obscène. C'était également l'avis du vieux moine qui guida Stendhal dans Rome :

— C'est un grand péché, bougonnait-il, que ces statues puissent présenter si facilement l'idée de l'amour profane.

Bernini vénérait aussi une autre contemplative, Catherine de Gênes, dont la *Vie* avait été dédiée à la reine de Suède. Ainsi les deux amis communiaient-ils dans la même ferveur, et lorsqu'il sentit la mort s'approcher Bernini fit demander à Christine des prières à son intention, car, il en était persuadé, elle communiquait directement avec Dieu. Elle répondit qu'elle ferait tout ce qu'elle pourrait pour lui, à condition qu'il en fît autant pour elle, afin que « Dieu lui accordât la grâce du parfait amour et de le goûter dans l'éternité ».

Notons que ce passage-là de la biographie que, sur sa commande, l'historien Baldinucci avait consacré à l'artiste, elle ne le censura pas, bien qu'elle affectât de refuser les flatteries.

Elle devait s'engouer quelque temps d'un illuminé, le jésuite portugais Antonio Vieyra, prédicateur d'une grande notoriété, dont la doctrine extravagante amalgamait deux thèmes en vogue, le *millénarisme* et le *sébastianisme*, annonciateurs à la fois de la fin du monde et d'un empire chrétien gouverné par le pape et le roi du Portugal, Sébastien, qui avait disparu mystérieusement au cours d'un combat au Maroc contre les Infidèles. L'Inquisition portugaise lui ayant trouvé des affinités suspectes avec les préceptes de certaines communautés marranes, il avait dû se réfugier à Rome. Christine, toujours curieuse de personnalités hors du commun, le prit sous sa protection et voulut en faire son confesseur, mais Vieyra préféra aller convertir les Indiens au Brésil.

Autrement compromettante fut sa liaison avec un prêtre espagnol, Miguel de Molinos, théologien de fort belle prestance surnommé pour son éloquence « la bouche d'or ». Sur la recommandation de l'archevêque de Palerme, elle l'avait accueilli comme « un saint homme, quoique je ne croie pas aux saints qui mangent ». Molinos en effet était gourmand, et c'est peut-être ce tempérament sensuel qui l'avait conduit à soutenir une doctrine de dévotion aimable et facile. Selon lui les pratiques extérieures de piété, les cérémonies, les rites, la pénitence même, étaient inutiles. Seul importait l'abandon sincère à Dieu. « Il proposait aux dames d'aimer Dieu comme un enfant », écrit Stendhal. Aussi comptait-il ses disciples surtout chez les femmes, ce qui le perdrait.

Son *Guide spirituel*, publié en 1675 et traduit dans toutes les langues, avait été bien reçu par les autorités ecclésiastiques, jusqu'à ce qu'il donnât lieu en France à une sorte d'hérésie, le *quiétisme*, et à un autre ouvrage, le *Moyen court*, de Mme Guyon, qui développait les mêmes thèmes. Prêcher l'inanité de toute observance et de tout intermédiaire entre l'âme et Dieu était singulièrement subversif dans un pays aussi structuré que la France. Le roi s'émut, animé par la violente campagne des jésuites dont il avait auprès de lui un représentant en la personne du père La Chaise, son confesseur. Une forte pression s'exerça donc sur le pape, véhiculée par les frères d'Estrées, toujours attentifs aux occasions d'affirmer leur gallicanisme.

Beaucoup de Romains étaient molinistes, le pape lui-même était disposé à l'indulgence, le cardinal Azzolino et la reine de Suède manifestaient ouvertement leur sympathie. Christine en particulier ne pouvait qu'être sensible à cette façon d'approcher la divinité, débarrassée de tous rites parasitaires, « mômeries » dont elle avait toujours eu horreur. Ne lui déplaisait pas non plus l'opposition aux dictats des jésuites qu'elle traitait, comme autrefois son père, d'« espèce maudite ». Aussi voyait-on fréquemment Molinos au palais Riario, et cela permettait une flèche de plus au cardinal d'Estrées :

« On fait la remarque que le quiétisme est protégé par les deux plus inquiètes personnes de cette cour. »

Lui-même et son frère finirent par l'emporter sur l'indécision d'Innocent XI, malgré les efforts du cardinal Azzolino. En mai 1685, Molinos avait été arrêté et déféré au tribunal ecclésiastique. Pasquin en fit aussitôt un irrévérencieux commentaire :

« Qui parle est envoyé aux galères, qui écrit est pendu, qui demeure en quiétude va au Saint-Office. »

Le procès prit bientôt des proportions inattendues du fait que, sur la dénonciation d'une servante, on put accuser le trop séduisant théologien d'avoir entretenu des rapports coupables avec certaines pénitentes exagérément abandonnées à Dieu et surtout à lui-même ; « actes déshonnêtes que la modestie ne permet pas de décrire en détail, mais que la nécessité ne permet pas non plus de passer sous silence ».

Confronté avec ses accusatrices, Molinos avoua, ce qui ne troubla pas ses partisans, puisque, « pour qui est parvenu à l'état passif, les actes en apparence impudiques ne sauraient être criminels, et qu'ils peuvent même favoriser une plus grande union avec le Seigneur ». Christine, qui l'avait d'abord défendu et lui avait envoyé au château Saint-Ange, puisqu'il était si gourmand, un de ces rinfreschi à la mode à Rome, commença alors à s'inquiéter des développements pris par l'instruction. Elle essaya de s'informer, on lui répondit qu'on ne pouvait rien lui dire sinon que le mal était très grand, et plus qu'on ne croyait.

De nombreux disciples de Molinos avaient été arrêtés, et si elle s'était empressée de brûler les lettres qu'il lui avait adressées, les siennes, plus de cent, devaient être entre les mains des magistrats. Cependant, sans doute détruites par les soins du cardinal Azzolino, elles ne furent pas produites au procès où elle ne parut pas, même le jour du verdict, lorsque Molinos fut condamné à la prison perpétuelle dans une salle houleuse qui parlait de le jeter dans le Tibre. Soumise à l'autorité de l'Eglise, elle ne protesta pas contre ce jugement, mais elle n'oublia pas tout à fait Molinos et continua à lui envoyer des confitures. Il devait mourir en captivité en 1696, moins heureux que son ami et correspondant François Malaval qui était mort, au contraire, bien que professant la même doctrine, dans la vénération générale.

*

Catholique de stricte observance, la reine n'avait cependant pas rempli les espoirs mis en elle par la papauté. Loin d'avoir entraîné tout le Nord dans son sillage, elle n'était même pas apostolique sur le plan privé. On a vu ses plaisanteries à propos du zèle évangélisateur trop dispendieux de son secrétaire Gardenblad. Ses exhortations à son cousin Wasenau de se faire moine sont plutôt l'expression d'un profond dédain pour la nullité du jeune homme qu'un avis sincère sur l'excellence de la vie conventuelle. Très libérale avec les poètes et les savants, elle ne montra pas une générosité particulière pour l'hôpital Sainte-Brigitte dont elle avait la charge. Quant à sa fameuse lettre à Mme Dacier — érudite protestante connue pour ses commentaires d'auteurs grecs et latins — pour l'engager à se convertir, il s'agit plutôt d'un exercice de style destiné à éblouir une femme qui l'intéressait par ses dons intellectuels.

Elle n'avait rien d'une apôtre, et ce qu'elle prêchait, au contraire, c'était la tolérance. Elle avait voulu, en se convertissant, échapper au rigorisme intransigeant de ses pasteurs, et si elle montra une parfaite fidélité à elle-même, c'est en prenant chaque fois qu'il le fallait la défense des opprimés à cause de leur foi.

Elle en donna la preuve la plus éclatante en blâmant publiquement la révocation de l'édit de Nantes, dans la lettre, à son ami le chevalier de Terlon, du 2 février 1686, souvent reproduite, à propos des dragonnades :

> Je ne suis pas fort persuadée du succès de ce grand dessein, et je ne saurais m'en réjouir comme d'une chose fort avantageuse à notre sainte religion. Les gens de guerre sont d'étranges apôtres, et je les crois plus propres à tuer, violer et voler qu'à persuader. Je plains tant de familles ruinées, tant d'honnêtes gens réduites à la mendicité. Je plains ces malheureux d'être nés dans l'erreur, mais il me semble qu'ils sont plus dignes de pitié que de haine... Rien n'est plus louable que le dessein de convertir les hérétiques

> et les infidèles, mais la manière dont on s'y prend est fort nouvelle, et puisque Notre Seigneur ne s'est pas servi de cette méthode pour convertir le monde, elle ne doit pas être la meilleure.

Elle avait bien tenté d'obtenir du pape le même désaveu, mais il répondit assez pertinemment qu'il ne pouvait que louer ceux qui extirpaient l'hérésie. En revanche sa lettre circula en Europe et Bayle en parla avec admiration dans ses *Nouvelles de la République des lettres*, mais elle s'irrita qu'il y eût trouvé « un reste de protestantisme » et lui écrivit sèchement qu'elle avait renoncé au luthéranisme, « dès l'âge de raison » et n'y était jamais revenue, « la religion catholique lui ayant paru dès ce temps-là l'unique et véritable ». Bayle fit amende honorable et rectifia le passage en question. Elle lui pardonna et lui donna pour pénitence de lui envoyer des livres, sur tous les sujets possibles.

On se souvient que dans sa jeunesse elle avait rêvé d'une entente entre les puissances afin de pratiquer dans leurs Etats une tolérance mutuelle, mais elle n'avait pas été suivie. Ce fut cependant jusqu'à la fin de ses jours sa préoccupation constante. Peu de temps avant sa mort, en janvier 1689, elle écrivait encore au nouveau roi d'Angleterre, Guillaume d'Orange, en faveur de la minorité catholique :

> Ce petit troupeau ne peut troubler vos desseins, ils seront trop heureux de vivre, vous n'avez rien à craindre de leur faiblesse, tout vous est soumis, tout applaudira à votre gloire, et à votre fortune. Je serais fâchée qu'elles coûtent trop cher à ceux dont les malheurs méritent tant de compassion.

Les israélites eurent le même droit à sa protection. Sa faveur marquée — et pour certains scandaleuse — vis-à-vis des banquiers juifs de Hollande n'avait pas pour seule cause ses intérêts financiers. Depuis l'époque où, encore souveraine, elle s'intéressait aux travaux du savant Menassé Ben Israël qui lui dédiait son *Conciliador*, exégèse de la Bible, le judaïsme retenait son attention comme toutes les formes du savoir, mais elle se souciait aussi du sort des individus, souvent persécutés. A Hambourg, elle intervint à plusieurs reprises en leur faveur auprès des magistrats de la ville. Elle écrivit à l'empereur d'Autriche lorsqu'il fut question de les expulser de Vienne. A Rome, en 1678, elle obtint de Clément X que fût abandonnée une cruelle coutume du carnaval qui permettait de poursuivre juifs et animaux dans les rues. Et surtout, en 1686, elle prit officiellement sous sa protection le ghetto de Rome, promettant de sévères châtiments à ceux qui maltraiteraient ses habitants. Peu de souverains de son temps ont adopté une telle position.

On voit donc que, malgré tout ce qui a pu l'opposer au pouvoir pontifical, Christine ne s'éloigna jamais, ni dans la lettre ni dans l'esprit, de sa nouvelle foi, mais cela lui fut souvent difficile, elle l'avoue, dans une remarque qui résume parfaitement son attitude vis-à-vis de la religion :

> C'est offrir à Dieu le plus digne holocauste que lui sacrifier le libre arbitre et son usage. La raison a peine à se persuader des vérités chrétiennes, il faut se soumettre aveuglément à l'Eglise romaine, c'est l'unique oracle par lequel Dieu s'explique. En croire plus est superstition. En croire moins, c'est infidélité.

*

Des avertissements de sa fin lui venaient. En septembre 1688, elle avait reçu un message de l'astrologue allemand Voigt qui lui prédisait trois mois dangereux au début de l'année suivante. Elle en était restée songeuse, mais elle avait ri lorsqu'on trouva chez elle un billet l'exhortant à se débarrasser de ses tableaux indécents avant de mourir. Elle s'était fait faire un habit de son invention, à la fois manteau et jupe, en brocart à fond blanc, broché de fleurs et orné de boutons d'or. La veille de Noël, comme elle l'essayait, pensive, devant son miroir, une de ses familières entra dans sa chambre. C'était une jeune alchimiste du nom de Julia, mais qu'elle appelait Sibylla, car on lui prêtait des dons divinatoires.

— Cette tenue me servira bientôt, dans une importante cérémonie, laquelle, selon toi ? lui demanda la reine.

— Votre Majesté a pensé qu'elle serait bientôt enterrée avec cette robe, répondit aussitôt Julia.

La marquise Capponi, qui assistait à la scène, se récria :

— Mais non, la reine, à mon avis, envisage de la porter au nouvel an, pour aller présenter ses vœux au Saint-Père.

— La Sibylle a dit la vérité, c'est ce à quoi je rêvais, dit Christine, ne sommes-nous pas tous mortels, moi aussi bien que les autres ?

Le tailleur intervint à son tour :

— Votre Majesté ne trouvera-t-elle pas bon que je fasse une caisse exprès pour cet habit ?

— Pourquoi une caisse exprès, grosse bête ?

— C'est afin qu'il se conserve une vingtaine d'années de plus, car s'il est destiné à la fonction dont parle Votre Majesté, il faut prendre garde que les vers ne le mangent.

Comme le cardinal Azzolino, entré à ce moment, réprimandait la Sibylle, celle-ci répondit qu'elle était bien la première à redouter la disparition de sa protectrice, d'autant plus, ajouta-t-elle en le regardant fixement, « que Votre Eminence a la mine de suivre de près la reine ». Elle prédit la même chose pour Innocent XI qui lui aussi devait mourir quelque temps plus tard. Comme elle prophétisait, dans la foulée, la mort de son successeur Alexandre VIII, on la fit taire en l'enfermant pour longtemps au château Saint-Ange.

Il nous est resté plusieurs instantanés mélancoliques de cette dernière année de Christine, récits de quelques-uns de ses compatriotes :

> La reine, qui parlait un excellent suédois, m'entretint de choses et d'autres à propos de la Suède, raconte Martin Tornheilm. Puis, s'appuyant au rebord de la fenêtre près de moi, elle demeura longuement silencieuse et pensive, les yeux fixés sur le plancher. Enfin elle me tendit sa main à baiser en me souhaitant un bon voyage de retour. Elle était habillée en noir, avec les cheveux ébouriffés, sans le moindre ruban ou ornement. Elle est assez potelée de corps et de visage, et pas particulièrement grande.

Nicodème Tessin raconte qu'elle sautait d'un sujet à un autre, tout en regardant rêveusement par la fenêtre. Enfin, se tournant vers lui, elle lui demanda s'il était marié, question qu'elle posait souvent.

— Non, répondit-il.

— C'est bien, mais vous y pensez !

Le jeune architecte nota encore, avec surprise, qu'elle ne se gênait pas pour relever ses jupes en se chauffant près du poêle, en présence de ses gentilshommes, et qu'elle montrait ainsi une peau bien noire !

Le 13 février 1689, Christine tomba gravement malade d'un érésipèle, affection dont elle souffrait depuis plusieurs années. On la crut mourante, et les églises bourdonnèrent de prières à son intention. Sa guérison inespérée donna lieu à de grandes fêtes organisées par le cardinal Azzolino et d'Alibert. Trois « Te Deum » solennels furent chantés à l'église du Jésus, à celle de la Sainte-Maison et à Sainte-Marie-de-Lorette-des-Marches où se produisirent les artistes de la maison de la reine, tandis que toute la ville s'illuminait et crépitait de tirs d'artillerie.

> Dieu m'a voulu tirer des bras de la mort contre mon espérance, et je m'étais déjà résolue à ce dernier passage que je croyais inévitable. Cependant je suis encore pleine de vie par le miracle de la grâce, de la nature et de l'art qui ont conspiré à me rendre la santé. La force de mon tempérament est venue à bout d'une maladie capable de tuer vingt Hercule, écrivait-elle à son gouverneur suédois Oliverkrantz.

La rémission fut de courte durée. Il lui fallait mourir. Une violente rechute, dans la nuit du 15 avril, le lui annonça. Sa légende veut qu'elle soit morte de colère, à la suite d'un incident tragi-comique survenu dans sa domesticité.

Elle avait en effet dans sa maison une jeune fille aussi belle que douée pour le chant, Angelina, que sa mère essayait de vendre au plus offrant mais qui aimait en secret un sculpteur du nom de Théodon. Un marché avait été conclu avec l'abbé Vaini, chanoine de Saint-Pierre, séducteur spécialisé dans le personnel féminin de la reine, et un guet-apens préparé dans la chambre d'Angelina, au-dessus de l'appartement de la reine. Mais la victime opposa une si forte résistance et cria tellement que Christine, se demandant d'où venaient ces bruits, envoya un de ses serviteurs s'en enquérir, ce qui mit fin à la scène. Le cardinal Azzolino avait bien essayé d'étouffer l'affaire, mais la reine finit par le savoir et, furieuse que son palais eût été le théâtre d'un tel scandale, appela un capitaine de sa garde, Merulo, ancien bandit napolitain, prêt à tout. Il eut l'ordre de lui ramener le coupable, mort ou vif, mort de préférence. Vaini s'était déjà enfui le plus loin possible et lorsque Merulo revint bredouille, la reine, hors d'elle, le traita d'imbécile et de canaille et se jeta sur lui en brandissant un bâton. Le soir même elle était victime d'une nouvelle crise, fatale cette fois. L'histoire d'amour n'en finit pas bien pour autant. Angelina, qui avait peut-être plus de goût qu'on ne pensait pour le libertinage, devint peu après la maîtresse de l'ambassadeur d'Espagne. Quant à Théodon, il se maria avec une autre et réussit dans la vie en finissant directeur d'architecture et de peinture à Saint-Pierre. Cela ne lui donna pas pour autant du talent, tout au moins selon Stendhal qui trouvait « exécrables » les statues dont il avait orné le tombeau de saint Ignace au Jésus.

Dès qu'elle se vit perdue, Christine, en courageuse fille du Grand Gustave, prit fermement ses mesures, dont la première fut de se réconcilier avec le pape. Celui-ci était lui-même très malade, il devait mourir quelque temps plus tard, et c'est donc le cardinal Albani, futur Clément XI, qui apporta au Riario le bref d'absolution. Assistée par son confesseur, originaire de Bohême, le père Slavata, grand vicaire des Carmes déchaussés, elle prononça, en plusieurs langues mélangées, son acte de contrition. Decio Azzolino ne la quittait pas, et le 19 avril au matin, elle se tourna sur le côté, porta la main à sa gorge et expira.

Son testament, ouvert aussitôt, débutait par une émouvante profession de foi. Christine, dans ce message ultime, se déclarait catholique, fière de l'avoir été, et elle remerciait Dieu de l'avoir aidée de Sa grâce à y persévérer constamment « malgré toutes les contradictions que l'enfer a pu me susciter ». Elle désignait le souverain pontife comme son exécuteur testamentaire et lui léguait le buste du Sauveur qu'elle-même avait reçu du Bernin. Elle lui recommandait toute sa maison, surtout « ses pauvres femmes », et demandait d'être ensevelie dans son église paroissiale, sans pompe ni lit de parade, et que son tombeau portât pour toute épitaphe :

« D. O. M. vixit Christina anni LXIII [1] », rien de plus, et rien de moins.

1. « A Dieu très bon et très grand, Christine a vécu soixante-trois ans. »

Le cardinal Azzolino était institué son héritier universel « pour ses qualités incomparables, pour son mérite, et pour les services qu'il nous a rendus pendant tant d'années, nous devons cette démonstration d'affection, d'estime et de gratitude ». C'était là l'hommage discret à l'homme qu'elle avait le plus aimé et qu'au soir de sa vie, dans les réminiscences confuses du passé, elle comparait à Oxenstierna « qu'il surpasse de bien loin en tout ».

Cette dernière générosité testamentaire fut commentée avec malveillance, surtout en France où le cardinal n'était pas aimé. On prétendit qu'il l'avait obtenue par contrainte, alors que, comme nous le savons, la reine avait déjà pris ces dispositions vingt ans auparavant, à Hambourg. Une phrase d'une lettre de la Palatine, belle-sœur de Louis XIV, laisse même entendre qu'on le soupçonnait à Versailles d'avoir assassiné la reine pour hériter plus vite. Intendant de la reine, il était cependant bien placé pour savoir qu'il allait hériter aussi de ses dettes. On est plus près de la vérité en affirmant qu'Azzolino aima sincèrement cette femme extraordinaire dont l'intelligence épousait étroitement la sienne, dont le cœur était plein de lui et qui, quoi qu'on ait dit, n'était pas sans attraits. D'autres hommes avant lui s'étaient déclarés attirés par le feu de ses yeux, la grâce de ses lèvres, la puissance de sa croupe.

Son profond chagrin apparaît d'ailleurs tout de suite, dès qu'elle a rendu le dernier soupir. Dans la lettre qu'il adresse immédiatement au cardinal Cibo, secrétaire d'Etat, il se trompe de date, écrivant, tout ému, le 28 au lieu du 19 avril :

> La reine est morte, et elle est morte avec les dispositions et les sentiments d'une sainte, et en vraie et très fidèle fille de Dieu et de l'Eglise catholique. Elle a voulu que je sois son héritier, et a disposé que sa sépulture serait privée et sans pompe. Mais l'honneur de Dieu et de la Sainte Eglise ne s'accordent pas avec cela, et ce serait voir le triomphe des hérétiques, et scandale et blâme infini pour l'Eglise.

Dans la journée, il revenait à la charge avec de nouveaux arguments : la reine laissait à l'église Saint-Pierre trois chapellenies, à condition qu'on dise vingt mille messes pour le repos de son âme.

> C'est un motif très fort pour la faire enterrer à Saint-Pierre, quand même cela ne devrait pas se faire pour d'autres raisons, et tout le chapitre de la basilique le désire de même, ils en ont fait de vives instances auprès de moi.

Et comme l'organisation de la « cavalcade », c'est-à-dire le cortège funèbre, demanderait un certain délai, il priait le cardinal d'être informé le plus tôt possible de la décision prise.

> J'ajouterai avec révérence, pour terminer, qu'il s'est déjà divulgué à Rome que la sépulture aura lieu à Saint-Pierre et que cela plaît beaucoup à la ville d'où, en ne le faisant pas, beaucoup de mécontentement, et tout Rome en aura beaucoup d'amertume.

Innocent XI donna satisfaction au cardinal. La conversion de la reine de Suède était une telle victoire sur le protestantisme que l'Eglise se devait de l'exalter jusqu'au bout. Le corps, immédiatement embaumé, fut d'abord exposé au Riario, sur un lit de parade surmonté du baldaquin royal, revêtu de ce même habit blanc qu'elle avait choisi quelques mois plus tôt, et d'un manteau violet brodé de couronnes d'or et frangé d'hermine. Le visage de Christine était recouvert d'un masque d'argent, sa tête portait un diadème et sa main tenait un sceptre, également en argent, et c'est ainsi qu'on la retrouva, inchangée, trois siècles plus tard, lorsqu'on procéda à son exhumation.

Le vendredi 23 avril, elle fut transportée à la Chiesa Nuova, cette église superbe qu'à son arrivée à Rome elle avait tant admirée, surtout pour les fresques de Pietro de Cortone sur la vie de saint Philippe de Néri. Le porche était décoré d'un bouquet d'épis, armes des Vasa, et d'un frontispice où l'on pouvait lire, en latin :

Christina Alexandra
Reine des Goths, des Suédois et des Vandales
Que tes vertus et tes actions
Ta race et tes dignités soient célébrées
Dans l'église que tu as élue
Quand tu y as pénétré pour la première fois,
Non abaissée mais élevée, justice te soit rendue !

L'éclairage, réalisé par un artiste de la maison de la reine, était assuré par trois cents torches d'argent. Sous la voûte, une énorme couronne royale retenait quatre immenses draps mortuaires sous lesquels reposait le lit de parade.

Après la cérémonie, la « cavalcade » traversa Rome au milieu d'une foule innombrable. Les confréries de charité, les ordres monastiques, dont cinq cents frères de la Compagnie des Stigmates avançant cinq de front une torche à la main, le clergé de Sainte-Dorothée, paroisse de la reine, celui de la Chiesa Nuova et celui de Saint-Pierre précédaient le char funèbre « porté très haut ». Quatre officiers de la reine, dont le comte de Wasenau, vêtus de velours noir à franges d'or, tenaient les cordons du poêle. Suivaient les membres du Sacré Collège et les hauts dignitaires de l'Eglise, parmi lesquels le cardinal Azzolino dont la mine bouleversée frappait tous les assistants.

La splendeur de ce spectacle fut sans doute pour beaucoup dans l'affluence extraordinaire qui rappelait aux plus âgés l'arrivée de Christine en 1655, et il y en eut autant de relations dithyrambiques qu'il s'en était publié alors. Même si on n'ajoute pas entièrement foi aux exagérations des thuriféraires officiels, il est certain que ces manifestations de curiosité populaire attestaient, sinon les grandes vertus de la reine, du moins le charisme de sa personnalité.

A Saint-Pierre le corps fut déposé dans un cercueil de cyprès, puis dans un autre de plomb sur lequel étaient gravés son nom et ses armes, enfin dans un troisième en bois, où l'on plaça quelques médailles à son effigie. Il fut ensuite transporté dans la crypte, la *grotta*, aux côtés des tombes de cardinaux archiprêtres de la basilique, honneur réservé à une seule autre femme, la reine Charlotte de Chypre, morte à Rome en 1478. Sous le pontificat de Clément XI, ami de Christine, un monument de marbre devait être élevé contre un pilier de la nef, œuvre de Carlo Fontana.

Quelques jours plus tôt, le marquis de Lavardin avait quitté Rome, sans avoir eu le dernier mot. Innocent XI avait tenu bon jusqu'au bout sur la question des franchises, et le roi, pour mettre fin à un conflit superflu, alors qu'il faisait front à toute l'Europe liguée contre lui, accepta de se soumettre, sous le règne suivant d'Alexandre VIII.

Le 4 juin, à 11 heures du soir, le cardinal Azzolino, atteint d'hydropisie, succombait à son tour, après avoir reçu lui aussi la bénédiction du pape — qui le suivrait de près. Il n'avait pu mener à bien l'ultime mission que lui avait confiée la reine, la destruction de leur correspondance. Il commença par ses propres lettres, dont aucune par conséquent ne nous est parvenue, mais quand il en vint à celles de Christine, il prit le temps de les relire, dans l'ordre chronologique. La mort l'interrompit, nous laissant cependant, par le courrier de 1666 à 1668, suffisamment de preuves pour nous faire connaître, malgré eux, l'amour qui les avait unis. Ces ardents messages qu'elle lui adressait, le cardinal ne put s'en défaire sans y jeter un dernier regard mélancolique, et c'est bien le signe de la profonde tendresse qu'il a éprouvée pour elle.

Le cardinal d'Estrées accompagna cette disparition de quelques touches venimeuses :

> Il possédait à un point l'esprit de la reine Christine que, quoi qu'on ait pu dire à Votre Majesté du retour de cette princesse, on ne pouvait s'en rien promettre que des premiers mouvements, car dans la suite il était toujours le maître de tourner sa conduite où il voulait.

Et sans voir qu'il rend là un singulier hommage à la fidélité d'une femme dite libertine et inconstante, il ajoute, dans son rapport au roi, une dernière méchanceté à l'adresse de son ennemi :

> Le public n'est pas fort édifié de son testament dans lequel, laissant tous ses biens à son neveu, il ne dit pas un mot de la reine Christine, sa bienfaitrice.

Ce trésor de « choses rares et singulières » conquis à Prague par la vaillance suédoise échoua donc à un obscur petit gentilhomme des Marches, Pompeo Azzolino, qui, selon les mauvaises langues, était le propre fils de son prétendu oncle, et qu'en tout cas la reine n'aimait guère. Le baron Dobrinsky, représentant de l'électeur de Brandebourg dont l'intrigue échouait ainsi, refusa hautement le tableau que lui offrait l'héritier en guise de consolation. Quant au gouvernement de Suède, il protesta tout aussi inutilement se contentant de récupérer enfin les domaines concédés par le recès d'abdication de 1654.

Il est vrai que, contraint de régler les dettes de la reine, Pompeo Azzolino ne conserva pas longtemps ces biens. Alexandre VIII acheta les livres et les manuscrits, actuellement un des fonds les plus importants de la Bibliothèque vaticane et don Livio Odescalchi, neveu d'Innocent XI, les antiques, aujourd'hui au musée du Prado à Madrid. Le duc d'Orléans devait acquérir plus tard une partie des tableaux. Quant aux médailles, elles arrivèrent aussi en France, comme prise de guerre : Pie VI dut les céder à Bonaparte au traité de Tolentino en 1797. C'était la revanche du Hradschin.

> Laissez-moi dans l'oubli et dans l'obscurité, ne vous efforcez pas de m'en tirer.

recommandait Christine à l'un de ses correspondants peu de temps avant sa mort, mais comment obéirait-on à celle qui a voulu remplir le monde de son nom ?

SOURCES

SOURCES MANUSCRITES

I. Suède

1. *Riksarkivet* — Stockholm

a) Azzolinossamlingen :
- K 401 : lettre de Christine à Charles X-Gustave, juillet 1658.
- K 402 : relazione di Peter Appelman sulla risoluzione del Parlamento svedese per quanto riguarde il libero esercizio delle religione, 9 juillet 1664.
- K 403 : relation de Christine sur sa résolution de retourner en Suède, 10 juillet 1666.

b) Stegeborgssamlingen
skrivelse till Carl-Gustav från :
- Reine Marie-Eleonore 1647-1654.
- Pierre Chanut 1650-1652.
- Picques 1653.
- Pierre Bourdelot 1653.

c) K 92 Svenska drottningars arkivaliesamlingen
- Memoarer för välboren greve Clas Tott, 1654.
- Lettera di Cornelio Capitoni al senato d'Orvieto, 15 décembre 1657.
- Sermo habitus in Consistoris de conversione Regina Sveciae, 15 novembre 1656.
- Documents divers sur la profession de foi de Christine à Innsbrück, novembre 1655.
- Notes du Conseil pendant la minorité de Christine, 1633-1639.

2. *Uppsala Universitetsbibliotek* — Uppsala

E 395 : avskrifter av Carl-Gustavs brev till Johan Casimir, 1651-1652.

G 171 : brev till Johannes Matthiae från

— Johan Casimir, 1643.
— Carl-Gustav, 1643.
— Pierre Bourdelot, 1653.

3. *Kungliga Biblioteket* — Stockholm

D 685 : « Sua maesta giovedi mattina fece chiamare il padre Malines », 1656.
— Lettera della regina al marchese Valignani, 24 août 1688.
— Lettre de la reine à un correspondant français, 14 septembre 1688.

II. France

1. *Bibliothèque nationale* — Paris

a) *Manuscrits français*
6 046 : copie d'une lettre écrite de Bruxelles à La Haye.
17 199 : — lettre de du Fresne à la reine de Suède, 1654.
— lettre de remerciement du sieur Chevreau nommé secrétaire des commandements.
— mémoire de ce qui s'est trouvé appartenant à la reine de Suède.
15 757 : demande faite au confesseur du pape de la part de la reine, 15 août 1687.
15 966 : — lettre d'un gentilhomme français écrite à Rome à M. de Marigny à Bruxelles.
— copie d'une lettre écrite de Bruxelles à La Haye touchant la vie et la conduite de la reine de Suède.
22 489 : « Le génie de la reine Christine », 1655.
25 669 : Première lettre écrite par un officier de la reine Christine à M. Bayle, 1686.
17 963 : lettres de Chanut à Mazarin et Brienne, 1647.
17 964 : du même aux mêmes, 1648.
17 965 : du même aux mêmes, 1649.
17 966 : du même aux mêmes, 1650.
17 942-17 967 : du même aux mêmes, 1651.
17 195 : relation du voyage de la reine de Suède, 1666.
17 195 : lettres de Picques à Brienne, 1653.
17 968 : lettres de Chanut à Brienne et à Mazarin, 1653.
13 042 : lettres de Daubray à Bulliau, avril 1956.
3 930 : lettres de Bourdelot, 1652-1653.
25 561 : lettre de Christine au duc d'Enghien, 20 octobre 1600.
20 161 : « Mémoire sur l'entrée en Italie de la reine de Suède », 1655.

13 142 : lettre de Vienne sur l'arrivée de la reine à Innsbrück, 1655.

b) *nouvelles acquisitions*
5 157 : lettres de Bourdelot, 1652.
6 201 : papiers de Christine de Suède.

c) *mélanges Colbert*
— 101 et 102 : lettres de Christine à Colbert, 1658.
— 8 lettres de Picques à Chanut, 1653-1654.

d) *collection Dupuy*
776 : extrait d'une lettre de Stockholm à M. le comte Dohna, 19 juillet 1654.
803 : lettres de Bourdelot et de Trichet du Fresne, 1652.
928 : « Témoignage de la reine Christine de Suède en faveur de M. Descartes », 30 août 1667.

2. *Archives diplomatiques. Ministère des Affaires étrangères*

Correspondance politique

a) Suède n° 10 à 34, 1646-1647
— Correspondance de Christine avec Louis XIV et Mazarin.
— Lettres de Louis XIV et de Mazarin au chevalier de Terlon.
— Lettre de Charles X-Gustave.
— Lettres du marquis Monaldeschi à Mazarin.
— Correspondance de Chanut.
— Rapports des ambassadeurs, Avaugour, Pomponne, Lionne, Chassau, Picques.

b) Hollande n° 53 et 54
Correspondance de Chanut, 1654.

c) Hambourg n° 3
Correspondance de Bidal, 1662 à 1668.

d) Danemark n° 14
Correspondance de Terlon, 1667.

e) Rome n° 127 à 332 — 1655 à 1689
Correspondances de Lionne, Lavardin, Estrées, Bourlemont, Monaldeschi, Duneau, Azzolino.

3. *Bibliothèque Interuniversitaire de l'Ecole de Médecine de Montpellier :*

Lettres de Christine :
— Au vice-roi de Naples, 28 mai 1686.
— A M. de Brémond, 27 mars 1688.
— Anonyme, 16 novembre 1688.
— Au comte Luigi Marsigli, 4 décembre 1688.

III. ITALIE

1. Rome

a) *Biblioteca Apostolica Vaticana*
MM. Barberini lat.
2 226 : Ephemeris Itineris Oenipontani Anno Christi 1655 de Luca Holstenius.
6 487 : — Instruzione del cardinale segretario di stato Rospigliosi circa l'accoglienza della regina Christina nella Chiesa cattolica, 24 octobre 1655.
— documenti originali sulla legazione di Luca Holstenius, Innsbruck 1655.
7 056 : lettera di Paolo Casati a Francesco Bonelli, 16 novembre 1655.

Misc. Arm. I
— Relacione del padre Juan Baptista Guemès, 3 novembre 1655.
— Arm. VIII copia d'una lettera del padre Malines della Compania di Gesu, 1655.

b) *Archivio Segreto Vaticano :*
Acta Misc. 41 : Allocuzione del papa Alessandro VII fatta in Concistorio per annunciare al Sacro Collegio la venuta della regina Cristina a Roma, 29 novembre 1655.
SS cardinali : 53 lettere del cardinale Azzolino al cardinale Cibo, avril 1689.
Principe 79 : lettera della regina Cristina scritta à Sua Santita Alessandro VII, Innsbrück, 3 novembre 1655.
90 et 91 : lettres de Christine à Clément IX, 1667.

2. Parme : Archivio di Stato :
— Raccolta storica mazzo 1.
— Annotazione sulla lettera della regina di Svezia al papa Innocent XI del 17 febraio 1687.

3. Modène Archivio di Stato :
   — Lettere di Cristina a
     duca Francesco 1er, 1655 à 1658,
     duca Alfonso IV, 1656 à 1661.
     duca Francesco II, 1677 à 1685,
     cardinale Rinaldo d'Este, 1655 à 1671,
     duca di Modena sanza data.
   — Copia di une lettera di P. Casati à F. Donelli, 19 décembre 1655.
   — Lettere di Gian-Rinaldo Monaldeschi al duca di Modena, 1656 à 1658.
   — Relazione della morte fatta dare la regina di Svezia al marchese Monaldeschi a Fontainebleau, le 10 novembre 1657.
   — Lettera dell abbato Ercole Manzieri al duca di Modena, 16 novembre 1657.

IV. Espagne

Archives de Simancas

« Nos Christina Deo gratia Svecorum, Gothorum, Vandalorum Regina, serenissimo e potentissimo principi fratri consanguineo e amico nostro charissimo Domino Philippo, 6 aprilis Anno 1654.

SOURCES IMPRIMÉES

Abrégé de la vie de la reine Christine, 1704.

ADAM Charles, *Descartes et sa correspondance féminine*, 1963.

AHNLUND Nils, *Gustave-Adolphe*, 1936.

AKERMAN Suzanne, *Queen Christina of Sweden and her circle*, 1911, E.J. Brill.

ALBERI, *Relazione degli ambasciatori veneti.*

ALEMBERT d', *Mémoires et Réflexions sur Christine reine de Suède*, 1770.

AMIGUET Philippe, *la Grande Mademoiselle et son siècle*, 1957, Albin Michel.

ANDERSSON Ingvar, *Histoire de Suède*, 1973.

ANDRÉ Louis, *les Manuscrits de la reine Christine de Suède*, 1908.

Anecdotes de Suède ou Histoire secrète des changements arrivés dans ce royaume sous le règne de Charles XI, 1716.

ARCKENHOLTZ J., *Mémoires pour servir à l'Histoire de Christine de Suède*, 1751.
Lettre à M.G. à l'occasion des réflexions et des anecdotes sur Christine de Suède par M. d'Alembert.
Histoire de Gustave-Adolphe, 1764.
AUBERY DU MAURIER, *Mémoires de Hambourg*, 1735.
AUMALE duc d', *Histoire des princes de Condé pendant les seizième et dix-septième siècles*, 1892.
AVENEL G. d', *Histoire de la vie et des ouvrages de Daniel Huet, évêque d'Avranches*, 1853.
BAATH L.M., *Historisk Tidskrift*, 1900.
BAILLON comte de, *la Reine Christine à Stockholm, le Correspondant*, nouvelle série t. 76.
BAIN F.W., *Christina Queen of Sweden*, 1890.
BALDINUCCI, *Vita di Bernini*, 1948.
BARINE Arvede, *Christine de Suède, Revue des Deux-Mondes*, octobre 1888.
BAROZZI, *Relazioni degli stati europei al Senato.*
BATIFFOL Louis, *le Cardinal de Retz*, 1929.
BAYLE Pierre, *Dictionnaire historique et critique*, 1695.
BERGH S., *Drottning Marie-Eleonora och Drottning Kristinas förmyndarregering.*
BERGLUND C.F., *Anteckningen hörande till historia om Drottning Christinas avsägelse av kröna.*
BIGNAMI-ODIER J., *Istoria degli intrighi galanti della regina.*
La Bibioteca Vaticana de Sixte-Quint a Pio XII.
BILDT baron C. de, *Christine de Suède et le cardinal Azzolino*, 1893,
Christine de Suède et le conclave de Clément X, 1906,
Les Médailles romaines de Christine de Suède, 1908,
Christine de Suède et Paolo Giordano II duc de Bracciano. Archivio della Reale Societa Romana di Storia patria, 1906, vol. 29.
BJURSTRÖM P., *Feast and Theater in Queen Christina's Rome*, Stockholm, 1944.
BLANCK A., *la Suède et la littérature française*, traduction Lucien Maury, 1947.
BLUCHE F., *Louis XIV*, 1986, Fayard.
BOJANI F. de, *Innocent XI, sa correspondance avec ses nonces*, 1910.
BORDEAUX Henry, *la Reine Christine de Suède à l'Académie française*, 1927.
BOTS H., *Correspondance de Jacques Dupuy et de Nicolas Heinsius*, Martin Nijhoff, La Haye.
BOUGEANT P., *Histoire des guerres et des négociations qui précédèrent les traités de Westphalie*, 1727.

BOUHIER Jean, *Anecdotes historiques et littéraires tirées de manuscrits inédits*, 1866.

BOYER F., *les Antiques de la reine de Suède à Rome*, 1908.

BOZON abbé A., *le Cardinal de Retz à Rome*, 1878.

BRAY B.A., *Soixante-dix-sept lettres inédites de Chapelain*, Gravenhage Martin Nijhoff, 1965, La Haye.

Brève relation de la vie de Christine de Suède, 1655.

BRIENNE comte de, *Mémoires*, 1917.

BRUNET G., *Correspondance de Madame la Duchesse d'Orléans.*

BUAGNI G.F., *Infermita, morte e funerale della Reale Maest di Christina Alessandra regina di Svezia*, 1689.

BURIGNY, *Vie de Grotius*, 1752.

CAMPORI Cesare, *Raimondo Montecucculi, la sua famiglia, i suoi tempi*, 1876.

CASTELNAU Jacques, *la Reine Christine*, 1981, Payot.

CATTEAU-CALLEVILLE, *Histoire de Christine reine de Suède*, 1815.

CERMAKIAN Marianne, *la Princesse des Ursins*, 1969.

CHANTELAUZE, *le Cardinal de Retz et ses missions diplomatiques à Rome*, 1879.

CHEREST A., *Un médecin du grand monde*, 1861.

CHERUEL A., *le Duc de Guise à Naples*, 1875.
Histoire de la France pendant la minorité de Louis XIV, 1879.

CHEVREAU Urbain, *Œuvres mêlées*, 1697.

Christina di Svezia, Scienza e alchimia nella Roma barocca, 1990, Ed. Delado Bari.

CIAMPI Ignazio, *Innocenzo X Pamphili*, 1878.

CLARETTA Gaudenzio, *la Regina Cristina di Svezia in Italia*, 1892.

COLBERT J.B., *Lettres, instructions, mémoires*, publiées par P. Clément.

COLLIN Léopold, *Lettres de Marie Stuart et de Christine de Suède*, 1807.

COLOMBEY Emile, *Correspondance authentique de Ninon de Lenclos*, 1886.

CONRART, *Mémoires.*

COURTY, *la Vie mouvementée et scabreuse de Christine de Suède*, 1960, « Aux sources de l'Histoire » SEPPE.

COUSIN Victor, *la Société française au dix-septième siècle*, 1866.

DENIS dom P., *Nouvelles de Rome*, 1913.

DESCARTES René, *Correspondance* publiée par Ch. Adam et G. Milhaud, P.U.F., tome VIII, 1963.

Dictionnaire biographique des Italiens, 1962.

DIMIER Louis, *la Vie raisonnable de Descartes*, 1926, Plon.

DUDON Paul, *le Quiétisme espagnol, Michel Molinos*, 1921.

DULONG Claude, *Marie Mancini, la première passion de Louis XIV*, 1993, Perrin.

DUPUY Micheline, *Henriette de France Reine d'Angleterre*, 1994, Perrin.
EAUBONNE F. d', *Moi, Kristine de Suède*, 1979, Encre-Editions.
ESSEN-MOLLER E., *la Reine Christine, étude médicale et biologique*, 1937, Editions Hippocrate.
EXPOSITIONS, *la Suède à Paris*, Musée Carnavalet, 1947.
Les Grandes Heures de l'amitié franco-suédoise, archives nationales, 1964.
Christina of Sweden, Nationalmuseum, Stockholm, 1966.
Magnus de La Gardie, Nationalmuseum, Stockholm.
Cristina di Svezia a Roma 1655-1689, Mostra di documenti vaticani, Biblioteca Apostolica vaticana.
FRANKLIN A., *Christine de Suède et l'assassinat de Monaldeschi*, 1912.
FRYXELL A., *Berättelser ur svenska historien*, t. X, 1841.
Drottning Christinas förmyndare, 1838.
GARSTEIN Oscar, *Rome and the counter-reformation in Scandinavia*, 1992, A.J. Brill Leiden.
GAZIER A., *les Dernières Années du cardinal de Retz*, 1875.
GEFFROY A., *Histoire des états scandinaves*, 1851.
Nos diplomates sous Louis XIV, France et Suède, Revue des Deux-Mondes, mars 1885.
Recueil des instructions aux ambassadeurs et ministres de France depuis les traités de Westphalie jusqu'à la Révolution française, 1885.
GOSSART Ernest, *l'Auberge des princes en exil*, 1905.
GOURNAY F.A. de, *Huet, évêque d'Avranches*, 1854.
GRANGIER DE LIVERDES B., *Journal d'un voyage de France et d'Italie*, 1667.
GRIBBLE Francis, *The Court of Christina of Sweden*, 1913.
GRIMBERG Carl, *Svenska folkets underbara öden*, 1915, Stockholm.
GUALDO comte G., *Historia della sacra Maesta di Cristina Alessandra regina di Svezia*, 1656.
HANOTAUX G., *Recueil des instructions aux ambassadeurs à Rome.*
HASKELL Francis, *Mécènes et peintres, l'art et la société au temps du baroque italien*, 1991, Gallimard.
HEYMAN Viveka, *Christina*, 1959, Stockholm.
HILDEBRAND Emil, *Sveriges historia*, 1906, Stockholm.
Histoire des intrigues galantes de la reine Christine de Suède et de sa cour pendant son séjour à Rome, s.d.
HJÖRSTÖ C.H., *Drottning Christina, gravöppningen i Rom*, 1966, Lund.
HUET Gaston, *Une lettre relative aux collections de la reine Christine de Suède, Revue des bibliothèques*, 1901, t. II.
HUET Pierre-Daniel, *Mémoires* publié par John Aikin, 1810.
JACQUET Jean-Louis, *Christine de Suède*, 1971, Perrin.
JOLY Guy, *Mémoires.*

Journal d'un voyage à Paris en 1657-1658, A. Faugère.
JUBINAL Achille, *Mémoire sur les manuscrits de la bibliothèque de l'Ecole de médecine de Montpellier*, 1841.
KRAUTHEIMER Richard, *The Rome of Alexander VII 1655-1667*, 1985, Princetown University Press.
LACOMBE J., *Histoire de Christine de Suède*, 1762.
LACOMBE N., *Lettres choisies de Christine de Suède*, 1759.
LAGNY Jean, *le Poète Saint-Amant*, 1964, A.G. Nizet.
LANDORMY Paul, *Descartes*, 1949, Editions Mellottei.
Le Génie de la reine Christine, 1655.
LE MART P. de, *Christine et sa cour*, 1827.
LEMOINE J., *Trois familiers du Grand Condé*, 1908.
LICHTENBERGER A. LEROY, *Descartes, le philosophe au masque*, 1929.
LINAGE DE VAUCIENNES, *Mémoires de ce qui s'est passé en Suède*, 1677.
LIONNE marquis de, *Lettres inédites*, 1877.
LOVGREN Birger, *Standstridens Uppkomst*, 1915.
LUZ Pierre de, *Christine de Suède*, 1951, Arthème Fayard.
MAGNE Emile, *Madame de La Suze et la société précieuse*, 1908, Mercure de France.
MANCINI Hortense, MANCINI Marie, *Mémoires*, préface et notes de Pierre Camo, 1929, Henri Jonquières.
MANTEYER Georges de, *les Manuscrits de la reine Christine au Vatican*, 1897.
MARIGNY J.C. de, *Lettres écrites de Rome*, 1657.
MAZARIN Jules, *Lettres du cardinal de Mazarin pendant son ministère*, A. Chéruel, G. d'Avenel, 1872.
MERCIER Jacques, *Vingt Siècles d'histoire du Vatican*, 1979, Lavauzelle.
MICHAUD E., *Louis XIV et Innocent XI*, 1882.
MISSON, *Nouveau Voyage en Italie*, 1691.
MONGREDIEN Georges, *Madeleine de Scudéry et son salon*, 1946, Editions Tallandier.
MONTPENSIER Mlle de, *Mémoires*, A. Cheruel, 1858-1859.
MORELLI G., *Christina di Svezia e della sua corte durant il di lei soggiorno a Roma*, 1979, Fratelli Palombi Editori.
MORTON J.B., *Sobieski roi de Pologne*, 1933, Payot.
MOTTEVILLE Mme de, *Mémoires*, 1855.
MOUY C. de, *Louis XIV et le Saint-Siège, l'ambassade du duc de Créquy 1662-1665*, 1893.
NAVENNE F. de, *le Premier Séjour de Christine de Suède en Italie*, 1904.
Rome et le palais Farnèse pendant les trois derniers siècles, 1923.
NEGRI P., *Une lettre inédite du père Malines sur la conversion de Christine de Suède. Archivio della Reale Societa Romana di Storia Patria*, n° XXXIII.

NEUMANN Alfred, *la Reine Christine de Suède*, 1936, Payot.
NORDMANN Claude, *Grandeur et Liberté de la Suède, 1660-1792*, 1971.
La Monarchie mixte en Suède 1611-1660.
NOYER Mme de, *Lettres historiques et galantes*, 1720.
OGIER Charles, *Journal pendant son ambassade en Suède*, 1914.
OLOFSSON, *Drottning Christinas tronavsägelses och trosförändring*, 1953, Uppsala.
ONOFRIO Cesare d', *Roma val bene un abiura*, 1976, Fratelli Palombi Editori.
ORLIAC Jehanne d', *Christine de Suède la reine chaste et folle*, 1934.
OXENSTIERNA A., *Brevväxling.*
PAGANO R., *Alessandro Scarlatti*, 1972, Turin.
PATIN Guy, BIANCHI L., *Lettres choisies*, 1695.
PAYEN, *les Voyages de M. Payen*, 1663.
PÉLISSIER, *Notes autographes de la reine Christine*, 1898.
PEREY L., *Une princesse romaine au dix-septième siècle, Marie Mancini Colonna*, 1896.
PETIT L., *Descartes et la princesse Elisabeth*, 1969, A.G. Nizet.
PIMENTEL don Antonio, *Depescher från drottning Christinas hov 1652-1656*, par Nils Berencreutz, 1861, Stockholm.
PINCHERLE Marc, *Corelli et son temps*, 1954, Plon.
PINTARD René, *le Libertinage érudit*, 1943.
PLATEN Magnus von, *Queen Christina of Sweden*, 1966.
POMPONNE marquis de, *Mémoires*, 1867.
PONSONHAILLE Charles, *Sébastien Bourdon, sa vie son œuvre*, 1883.
PUFFENDORF Samuel, *Anecdotes sur la Suède*, 1716.
QUILLIET Bernard, *Christine de Suède, un roi exceptionnel*, 1982, Presses de la Renaissance.
RANKE L., *Histoire de la papauté pendant le seizième et le dix-septième siècles*, 1986, Robert Laffont.
RAT Maurice, *Christine de Suède*, 1959.
RAYMOND J.F. de, *la Reine et le philosophe, Descartes et Christine de Suède*, 1993, Bibliothèque nordique.
Apologies de Christine de Suède, 1994, Editions du Cerf.
RÉGNIER-DESMARAIS, *Histoire des démêlés de la cour de France avec la cour de Rome au sujet de l'affaire des Corses*, 1707.
REGTEREN-ALTENA J.Q., *les Desseins italiens de la reine Christine*, 1966, Stockholm.
RENOULT, *Histoire de donna Olimpia.*
ROBERTS Michael, *the Swedish Imperial experience*, 1979.
The Early Vasa, 1986.
From Oxenstierna to Charles XII, Four studies, 1991, Cambridge University Press.

ROSENGREN Hildig, *Karl X Gustaf före tronbestigningen*, 1913, Uppsala.

SAINT-AULAIRE comte de, *Mazarin*, 1946, Flammarion.

SAINT-MAURICE, *le Génie de la reine Christine de Suède*.

SCHUCK Henri, *Histoire de la littérature suédoise*, 1923.

SFORZA-PALLAVICINO, *Della vita di Alessandro VII*, 1839.

STOLPE Sven, *Drottning Christina, från stoïcism till mystik*, 1959, Stockholm.

Drottning Christina, 1974, Stockholm.

STRINBERG August, *les Relations de la France avec la Suède jusqu'à nos jours*, 1891.

Kristina, Samlade Skrifter, vol. 39, 1924.

SVANSTRÖM Ragner, PALMSTIËRNA C.F., *Histoire de la Suède*, traduction Lucien Maury, 1944, Stock.

Svensk Biografiskt Lexicon, t. X et XXI.

SWARTE V. de, *Descartes directeur spirituel*, 1904.

TAYLOR I.A., *Christine of Sweden*, 1909.

TERLON chevalier de, *Mémoires pour rendre compte au roi de ses négociations de 1656 à 1661*, 1685.

VOLTAIRE, *le Siècle de Louis XIV*.

Histoire de Charles XII.

Voyage de Deux Hollandais à Paris.

WEIBULL Curt, *Drottning Christina, studier och forskningen*, 1931, Stockholm.

Monaldescos död, 1937, Stockholm.

WEIBULL Martin, *Om « Mémoires de Chanut »*, Historisk Tidskrift, 1887-1888.

Drottning Christina och Klas Tött, 1892.

WERTHEMER O. de, *Christine de Suède*, 1937, Grasset.

WHITELOCKE B., *A Journal of the Swedish Embassy*, 1772.

WICQUEFORT A. de, *l'Ambassadeur et ses fonctions*, 1680.

WIESELGREN H., *Drottning Christinas bibliotek, och bibliotekarier*, 1901.

WITTROCK, *Regering och allmoge under Kristinas egen styrelse*, 1953, Uppsala.

WRANGEL, *Om de främmade vid Christinas hov*, 1897.

WRANGEL F.U. comte de, *Voyage en France d'Oxenstierna*, 1917.

Première Visite de Christine de Suède à la cour de France en 1656, 1930, Firmin-Didot.

INDEX

TABLE

Cet ouvrage a été composé par
Graphic Hainaut SA (Vieux-Condé)
et imprimé par Bussière Camedan Imprimeries
à Saint-Amand-Montrond (Cher)

Achevé d'imprimer le 9 octobre 1995

N° d'impression : 1/2440. N° d'édition : 1178.
Dépôt légal : octobre 1995

Imprimé en France